21 世纪全国高等院校网络编辑专业核心教材系列

网络编辑实训教程

主　编　金　力　刘路悦
主　审　曹绍平　王桂琴

内容简介

本教材是针对网络编辑工作岗位的一本实训教材,内容涉及网络编辑岗位工作的方方面面。从网络编辑需要具备的内容编辑素养和信息技术素养以及职业与法律修养等几个方面分别加以阐述。其中,内容编辑素养包含网络编辑必备基础知识、网络信息的选择与加工、网络内容原创、网络互动管理等知识。信息技术素养包括计算机基础知识、网页制作软件等知识。职业与法律修养包含网络编辑职业守则、互联网管理相关法规等内容。

图书在版编目(CIP)数据

网络编辑实训教程/金力,刘路悦主编. —北京:北京大学出版社,2010.6
(21世纪全国高等院校网络编辑专业核心教材系列)
ISBN 978-7-301-15945-3

Ⅰ. 网… Ⅱ. ①金… ②刘… Ⅲ. 因特网—新闻编辑—高等学校—教材 Ⅳ. G210.7 G213

中国版本图书馆 CIP 数据核字(2010)第 177017 号

书　　　名:	网络编辑实训教程
著作责任者:	金　力　刘路悦　主编
策 划 编 辑:	周　伟
责 任 编 辑:	周　伟
标 准 书 号:	ISBN 978-7-301-15945-3/TP·1061
出　版　者:	北京大学出版社
地　　　址:	北京市海淀区成府路 205 号　100871
网　　　址:	http://www.pup.cn
电　　　话:	邮购部 62752015　发行部 62750672　编辑部 62756923　出版部 62754962
电 子 信 箱:	zyjy@pup.cn
印　刷　者:	河北滦县鑫华书刊印刷厂
发　行　者:	北京大学出版社
经　销　者:	新华书店
	787 毫米×1092 毫米　16 开本　18 印张　438 千字
	2010 年 6 月第 1 版　2020 年 8 月第 11 次印刷
定　　　价:	35.00 元

未经许可,不得以任何方式复制或抄袭本书之部分或全部内容。
版权所有,侵权必究
举报电话: 010-62752024; 电子信箱: fd@pup.pku.edu.cn

前　言

网络编辑是时下比较流行的职业之一。作为一个网络编辑员或者网络编辑师需要具备的素质和条件越来越高。参加助理网络编辑师（国家职业资格三级）职业资格鉴定考试，获得国家颁发的证书，将为很多青年日后从事网络编辑行业打下一个良好的基础。

本教材从网络编辑员国家职业资格鉴定考试的角度入手，从实训出发，全面分析了作为一个网络编辑员所需要具备的素质和能力。全书分成10章，分别讲述了网络编辑职业概况、网络编辑必备基础知识、网络信息的选择与加工、网络内容原创、网络互动管理、计算机与网络基础知识、网页制作软件介绍、网络编辑职业道德、网络编辑技能实训、相关法律法规知识等内容。

本教材具备以下几个特点：第一，在网络编辑员国家职业资格鉴定考试大纲的基础上进行了大量的补充性和提高性的知识扩展。教材中汇集了大量的语言基础知识、新闻采访、新闻写作、网络编辑、网络传播等专业知识和案例素材。这在其他的网络编辑员国家职业资格鉴定考试相关教材中并不多见。第二，教材中增加了网络新闻专题策划的章节。网络新闻专题策划其实是网络编辑师二级考试中涉及的内容，但是在教学中和网络编辑实际工作中，网络新闻专题策划是一项技术含量较高并且非常重要的工作内容，需要网络编辑具有较高的策划能力、组织能力和创意思维能力。本教材在这方面做了有益的尝试。第三，配合助理网络编辑师（国家职业资格三级）的考试，本教材编写了针对性极强的课后练习题供学生复习和备考。助理网络编辑师（国家职业资格三级）的理论考试涉及的内容相当多，要在90分钟的时间内完成125道选择题需要考生具备快速的答题能力和反应能力。本教材针对助理网络编辑师（国家职业资格三级）考试编写了大量有针对性的专项训练题，这样考生在考试中可以迅速而准确地答对题目。

本书的两位主编从2007年开始进行网络编辑课程的教育培训工作，几年间积累了大量的培训和辅导经验，对于学生在实训当中遇到的各种问题已经总结出了一套切实可行的办法。2010年4月，在"首届全国网络编辑技能竞赛"活动中，两位主编均获得了由中国编辑学会颁发的"优秀指导老师奖"。

本书作为"21世纪全国高等院校网络编辑专业核心教材系列"的第一本，是对网络编辑职业的全面介绍性教材。在本系列教材的策划和编写中，中国人民大学新闻学院的匡文波老师提出了很多指导性的意见，在此表示衷心的感谢。

本书由于写作时间有限，同时由于编者在学识和能力方面的局限，对于教材出现的一些疏漏和错误，烦请读者和其他专业人士指正。

金　力

2010年4月

目 录

第1章 网络编辑职业概况 ... 1
1.1 网站基本岗位设置 ... 2
一、网站的部门构成 ... 2
二、网络编辑相关岗位设置 ... 2
1.2 网站类型与发展现状 ... 2
1.3 网络编辑人才需求分析 ... 3
一、网络编辑人才的短缺 ... 3
二、急需高级网络编辑人才 ... 4
三、网络编辑人才就业空间广阔 ... 5
四、获取职业资格认证的优势 ... 5
1.4 网络编辑的职业特点 ... 5
一、超链接式编辑 ... 5
二、全时化编辑 ... 6
三、数据库化编辑 ... 6
四、交互性编辑 ... 6
1.5 网络编辑的素质与综合能力 ... 6
一、网络编辑需要具备完善的
知识与技能结构 ... 6
二、网络编辑还应具备一定的
市场意识 ... 6
三、网络编辑应充分了解国家
相关的政策和法规 ... 7
四、网络编辑应当是多媒体
人才、全媒体人才 ... 7

第2章 网络编辑必备基础知识 ... 9
2.1 汉语字词的基本规范 ... 10
一、规范汉字 ... 10
二、规范用词 ... 10
三、错别字 ... 15
2.2 现代汉语语法规范 ... 19
一、用词错误 ... 19
二、搭配不当 ... 19

三、成分残缺 ... 20
四、句式杂糅 ... 20
五、逻辑问题 ... 20
六、成分赘余 ... 21
七、词语位置不当 ... 21
八、指代不明 ... 21
2.3 标点符号使用规范 ... 22
一、标点符号的作用和种类 ... 22
二、标点符号的使用规范 ... 23
2.4 计量单位 ... 30
2.5 数字用法 ... 32
一、使用阿拉伯数字的场合 ... 32
二、使用汉字数字的场合 ... 32
三、国家标准对数字用法的
若干规定 ... 32
四、数字用法的其他规定 ... 33
2.6 外文批注 ... 34
一、大写体外文字母使用场合 ... 34
二、小写体外文字母使用场合 ... 35
三、斜体外文字母使用场合 ... 35
四、正体外文字母使用场合 ... 35

第3章 网络信息的选择与加工 ... 40
3.1 判断稿件价值的依据 ... 41
一、真实性判断 ... 41
二、权威性判断 ... 42
三、时效性判断 ... 44
四、趣味性判断 ... 45
五、实用性判断 ... 45
3.2 网络稿件的分类 ... 46
一、网站的基本结构 ... 46
二、网站的归类原则与方式 ... 48
三、如何进行稿件分类 ... 52

3.3	稿件编辑技巧	53
	一、网络稿件的四种常见错误	53
	二、网络稿件的修改方式	55
	三、网络稿件的修改手段	56
3.4	稿件校对技巧	62
	一、校对的概念	62
	二、校对的方法	62
	三、网络编校的特殊性	62
3.5	如何改写稿件标题	63
	一、网络稿件标题的特点	63
	二、网络稿件标题的构成要素	64
	三、网络稿件标题的制作	65
	四、网络稿件标题的编排与美化	75
3.6	如何提炼内容提要	76
	一、内容提要的概念	76
	二、内容提要的作用	77
	三、内容提要的写作	77
3.7	如何设置超链接	78
	一、超链接的概念	78
	二、超链接的作用	79
	三、超链接的设置要点	80
	四、超链接设置的注意事项	81

第4章 网络内容原创 86

4.1	网络新闻采访	87
	一、新闻的定义	87
	二、新闻价值	87
	三、新闻敏感	88
	四、新闻角度	88
	五、采访类型	89
	六、隐性采访	96
	七、网络采访的实施	99
4.2	网络新闻写作	99
	一、消息	99
	二、通讯	100
	三、新闻特写	102
	四、新闻评论	102

	五、网络新闻写作	103
4.3	网络新闻专题策划	111
	一、网络新闻专题的选题策划	111
	二、网络新闻专题的内容策划	112
	三、网络新闻专题信息手段策划	121
4.4	视听语言基础知识	122
	一、视听语言的种类及特点	122
	二、多媒体新闻报道的一般要求	123
	三、照片的拍摄	124
	四、视频的采集与编辑	130
	五、声音运用的基本规律	134

第5章 网络互动管理 140

5.1	网络互动概述	141
	一、网络互动的含义与意义	141
	二、网络互动的方式与形式	141
	三、网络互动的一般原则	142
5.2	网民邮件管理	142
	一、邮件的分类处理	143
	二、邮件内容审核	143
	三、邮件发布管理	143
5.3	电子公告服务管理	143
	一、网民管理	143
	二、内容管理	144
	三、聊天室管理	145
	四、留言板管理	145
5.4	网络论坛管理	146
	一、网络论坛概述	146
	二、网络论坛的管理规则与管理者	148
	三、网络论坛成员的管理	149
	四、网络论坛内容管理	150
	五、网络论坛论题的管理	151
	六、网络论坛的发展策略	151
5.5	博客管理	152
	一、以博客作者为中心	143
	二、重视博客作者的体验	143

目录

　　三、尽量激发普通博客作者的
　　　　写作兴趣和阅读兴趣 143
5.6　即时通信管理 152
5.7　网络受众调查 153
　　一、网络受众调查的意义与方式 ... 153
　　二、网络受众调查的内容 154
　　三、网络受众调查的基本程序 156

第6章　计算机与网络基础知识 165

6.1　计算机基础常识 166
　　一、计算机发展史 166
　　二、计算机的应用领域 169
　　三、计算机的工作原理 171
　　四、计算机病毒及防治 172
6.2　计算机硬件基础知识 177
　　一、硬件的概念 177
　　二、外部设备的连接 177
　　三、UPS 178
　　四、主机硬件 178
6.3　计算机软件基础知识 183
　　一、系统软件 184
　　二、应用软件 186
6.4　计算机网络基础知识 190
　　一、计算机网络的定义 190
　　二、计算机网络系统的构成 190
　　三、计算机网络的功能 193
　　四、计算机网络的分类 193
　　五、计算机网络协议 195
　　六、计算机网络互联设备 196
6.5　互联网发展状况 199
　　一、世界及中国互联网发展
　　　　历史和现状 199
　　二、我国的互联网基础资源 199
　　三、我国互联网应用状况 200
　　四、我国互联网发展趋势 201
　　五、互联网提供的主要服务 202
　　六、互联网应用中的概念 204
　　七、互联网技术最新发展 206

　　八、互联网最新应用 208

第7章　网页制作软件介绍 215

7.1　网页制作软件基础知识 216
　　一、网页设计的基本流程 216
　　二、网页版面布局设计 217
　　三、网络版面设计原则 219
7.2　网页制作软件——DreamWeaver ... 219
　　一、DreamWeaver 简介 219
　　二、DreamWeaver 的优点 220
7.3　网页动画制作软件——Flash 220
　　一、Flash 简介 220
　　二、Flash 的功能 221
　　三、Flash 的特点 221
　　四、Flash 的基本界面 221
　　五、新建与保存文档 225
　　六、Flash 动画的导出 225
　　七、Flash 动画的发布 226
7.4　HTML 语言简介 227
　　一、标记语法和文档结构 227
　　二、案例剖析 229
　　三、字体与颜色 230
　　四、超链和 URL 232
　　五、图像、声音、视像和动画 233
　　六、列表结构和预编排结构 235

第8章　网络编辑职业道德 240

8.1　职业道德基础知识 241
　　一、职业道德的含义与特点 241
　　二、职业道德的范畴 242
　　三、职业道德的评价形式 243
8.2　网络编辑职业道德 243
8.3　网络编辑职业守则 244

第9章　网络编辑技能实训 247

9.1　网络编辑员国家职业资格鉴定
　　（三级）考试（技能部分）
　　考试说明 248

9.2 网站后台管理系统基本界面 248
9.3 网络编辑员国家职业资格鉴定
　　（三级）考试（技能部分）基本
　　操作流程说明 248
9.4 网络编辑员国家职业资格鉴定
　　（三级）考试上机技能
　　操作详解 249
　一、第一大题：信息筛选与发布 ... 249
　二、第二大题：内容加工 254

　三、第三大题：内容原创 255
　四、第四大题：受众调查 255
　五、第五大题：论坛管理 257
　六、第六大题：网页制作 257

第 10 章　相关法律法规知识 273

附录　实训习题答案 277

参考文献 280

第1章 网络编辑职业概况

 本章导读

  1. 网站的基本岗位设置包括网络编辑、技术人员、行政人员和管理人员等，网络编辑又分为新闻编辑、资讯编辑、业务编辑、社区编辑和网络内容主管等。

  2. 按性质划分网站的类型。一般将网站按照主体性质不同分为政府网站、企业网站、商业网站、教育科研机构网站、个人网站、其他非盈利机构网站以及其他类型等。

  3. 网络编辑人才需求分析。网络媒体的快速膨胀导致了网络编辑人才的短缺，互联网的健康发展依赖高素质的网络编辑人才，传统媒体的网络化将为网络编辑人才提供广阔的就业空间，参加网络编辑员国家职业资格鉴定（三级）考试是有效的解决途径。

  4. 网络编辑的职业特点包括：超链接式编辑、全时化编辑、数据库化编辑、交互性编辑。

  5. 网络编辑的素质与综合能力包括：具备完善的知识与技能结构，具备一定的市场意识，充分了解国家相关政策和法规，应当是多媒体人才、全媒体人才。

1.1 网站基本岗位设置

一、网站的部门构成

一个网站由以下主要部门构成：内容编辑部门、网络技术部门、市场营销部门、行政部门、高层管理人员等。网络编辑通常都属于内容编辑部门。

二、网络编辑相关岗位设置

内容编辑部门可以细分为很多编辑，如新闻编辑、资讯编辑、社区编辑、业务编辑、网络内容主管等。

新闻编辑隶属于新闻中心。新闻编辑的新闻素质要求是：强调新闻编辑能力。新闻编辑需要掌握的技术技能是：熟练使用内容发布系统、文字处理、图片处理、网络调查设计、视频编辑、在线访谈等软件。

资讯编辑隶属于资讯中心。资讯编辑的新闻素质要求是：偏重新闻编辑能力、编辑采写并重。技术技能方面的要求与新闻编辑基本相同。

社区编辑对新闻素质的要求很具体，包括具备新闻编辑能力、信息内容判断与选择主题活动策划与组织。社区编辑需要掌握的技术技能是：熟练掌握社区论坛及相关软件。

业务编辑需要具备的新闻素质要求是：具备新闻编辑能力。业务编辑需要掌握的技术技能是：精通使用内容发布系统、文字处理、图片处理、视频编辑、网络调查设计、模板设计与网页制作、在线直播等技术软件。

网络内容主管（频道主编、网站主编）需要具备的新闻素质要求是：很强的新闻采编能力、较高的内容策划和组织能力。网络内容主管（如频道主编、网站主编）需要具备的技术技能与时政新闻编辑相同。

1.2 网站类型与发展现状

将网站按照主体性质不同分为政府网站、企业网站、商业网站、教育科研机构网站、个人网站、其他非盈利机构网站以及其他类型等。

在这些不同类型的网站中，企业网站所占的比例最大，占整个网站总体数量的70.9%，其次为商业网站，占8.2%，第三是个人网站，占6.5%，随后依次为教育科研机构网站，占5.1%，其他非盈利机构网站占5.0%，政府网站占3.2%，其他类型占1.1%（参见图1-1和图1-2）。

商业网站是指业务主要在网上进行的电子商业网站，如新浪、搜狐等网站；企业网站是相对于商业网站而言，指业务主要在网下的企业所建立的网站，如联想集团的网站www.lenovo.com。

第1章 网络编辑职业概况

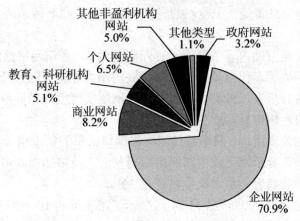

图1-1 不同性质类型网站分布图-饼状图

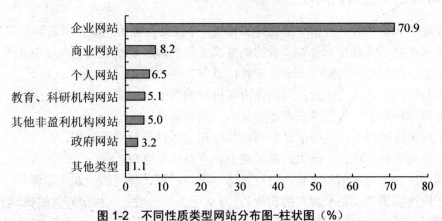

图1-2 不同性质类型网站分布图-柱状图（%）

1.3 网络编辑人才需求分析

一、网络编辑人才的短缺

据中国互联网络发展状况统计报告显示，截至2008年12月，我国网民数达到2.98亿，国家CN域名数达1357.2万。网络已经成为人们生活中不可或缺的获取信息的工具，相对于传统的纸介质媒体，它具有无可比拟的优越性，其发展速度也令普通媒体望尘莫及。人们通过网络媒体可以无比便捷地得到了海量的、实时的、双向互动的信息，这是网络媒体之所以能在短时间里蓬勃发展的原因。

网络媒体是由网络硬件及其所承载的内容信息组成的。如果说网络硬件是高耸的立交桥和宽阔的公路，那么网络所承载的内容信息就是公路上行驶的人流和车流。没有了人流

和车流,公路就失去了存在的意义;没有了网络信息,网络就成了一潭无源之水。如此说来,网络上的内容和信息将是一个网站的灵魂,它直接反映着网站的水平,也决定着网站的生存与发展。

网络编辑人员正是网站内容信息的设计师和建设者。所谓网络编辑,是指利用相关专业知识及计算机和网络等现代信息技术从事互联网站内容建设的人员。网络编辑人员通过网络对海量的信息进行采集、分类、编辑,通过网络实时地向世界范围的网民进行发布,并且从网民那里接收反馈信息,产生互动。

随着网络站点的急剧增加,网络媒体对网络编辑人员的需求也大大增加。据中国互联网络发展状况统计报告显示,目前中国网络编辑从业人员多达 300 多万人。未来十年内,网络编辑需求将呈上升趋势,总增长量将超过 30%。

劳动和社会保障部于 2005 年 3 月 24 日公示了第三批共 10 个新职业的名单,其中网络编辑员赫然在目,2009 年首次被列入国家职业大典。网络编辑职业的发展已日益引起业界和相关领域的密切关注。有识之士纷纷将目光瞄准了这块大有潜力的热土。

二、急需高级网络编辑人才

网络编辑人员作为一种新型的媒体工作者,不仅要具备传统编辑所需要的素质,同时还必须具有必要的信息技术素养,总的说来其工作内容和要求大致包括以下几个方面。

(1)必要的信息筛选能力:采集素材,进行分类和加工。
(2)必要的信息加工能力:对稿件内容进行编辑加工、审核及监控。
(3)信息原创能力:新闻或者专题采访、撰写稿件。
(4)网页实现能力:运用信息发布系统或相关软件进行网页制作。
(5)网站管理与维护的能力:组织网上调查及论坛管理。

更高层次的信息策划和实施:进行网站专题、栏目、频道的策划及实施。

由于网络编辑职业是个新兴的职业。目前从业人员一般是从传统媒体编辑、新闻记者、网站管理员、图文设计等职业中分流出来的,缺乏统一的职业标准与规范,给企业的培训、考核及人员使用带来了很多的技术困难。

一般来说,从传统媒体分流而来的网络编辑具备传统编辑的基本技能,但缺乏相应的网络实现、网络管理和维护的能力;而单纯的以技术为专长的网络管理员或者图文设计者往往缺乏传统媒体人所具有的文字功底、编辑技能和新闻敏感度。能够兼顾这两个方面要求的复合型人才实在太少,这与网络编辑人员没有得到正式的职业化有关。要解决这个问题,我们必须重视将传统编辑的从业要求和信息技术素养结合起来,把网络编辑人员素质的管理纳入标准化、制度化、规范化的轨道,以满足网络媒体对高质量的网络编辑人才的需要。

如此看来,不管是从质的方面还是从量的方面,目前的网络编辑从业人员都普遍存在着差距。为了弥补这个巨大的人才缺口,我国急需培养大量的高质量的网络编辑人员。目前,许多有志之士已经加入了这个行业,其中包括一些相关学科的专家。

三、网络编辑人才就业空间广阔

今天的网络出版早已超越了传统的出版行业,这是不容争辩的事实。目前在互联网上发布信息的已经远远不止传统意义上的专业出版商,如出版社、杂志社或报社等,事实上还包括所有的建设网站并通过其发布信息的机构,如政府、企业、学校、民间团体等。

中国编辑学会于 2003 年 10 月 18—19 日在武汉主持召开了首届电子与网络编辑专业委员会会员大会。在本次会议上,通过了中国编辑学会电子与网络编辑专业委员会活动规则,经过民主协商产生了中国编辑学会电子与网络编辑专业委员会。这意味着传统的出版行业已经意识到了媒体网络化的重要趋势,并将做出适当的应对策略。

毋庸置疑,网络出版是一个新兴的朝阳行业,许多媒体机构对此非常看好,纷纷计划推出相应的网络出版物。网络出版给传统媒体人提出了严峻的挑战,也为打算进入传媒业的新人提供了无数的机遇。作为新职业人之一的网络编辑人才在这里可以找到广阔的就业空间。

四、获取职业资格认证的优势

新颁布的《互联网出版管理暂行规定》规定:互联网出版机构应当实行编辑责任制度,必须有专门的编辑人员对出版内容进行审查,保障互联网出版内容的合法性。互联网出版机构的编辑人员应当接受上岗前的培训。

网络编辑员国家职业资格鉴定(三级)考试已经正式在北京、上海等地启动了试点培训,首次试点鉴定已于 2006 年举行。这标志着我国 300 万网络编辑从此将正式以一个职业进入职场,满足了我国社会经济发展对网络编辑人才的需要,规范网络编辑从业人员的职业行为,以国家职业资格证书制度优化网络编辑的人力资源配置。参加助理网络编辑师(国家职业资格三级)考试,获得国家颁发的证书,为很多青年日后从事网络编辑行业打下了一个良好的基础。

1.4　网络编辑的职业特点

网络编辑是指利用相关专业知识及计算机和网络等现代信息技术,从事互联网网站内容建设的人员。网络编辑的职业特点如下。

一、超链接式编辑

网络编辑工作的编辑特点几乎都可归功于互联网中的超文本技术。超文本是由相对独立的节点信息和表达它们之间关系的链所组成的信息网络。超链接的编辑方式具有跳跃性的特点。从某种意义来说,读者用网络阅读新闻实际上是在时间与空间的两维中搜寻他们需要的信息。时间和空间的变化会导致人们的阅读心理发生一些变化,同时,对新语境的陌生感导致读者与超链接的内容隔膜,文本与读者之间的互不认同感也由此产生。作为网络编辑就应该降低这种"隔膜"所产生的负面效应，如可以发挥网络编辑元素的多元化这个优势，在正文中较多地嵌入一些直观的图像或音频、视频等吸引读者的注意力，更好地弥补电子阅读中的缺陷。

二、全时化编辑

网络的出现使新闻的时效性大大增强，在网络上可以第一时间发布新闻信息，也可以在第一时间更新、修改、删除已发布的信息，有的网站还可以在线直播。但全时化发布新闻也有其显著的缺陷：不易于新闻的过滤，而且更新的速度快也易于淹没一些有价值的新闻信息，造成信息泡沫。这就要求网络编辑要有高度的职业责任感、新闻敏感度及集纳新闻的能力，及时把有较高新闻价值的东西突显出来。

三、数据库化编辑

一般大型的网站都建有自己的数据库管理系统。网络资料的数据库化是受众本位的体现，读者通过期刊查询和资料检索等能迅速地找到自己所需要的资料。大型门户网站都有自己的搜索引擎，很多新闻网站也有自己的内部新闻检索。网络编辑要想使自己的网站有较高的点击率或稳固的受众，就应建造网络资料库的特色，努力满足网民对各种信息的需求。

四、交互性编辑

随着网络技术的发展，网络传播甚至已经有点类似于人际传播了，网络传播的一对一、一对多、多对一、多对多的传播方式模糊了传者和受者的身份，传者和受者可以互为主体，这在网络论坛（BBS）中尤为突出。交互主体性的实现有利于交流双方在信息共享中达到相互认同、相互沟通。网络上的在线聊天、QQ聊天等都是这种交互主体性的突出表现。作为网络编辑要充分尊重受众的主体精神和传播权利，为他们及时提供交流与沟通的平台。

1.5　网络编辑的素质与综合能力

一、网络编辑需要具备完善的知识与技能结构

具体来讲，网络编辑需要具备以下几个方面的基本知识与技能：新闻传播学、计算机及网络技术基础、文字表达能力及网络编辑所负责领域的相关学科基础知识，如财经频道的编辑需要懂财经，车楼频道的编辑至少要懂得房地产领域的基本概念，而负责时尚频道的编辑则要对时尚保持较高的敏感性与觉察力。

二、网络编辑还应具备一定的市场意识

如同传统媒体一样，尽管网站是以内容为生，可离开相关客户的支持网站还是无法生存。网站的客户既包括广告主等商业类客户，也包括普通网民。所以，网络编辑在制作内容时要顾及网络媒体自身、受众、广告商三方面的利益。另外，网络编辑如果具有一定的

广告意识，就能在制作内容时注重内容独特的形式或独特的解读方式，也会顾及网站整体风格的统一，这对于网站而言是非常重要的。

三、网络编辑应充分了解国家相关的政策和法规

网络媒体是媒体的一种形式，像传统媒体一样，需要在意识形态、舆论导向方面有尺度。网络媒体也是一种内容产业，所以网络编辑对于内容产业的一些相关法律也是要遵守的，如知识产权、版权方面的法规等。此外，网络是一个新兴媒体，那么，在一些敏感问题方面也需要谨慎，诸如对公众隐私权的保护、对国家安全法及保密法的遵守等都是不能忽视的。

四、网络编辑应当是多媒体人才、全媒体人才

互联网是一个多媒体体系，互联网上的内容有文字、图片、声音、图像、Flash……多媒体内容需要用多种媒体的编辑能力进行操作，因此，网络编辑应具备报纸媒体需要的文字编辑能力，广播、电视媒体要求的视频、音频编辑能力以及网络这个新媒体本身所需要的一些能力。由此看来，对于网络编辑这个职业而言"全"而"专"是十分必要的。

本章从网站基本岗位设置谈起，主要谈到了网站的不同类型、网络编辑的职业特点以及网络编辑的职业素质和能力。

本章中作为网络编辑员国家职业资格鉴定（三级）考试的内容并不多，主要是关于网站编辑的职业特点和素质与综合能力的介绍。读者需要关注的内容主要在网络编辑职业特点、素质与综合能力的方面，另外，对于互联网最新的应用形式也需要有一定的认识。

一、单选题

  1. 网络编辑是指利用相关专业知识及计算机和网络等现代信息技术，从事互联网网站（　　）的人员。

    A. 程序设计　　　　　　　　B. 营销管理

    C. 内容建设　　　　　　　　D. 网页制作

  2. 互联网中哪类网站占的比例最大（　　）。

    A. 商业网站　　　　　　　　B. 企业网站

    C. 个人网站　　　　　　　　D. 政府网站

二、多选题

1. 网络编辑职业的主要特点包括（　　）。
   A. 超链接式　　　　　　　　B. 全时化
   C. 数据库化　　　　　　　　D. 交互性
2. 网络编辑人员除了必须具备一定的信息筛选与加工能力外，还要具备以下哪些能力（　　）。
   A. 信息原创能力　　　　　　B. 网页实现能力
   C. 网站管理与维护能力　　　D. 信息策划与实施能力

第2章

网络编辑必备基础知识

 本章导读

1. 汉语字词的基本规范，包括：规范汉字、规范用词、错别字等。

2. 现代汉语中常见的语法错误主要包括：用词错误、搭配不当、成分残缺、句式杂糅、逻辑问题、成分赘余、词语位置不当、指代不明等。

3. 标点符号使用规范包括：括号、破折号、顿号、逗号、句号、分号、冒号、引号、省略号、书名号、着重号、连接号、专名号等。

4. 计量单位、数字用法、译名用法、外文批注等。

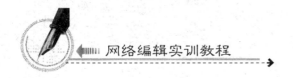

2.1 汉语字词的基本规范

一、规范汉字

2000年10月31日，第九届全国人民代表大会常务委员会第十八次会议通过了《中华人民共和国国家通用语言文字法》，该法第2条规定"国家通用语言文字是普通话和规范汉字"。该法第3条规定"国家推广普通话，推行规范汉字"。

在中国内地，规范汉字的定义是随着法律法规的出台而不断改变的。1949年新中国成立到1955年，传统汉字（繁体字）为规范汉字。1955—1964年，《第一批异体字整理表》中所收正体字为规范汉字。1964—1977年，《第一批异体字整理表》中所收正体字、根据《汉字简化方案》颁布的简化字为规范汉字（1965年后字形据印刷通用汉字字形表）。1977—1986年，《第一批异体字整理表》及《第二次汉字简化方案（草案）》中所收的汉字为规范汉字。1986年至今，见最新规范汉字。

现阶段的规范汉字应根据《规范汉字表》，但由于《规范汉字表》尚未发布，因此现在通常认为的规范汉字是根据最新法律所规定的各项标准，即"规范汉字"是指经过整理简化并由国家以字表形式正式公布的简化字和未被整理简化的传承字，而"不规范汉字"则包括已经被简化的繁体字、已经被废除的异体字、已经被废弃的二简字和乱造的不规范的简体字和错别字。其依据是：1955年公布的《第一批异体字整理表》中所收的正体字为规范字，相对的异体字为不规范字，除姓氏和某些特殊场合外不再使用。1986年重新发表的《简化字总表》和《现代汉语通用字表》都对《第一批异体字整理表》中提出的异体字作了修订。在1986年10月国务院批准重新发表的《简化字总表》中所收的简化字为规范字，对照的繁体字为不规范字，一般在面向社会公众的场合中停止使用。在1988年发布的《现代汉语通用字表》中所收的新字形为规范字形，相对的旧字形为不规范字形，一律不再使用。

另外还有《部分计量单位名称统一用字表》、《普通话异读词审音表》、《现代汉语常用字表》、《信息交换用汉字编码字符集·基本集》和经国务院批准更改的地名生僻字等。

二、规范用词

中华人民共和国教育部和国家语言文字工作委员会于2001年12月19日联合发布了《第一批异形词整理表》，作为推荐性试行规范，从2002年3月31日开始试行。所谓异形词，是指汉语书面语中音同、义同、用法相同而写法不同的词。

第一批异形词整理表

中华人民共和国教育部国家语言文字工作委员会发布

（2002年3月31日试行）

A

按捺——按纳　按语——案语

B

百废俱兴——百废具兴　百叶窗——百页窗　　斑白——班白、颁白　斑驳——班驳
孢子——胞子　　　　保镖——保镳　　　保姆——保母、褓姆　辈分——辈份
本分——本份　　　　笔画——笔划　　　毕恭毕敬——必恭必敬
编者按——编者案　　扁豆——萹豆、稨豆、藊豆　　　　　　　标志——标识
鬓角——鬓脚　　　　秉承——禀承　　　补丁——补靪、补钉

C

参与——参预　　　　惨淡——惨澹　　　差池——差迟　　　掺和——搀和①
掺假——搀假　　　　掺杂——搀杂　　　铲除——刬除　　　徜徉——倘佯
车厢——车箱　　　　彻底——澈底　　　沉思——沈思②　　称心——趁心
成分——成份　　　　澄澈——澄彻　　　侈靡——侈糜　　　筹划——筹画
筹码——筹马　　　　踌躇——踌蹰　　　出谋划策——出谋画策
喘吁吁——喘嘘嘘　　瓷器——磁器　　　赐予——赐与　　　粗鲁——粗卤

D

搭档——搭当、搭挡　搭讪——搭赸、答讪　答复——答覆　　戴孝——带孝
担心——耽心　　　　担忧——耽忧　　　耽搁——担搁　　　淡泊——澹泊
淡然——澹然　　　　倒霉——倒楣　　　低回——低徊③　　凋敝——雕敝、雕弊④
凋零——雕零　　　　凋落——雕落　　　凋谢——雕谢　　　跌宕——跌荡
跌跤——跌交　　　　喋血——蹀血　　　叮咛——丁宁　　　订单——定单⑤
订户——定户　　　　订婚——定婚　　　订货——定货　　　订阅——定阅
斗拱——枓拱、枓栱　逗留——逗遛　　　逗趣儿——斗趣儿　独角戏——独脚戏
端午——端五

E

二黄——二簧　　　　二心——贰心

F

发酵——酦酵　　　　发人深省——发人深醒　繁衍——蕃衍　　吩咐——分付
分量——份量　　　　分内——份内　　　分外——份外　　　分子——份子⑥
愤愤——忿忿　　　　丰富多彩——丰富多采　风瘫——疯瘫　　疯癫——疯颠
锋芒——锋铓　　　　服侍——伏侍、服事　服输——伏输　　　服罪——伏罪
负隅顽抗——负嵎顽抗　　　　　　　　　附会——傅会
复信——覆信　　　　　　　　　　　　覆辙——复辙

G

干预——干与　　　　告诫——告戒　　　耿直——梗直、鲠直　恭维——恭惟
勾画——勾划　　　　勾连——勾联　　　孤苦伶仃——孤苦零丁　辜负——孤负
古董——骨董　　　　股份——股分　　　骨瘦如柴——骨瘦如豺　关联——关连
光彩——光采　　　　归根结底——归根结柢　　　　　　　　　规诫——规戒
鬼哭狼嚎——鬼哭狼嗥　　　　　　　　过分——过份

H

蛤蟆——虾蟆	含糊——含胡	含蓄——涵蓄	寒碜——寒伧
喝彩——喝采	喝倒彩——喝倒采	轰动——哄动	弘扬——宏扬
红彤彤——红通通	宏论——弘论	宏图——弘图、鸿图	宏愿——弘愿
宏旨——弘旨	洪福——鸿福	狐臭——胡臭	蝴蝶——胡蝶
糊涂——胡涂	琥珀——虎魄	花招——花着	划拳——豁拳、搳拳
恍惚——恍忽	辉映——晖映	溃脓——殨脓	
伙伴——火伴	浑水摸鱼——混水摸鱼		

J

机灵——机伶	激愤——激忿	计划——计画	纪念——记念
寄予——寄与	夹克——茄克	嘉宾——佳宾	驾驭——驾御
架势——架式	嫁妆——嫁装	简练——简炼	骄奢淫逸——骄奢淫佚
角门——脚门	狡猾——狡滑	脚跟——脚根	叫花子——叫化子
精彩——精采	纠合——鸠合	纠集——鸠集	就座——就坐
角色——脚色			

K

克期——刻期	克日——刻日	刻画——刻划	阔佬——阔老

L

褴褛——蓝缕	烂漫——烂缦、烂熳	狼藉——狼籍	榔头——狼头、鄉头
累赘——累坠	黧黑——黎黑	连贯——联贯	连接——联接
连绵——联绵⑦	连缀——联缀	联结——连结	联袂——连袂
联翩——连翩	踉跄——踉蹡	嘹亮——嘹喨	缭乱——撩乱
伶仃——零丁	囹圄——囹圉	溜达——蹓跶	流连——留连
喽啰——喽罗、偻儸	鲁莽——卤莽	录像——录象、录相	
络腮胡子——落腮胡子		落寞——落漠、落莫	

M

麻痹——麻痺	麻风——麻疯	麻疹——痲疹	马蜂——蚂蜂
马虎——马糊	门槛——门坎	靡费——糜费	绵连——绵联
腼腆——靦觍	模仿——摹仿	模糊——模胡	模拟——摹拟
摹写——模写	摩擦——磨擦	摩拳擦掌——磨拳擦掌	
磨难——魔难	脉脉——眽眽	谋划——谋画	

N

那么——那末	内讧——内哄	凝练——凝炼	牛仔裤——牛崽裤
纽扣——钮扣			

P

扒手——掱手	盘根错节——蟠根错节	盘踞——盘据、蟠踞、蟠据	
盘曲——蟠曲	盘陀——盘陁	磐石——盘石、蟠石	

蹒跚——盘跚　　　彷徨——旁皇　　　披星戴月——披星带月
疲沓——疲塌　　　漂泊——飘泊　　　漂流——飘流
飘零——漂零　　　飘摇——飘飖　　　凭空——平空

Q

牵连——牵联　　　憔悴——蕉萃　　　清澈——清彻　　　情愫——情素
拳拳——惓惓　　　劝诫——劝戒

R

热乎乎——热呼呼　　热乎——热呼　　热衷——热中　　　人才——人材
日食——日蚀　　　入座——入坐

S

色彩——色采　　　杀一儆百——杀一警百　鲨鱼——沙鱼　　　山楂——山查
舢板——舢舨　　　艄公——梢公　　　奢靡——奢糜　　　申雪——伸雪
神采——神彩　　　湿漉漉——湿渌渌　　什锦——十锦　　　收服——收伏
首座——首坐　　　书简——书柬　　　双簧——双鐄　　　思维——思惟
死心塌地——死心踏地

T

踏实——塌实　　　甜菜——菾菜　　　铤而走险——挺而走险　透彻——透澈
图像——图象　　　推诿——推委

W

玩意儿——玩艺儿　　魍魉——蝄蜽　　　诿过——委过　　　乌七八糟——污七八糟
无动于衷——无动于中　毋宁——无宁　　　毋庸——无庸　　　五彩缤纷——五采缤纷
五劳七伤——五痨七伤

X

息肉——瘜肉　　　稀罕——希罕　　　稀奇——希奇　　　稀少——希少
稀世——希世　　　稀有——希有　　　翕动——噏动　　　洗练——洗炼
贤惠——贤慧　　　香醇——香纯　　　香菇——香菰　　　相貌——像貌
潇洒——萧洒　　　小题大做——小题大作　　　　　　　卸载——卸傤
信口开河——信口开合　　　　　　　惺忪——惺松　　　秀外慧中——秀外惠中
序文——叙文　　　序言——叙言　　　训诫——训戒

Y

压服——压伏　　　押韵——压韵　　　鸦片——雅片　　　扬琴——洋琴
要么——要末　　　夜宵——夜消　　　一锤定音——一槌定音
一股脑儿——一古脑儿　　　　　　　衣襟——衣衿　　　衣着——衣著
义无反顾——义无返顾　　　　　　　淫雨——霪雨　　　盈余——赢余
影像——影象　　　余晖——余辉　　　渔具——鱼具　　　渔网——鱼网
与会——预会　　　与闻——预闻　　　驭手——御手　　　预备——豫备
原来——元来　　　原煤——元煤　　　原原本本——源源本本、元元本本

缘故——原故	缘由——原由	月食——月蚀	月牙——月芽
芸豆——云豆			

Z

杂沓——杂遝	再接再厉——再接再砺	崭新——斩新	辗转——展转
战栗——颤栗⑨	账本——帐本⑩	折中——折衷	这么——这末
正经八百——正经八摆		芝麻——脂麻	肢解——支解、枝解
直截了当——直捷了当、直接了当		指手画脚——指手划脚	
周济——赒济	转悠——转游	装潢——装璜	孜孜——孳孳
姿势——姿式	仔细——子细	自个儿——自各儿	佐证——左证

【注释】

① "掺""搀"实行分工:"掺"表混合义,"搀"表搀扶义。

② "沉"本为"沈"的俗体,后来"沉"字成了通用字,与"沈"并存并用,并形成了许多异形词,如"沉没——沈没|沉思——沈思|深沉——深沈"等。现在"沈"只读 shěn,用于姓氏。地名沈阳的"沈"是"瀋"的简化字。表示"沉没"及其引申义,现在一般写作"沉",读 chén。

③《普通话异读词审音表》审定"徊"统读 huái。"低回"一词只读 dīhuí,不读 dīhuái。

④ "凋""雕"古代通用,1955年《第一批异体字整理表》曾将"凋"作为"雕"的异体字予以淘汰。1988 年《现代汉语通用字表》确认"凋"为规范字,表示"凋谢"及其引申义。

⑤ "订""定"二字中古时本不同音,演变为同音字后,才在"预先约定"的义项上通用,形成了一批异形词。不过近几十年二字在此共同义项上又发生了细微的分化:"订"多指事先经过双方商讨的,只是约定,并非确定不变的;"定"侧重在确定,不轻易变动。故有些异形词现已分化为近义词,但本表所列的"订单——定单"等仍为全等异形词,应依据通用性原则予以规范。

⑥ 此词是指属于一定阶级、阶层、集团或具有某种特征的人,如"地主~|知识~|先进~"。与分母相对的"分子"、由原子构成的"分子"(读 fēnzǐ)、凑份子送礼的"份子"(读 fènzi),音、义均不同,不可混淆。

⑦ "联绵字""联绵词"中的"联"不能改写为"连"。

⑧ "预""豫"二字,古代在"预先"的意义上通用,故形成了"预备——豫备|预防——豫防|预感——豫感|预期——豫期"等 20 多组异形词。现在此义项已完全由"预"承担。但考虑到鲁迅等名家习惯用"豫",他们的作品影响深远,故列出一组特作说明。

⑨ "颤"有两读,读 zhàn 时,表示人发抖,与"战"相通;读 chàn 时,主要表示物体轻微振动,也可表示人发抖,如"颤动"既可用于物,也可用于人。什么时候读 zhàn,什么时候读 chàn,很难从意义上把握,统一写作"颤"必然会给读者带来一定困难,故宜根据目前大多数人的习惯读音来规范词形,以利于稳定读音,避免混读。如"颤动、颤抖、颤巍巍、颤音、颤悠、发颤"多读 chàn,写作"颤";"战栗、打冷战、打战、胆战心惊、冷战、寒战"等词习惯多读 zhàn,写作"战"。

⑩ "账"是"帐"的分化字。古人常把账目记于布帛上悬挂起来以利保存，故称日用的账目为"帐"。后来为了与帷帐分开，另造形声字"账"，表示与钱财有关。"账""帐"并存并用后，形成了几十组异形词。《简化字总表》《现代汉语通用字表》中"账""帐"均收，可见主张分化。二字分工如下："账"用于货币和货物出入的记载、债务等，如"账本、报账、借账、还账"等；"帐"专表用布、纱、绸子等制成的遮蔽物，如"蚊帐、帐篷、青纱帐（比喻用法）"等。

三、错别字

网络编辑要注意纠正错别字，为了方便辨识，现将编校工作中常易出现的错别字举例如下。

形近字	区别词语举例
己·已·巳	自己、己亥；已经、学不可以已；巳时、己巳。
厄·卮	厄运、险厄；漏卮（zhī）。
允·充	允许、公允；充足、充当。
户·卢	窗户、门户；姓卢、卢布、卢比。
扑·朴	扑打、香气扑鼻；朴素、朴（pō）刀、姓朴（piáo）。
戊·戍·戌·戎	戊（wù）：戊申、戊戌变法；戌（xū）：戌时、甲戌；戍（shù）：卫戍、戍守；戎（róng）：戎马、投笔从戎。
宄·宂	奸宄，乱在内为宄；宂员、宂长、宂杂。
汨·汩	汩（gǔ）：汩汩、汩没；汨（mì）：汨罗江。
机·杌	机器、机遇；杌（wù）：杌子、杌凳。
折·拆	折断、折扣、奏折；拆（chāi）：拆除；拆（cā）：拆烂污。
圻·坼	圻（qí）：蒲圻；坼（chè）：坼裂、天寒地坼。
场·埸	场地、广场；埸（yì）：田埸、疆埸。
灸·炙	针灸；炙手可热、脍炙人口。
防·妨	防守、防范；妨害、妨碍。
形·型	形态、形势；模型、典型。
园·圆	公园、幼儿园；圆柱、圆明园。
即·既	即将、即使、一触即发；既然、既往不咎。
析·柝	分析、部析；柝（tuò）：击柝、柝声。
祇·祗	祇（qí）：神祇；祗（zhī）：祗清、祗候。
佳·隹	佳音、佳人；隹（zhuī）：短尾鸟。
剌·刺	刺刀、刺骨；剌（là）：乖剌。
板·版	板凳、老板；版本、版权。
奈·柰	奈何、无奈；柰子。
胀·涨	膨胀、肚子发胀；涨（zhǎng）：涨价、水涨船高；涨（zhàng）：头昏脑涨、豆子泡涨了。

秆・杆	烟秆、麦秆儿；杆菌、枪杆、烟袋杆儿。
祆・袄	祆（xiān）：祆教（拜火教）；袄（ǎo）：棉袄、夹袄
昂・昴	昂（áng）：昂首、昂贵；昴（mǎo）：昴星（二十八宿之一）。
眈・耽	眈：眈眈相向、虎视眈眈；耽搁。
叟・臾	叟（sǒu）：老叟、童叟无欺；臾（yú）：须臾。
昐・盼・眄	昐（xì）：瞋目昐之；盼（pàn）：盼望、盼头；眄（miàn，又 miǎn）：眄视（斜着眼看）。
荧・萤・茕	荧光、荧感；萤火虫；茕（qióng）：茕茕孑立。
绌・拙	绌（chù）：相形见绌；拙（zhuō）：拙笨、拙见。
谗・馋	谗害、谗言；馋猫、馋涎欲滴。
胄・胃	胄（zhòu）：甲胄、贵胄；胃口、胃液。
恼・脑	恼火、苦恼；脑袋、脑力。
恰・洽	恰当、恰如其分；洽谈、融洽。
尝・赏・偿	尝试、尝味；奖赏、赏赐；偿还、偿命。
竞・竟	竞争、竞技；竟日、竟然、未竟事业。
响・晌	响亮、响遏行云；晌（shǎng）：晌午、晌觉。
茶・荼	茶叶、茶壶；荼（tú）：荼毒、如火如荼。
茸・葺	茸毛、参茸；葺（qì）：修葺、葺理。
茛・莨・稂	茛（gèn）：毛茛；莨（liáng）：薯莨；莨（làng）：莨菪；稂（láng）：稂莠不分。
挚・絷	真挚、挚爱；絷（zhí）：絷马、囚絷。
班・斑	班辈、班机；斑白、斑鸠、斑斓。
桨・浆	桨（jiǎng）：木桨、船桨；浆（jiāng）：豆浆、浆洗。
徒・徙	徒手、徒弟；迁徙、徙倚。
赃・脏	赃物、赃款；脏（zāng）：脏话、肮脏；脏（zàng）：心脏。
栽・裁	栽培、栽跟头；剪裁、裁判。
逐・遂	逐渐、驱逐；遂（suì）：遂心、顺遂；遂（suí）：半身不遂。
浙・淅	浙江省；淅沥、淅淅。
峻・竣	峻峭，险峻；告竣、竣工。
铃・钤	铃铛，棉铃；钤（qián）：印钤、钤记。
溢・隘	溢洪、溢美；隘（ài）：狭隘、要隘。
第・笫	次第、门第；笫（zǐ）：床笫。
维・唯・惟	维持、维新；唯物、唯心主义；惟独、惟一、惟妙惟肖。
琐・锁	琐碎、烦琐；封锁、锁骨。
庾・廋	庾（yǔ）：仓庾，姓庾；廋（sōu）：廋伏、廋语。
晢・皙	晢（zhé）：明亮、明智；皙（xī）：白皙。
菅・管	菅（jiān）：菅茅、草菅人命；管理、管吃管住。

毫·亳	毫发、毫厘；亳（bó）：亳州、亳社。
距·矩	距离、相距；矩尺、规矩。
崇·祟	崇高、崇尚；祟（suì）：鬼祟、作祟。
慨·概	慨（kǎi）：慨叹、慷慨；概（gài）：气概、概括、概念。
博·搏	博大、博得；搏斗、搏动、脉搏。
腊·蜡	腊月、腊肉、姓腊；腊（xī）：干肉；蜡烛、蜡染、蜡版。
滑·猾	滑冰、滑稽；狡猾、猾吏。
暑·署	暑假、中暑；公署、部署、署理。
骛·鹜	驰骛、好高骛远；雁鹜、趋之若鹜（鸭子）。
锭·绽	纱锭、钢锭；绽（zhàn）：破绽、皮开肉绽。
肆·肄	第肆、肆无忌惮；肄（yì）：肄业、肄习。
雎·睢	雎（jū）：雎鸠、范雎；睢（suī）：睢县、恣睢。
晴·睛	眼睛、目不转睛；晴天、晴朗。
锡·钖	锡纸、锡箔；钖（yáng）：马额上的装饰物。
滥·谰	泛滥、滥用；谰（lán）：谰言（诬赖的话）。
遣·遗	差遣、消遣；遗失、遗传。
蔼·霭	和蔼、慈蔼；烟霭、暮霭。
箪·簟	箪食壶浆；簟（diàn）：晒簟、笾簟。
瘦·瘐	瘦弱、瘦骨嶙峋；瘐（yǔ）：瘐毙、瘐死。
裸·祼·棵	裸（luǒ）：裸露、裸子植物；祼（guàn）：古代酌酒灌地的祭礼；棵（kē）：量词（多用于植物）。
熙·煦	熙和、熙攘、康熙；煦（xù）：煦暖、和煦。
榷·摧	商榷、榷税；摧残、摧毁。
戮·戳	杀戮、戮力；戳穿、邮戳。
箅·蓖	箅子、箅头；蓖麻、蓖麻油。
撒·撤	撒播、撒手；撤除、撤换。
赢·赢·羸·蠃	嬴政；赢利、输赢；羸（léi）：羸弱、羸顿；蠃（luǒ）：螺蠃（一种寄生蜂）。
篡·纂	篡夺、篡位、篡改；纂辑、编纂。
燥·躁·噪	干燥、燥热；急躁、躁动；鼓噪、噪声。
螫·螯	螫（shì）：螫针；螯（áo）：螃蟹等节肢动物的第一对爪。
戴·载	戴帽子、爱戴、披星戴月；载（zǎi）：年载、登载；载（zài）：装载、载誉而归。
瞻·赡	瞻仰、高瞻远瞩；赡养、宏赡。
籍·藉	书籍、籍贯；藉（jí）：狼藉，姓藉；藉（jiè）：慰藉、枕藉。
谶·忏	谶（chèn）：谶讳、谶语；忏（chàn）：忏悔、拜忏。

音近字	区别词语举例
辨・辩	辨别、辨认；辩论、辩解。
布・部	布衣、布告、布景；部位、编辑部、一部纪录片。
磁・瓷	磁场、磁针；瓷器、瓷砖、瓷实。
代・待	代替、交代、朝代；对待、等待、待遇。
度・渡	度量衡、湿度、制度、度假；渡口、横渡、渡过难关。
烦・繁	烦闷、烦扰、烦躁；繁多、繁华、繁荣、繁衍。
奋・愤	奋起、奋发、兴奋；愤怒、愤慨、气愤。
复・覆	反复、复查、复杂；覆盖、颠覆、倾覆。
概・盖	大概、气概、梗概、概念；遮盖、锅盖、盖世。
固・故	固有、坚固、固执；事故、故事、故乡、沾亲带故、明知故犯。
捍・悍	捍卫、捍御；悍然、悍将、强悍。
迹・绩	足迹、迹象；业绩、功绩。
佳・嘉	佳节、佳丽、佳肴、佳宾；嘉奖、嘉勉、嘉宾、嘉言懿行。
较・校	较量、计较；校对、校注、校场。
纠・赳	纠纷、纠葛；雄赳赳、赳赳武夫。
克・刻	克勤克俭、克敌、克期、千克；刻苦、雕刻、刻骨铭心。
兰・蓝・篮	兰花、兰若、兰花指；蓝图、蓝本、蓝领、蓝缕；篮球、竹篮。
练・炼	简练、精练、练习；锻炼、炼钢、炼词、炼句。
漫・慢・谩	漫步、散漫、漫无边际；快慢、傲慢、轻慢；谩骂。
密・蜜	稠密、亲密、机密、哈密瓜；蜂蜜、甜蜜、蜜腺。
摩・磨	摩擦、按摩、摩托、摩尔；琢磨、磨砺、磨穿了。
孽・蘖・糵	妖孽、造孽、孽种；蘖枝、分蘖；曲糵（酒母，制酒时的发酵物）。
陪・赔	陪伴、陪衬、陪审；赔偿、赔款、赔小心。
皮・脾	皮肤、粉皮、赖皮；脾气、脾脏、沁人心脾。
飘・漂	飘扬、飘逸；漂游、漂泊。
曲・屈	曲折、曲霉；屈服、委屈、宁死不屈。
溶・熔・融	溶解、溶化；熔化、熔炉；融洽、融化。
拴・栓	拴绑、拴结；枪栓、栓剂、栓塞。
食・蚀	食堂、食盐、月食、环食；腐蚀、蚀本、蚀刻。
玩・顽	玩火、玩笑、玩物丧志；顽皮、顽固、顽症。
宵・霄	元宵、宵禁、宵衣旰食；云霄、霄汉、霄壤之别。
象・像	形象、象形字；好像、图像、画像。
邪・斜	邪念、邪门歪道；歪斜、斜坡。
须・需	必须、须眉；需要、需求、军需。

绪·序·叙	头绪、绪论、情绪；次序、序幕、序文、序言；叙说、叙事、叙用。
畜·蓄	畜牧业、畜养；储蓄、蓄谋。
喧·暄	喧哗、喧嚣、喧宾夺主；寒暄。
叶·页·业	叶片、百叶窗、清代初叶；页码、扉页；业务、商业、事业。
应·映	答应、应用、应卯、反应；映衬、映带、放映、反映。
尤·犹	尤其、尤物；犹如、记忆犹新、犹太人。
原·缘	原始、原版、原谅、原野；缘分、缘起、缘由。
振·震	振奋、振作、振幅；地震、震惊、震古铄今。

2.2 现代汉语语法规范

现代汉语中常见的语法错误主要包括用词错误、搭配不当、成分残缺、句式杂糅、逻辑问题、成分赘余、词语位置不当、指代不明等。

一、用词错误

用词错误是指因为作者对某些词的误解而造成这些词的误用。

【例2-1】 法官正襟危坐，目光冷峻，法警步履轩昂、威武庄严……

此句中"步履轩昂"错了，"轩昂"不可形容"步履"，可改为"气宇轩昂"。

【例2-2】 两天了，发出去的传单不下一万份，30多个亲戚朋友把整个乌鲁木齐都找过来了，还是没有找到小文博。

此句中"传单"一词用错了，可改为"寻人启事"。

【例2-3】 不到20分钟时间，整个南昌路1号几乎被淹没在呛人的浓烟里。

此句中"淹没"一词用错了，可改为"笼罩"。

二、搭配不当

句子中的搭配不当有两种情况：一种是语义搭配不当；一种是词性搭配不当。

【例2-4】 王羽除了班里和学生会的工作外，还承担了校广播站"音乐不断"、"英语角"栏目主持，居然没有影响学习成绩，真让人佩服。

此句中"承担了……主持"缺少宾语中心语，可改为"……栏目主持的工作"。

【例2-5】 我们平时所用的调味品醋，含有氨基酸、钙、磷、铁和维生素B等成分，被皮肤吸收后可以改善面部皮肤营养缺乏。

此句中"改善"缺宾语，可改为"……改善面部皮肤营养缺乏的情况"。

【例2-6】推行有偿使用塑料袋，主要是通过经济手段培养人们尽量减少使用塑料袋，这无疑会对减少白色污染、净化环境产生积极作用。

此句中"培养"后面缺少宾语中心语，可改为"……培养人们尽量减少使用塑料袋的习惯"。

三、成分残缺

句子成分可以省略，但省略的句子成分总是明确的，而且可以把省去的词语补出来。但是必要的成分不能欠缺，否则句子结构不完整。

【例 2-7】 祝你以后子孙满堂！共享天伦！

此句中"共享天伦"一语不通，可改为"共享天伦之乐"。"天伦"指父母子女、兄弟姐妹等天然的亲属关系。"共享天伦"就不成话了，应在"天伦"后边加"之乐"之类的词。

【例 2-8】 由于计算机技术的提高和普及，为各级各类学校开展多媒体教学工作提供了良好的条件。

此句中缺少宾语，可改为"……为各级各类学校的教师开展多媒体教学工作提供了良好的条件"。

【例 2-9】 我们必须努力学习，认真观察分析问题的习惯。

此句中缺少谓语，可改为"……养成认真观察分析问题的习惯"。

四、句式杂糅

句式杂糅是指有两种或两种以上类型的句式杂糅在一起，从而造成语句结构的混乱。

【例 2-10】 这办法既卫生，又方便，深受群众所喜爱。

此句中或说"深受群众喜爱"，或说"深为群众所喜爱"。

【例 2-11】 这些蔬菜长得这么好，是由于社员们精心管理的结果。

此句中或说"由于社员们的精心管理"，或说"社员们精心管理的结果"

【例 2-12】 不难看出，这起明显的错案迟迟得不到纠正，其根本原因是不正之风。

此句中或说"其根本原因是执法作风不正"，或说"是不正之风在作怪"。

五、逻辑问题

逻辑问题是文稿中经常出现的一类问题，往往造成语词或句意前后矛盾。这是由作者不经意间所犯逻辑错误引起的。

【例 2-13】 为马军签名的居民约有 515 名。

此句中"约有 515 名"不通，"515 名"是一个非常精确的数目，它的前边不能用"约"。否则，自相矛盾了。

【例 2-14】 中国有世界上没有的万里长城。

此句表述自相矛盾，中国就在世界上，怎么能说世界上没有呢？此句可改为"中国有世界上其他国家没有的万里长城"。

【例 2-15】 他是多少死难者中幸免的一个。

此句的问题是"死难者"与"幸免者"不能同存，可以改为"他是众多死难者之外幸免的一个"。

还有的逻辑问题属于推理的逻辑性问题。语言表达中不要用虚假的判断作为前提进行推理，也不要滥用关联词语，强加因果关系，把本无推理关系的语句硬连在一起，构成错误的推理。如"他的普通话说得很好,看来一定是个北京人"。一个人的普通话说得好是不能推理出他一定是北京人的。只能说"他的普通话说得很好,有可能是个北京人"。

六、成分赘余

在句子结构中,让人感觉某些句子成分多余或者用词画蛇添足,妨碍句意表达。修改时删除赘余部分即可。

【例2-16】 报刊杂志。
"刊"意即杂志,删去"杂志"。
【例2-17】 互相厮打。
"厮"已含有"互相"的意思,删去"互相"。
【例2-18】 这其中,这其间。
"其"即这,删去"这"。
【例2-19】 过高的奢望。
"奢"即过分的,与"过高"的意思一样,语意重复。
【例2-20】 无数莘莘学子。
"莘莘"即众多,用"无数"修饰多余。

七、词语位置不当

词语位置会影响句意的表达。

【例2-21】 姚明是一位优秀的有近五年NBN经验的国家队的篮球明星。
此句是多项定语次序不当,可以修改为"姚明是国家队的一位有近五年NBN经验的优秀的篮球明星"。
【例2-22】 在建设社会主义新农村工作中,要发挥广大青年的充分的作用。
此句是状语"充分的"错放在定语的位置上了,可以修改为"在建设社会主义新农村工作中,要充分地发挥广大青年的作用"。
【例2-23】 我们如果把这个问题不解决了,后面的麻烦就会更大。
此句为含有"把"字句的否定句,否定副词应该放在"把"之前,可以改为"我们如果不把这个问题解决了,后面的麻烦就会更大"。

八、指代不明

指代不明指因代词指示(人或事物)不明确而造成语意混乱。

【例2-24】 自打小庆玲住院后,就不断有市民前来看望她,还为她带来吃的用的。后来,她知道了小庆玲的身世,就要求护士给予小庆玲更多的照顾。
句中有两个"她",分别指代"小庆玲"和"护士长"。不加区分地一律用"她",就造成读者理解上的混乱和错误,根据正文原意,应将"她知道了小庆玲的身世"的"她"改为"护士长"。
【例2-25】 班会上,李明建议开展读书活动,陈新建议开展影评活动,我同意他的意见。

此句中的"我"究竟同意李明的建议还是同意陈新的意见并不明确。句中的"他"指的是谁应直接说出来意思才清楚。可改成"班会上，李明建议开展读书活动，陈新建议开展影评活动，我同意陈新的意见"。

【例2-26】 中午，马铮和马跃一起上学，他问他下午的班会将讨论什么问题。

此句中的"他问他"究竟指的是马铮问马跃还是马跃问马铮并不明确。因此，应根据实际情况，直接写清"马铮问马跃"或者"马跃问马铮"。

2.3 标点符号使用规范

一、标点符号的作用和种类

标点符号是书面语中用来表示停顿、语气以及词语性质和作用的符号，是书面语的有机组成部分。

1. 标点符号的作用

（1）表示停顿。

说话要换气，就要有停顿。一个句子在结构和意义上也需要有停顿。停顿有长有短，在书面语中，不同的停顿就是靠标点符号来表示的。同样一段文字，用了不同的标点，句子的结构会变得不同，句子的意义也会有很大的差别。古代有个关于标点的笑话：古代有个秀才，为人刻薄寒酸，却又好面子。一次他的远方朋友到访，被梅雨所困，就这样住了一天又一天，吃喝拉撒睡都得照顾，秀才十分心烦，撵吧，朋友远道而来，又顾及面子，碍于情面，不撵吧，常吃常住也不是常事，于是趁朋友解手方便之时，挥笔在纸上写道："下雨天天留我不留"！朋友解手归来一看，顿吃一惊，这不是"醉翁之意"，明显要赶自己走吗？可是外边瓢泼大雨一个劲"哗哗"下着，道路满是泥泞，一步一滑，于是在秀才所写的上边点上几点（标点符号）："下雨天，天留我不？留！"秀才观后无可奈何，只得好酒好肉招待着。这充分说明标点符号的重要性。

（2）表示语气。

一般句子有四种语气，即陈述语气、疑问语气、感叹语气和祈使语气。在书面语中，句子的这四种语气要用不同的标点符号来表示。

【例2-27】 他是中国人民的朋友。（陈述语气）

【例2-28】 你叫什么名字？（疑问语气）

【例2-29】 多么感人的场面啊！（感叹语气）

【例2-30】 让他进来！（祈使语气）

语气舒缓的祈使句末尾，可以使用句号表示。

【例2-31】 让他稍等一下。

（3）表示词语的性质和作用。

有些词语用了标点符号，就明确了所指的是什么。同一个词语，用了不同的标点符号也使意义有区别。

【例 2-32】 巴金的《家》
【例 2-33】 《巴金的家》

例 2-32 指的是巴金所写的一篇小说。例 2-33 指的是他人所写的一篇关于巴金的家的文章。

2. 标点符号的种类

常见的标点符号有 16 种，分点号和标号两大类。

（1）点号。

点号的作用在于点断，主要表示说话时的停顿和语气。

点号又分为句末点号和句内点号。句末点号有句号（。）、问号（？）、叹号（！）三种，用在句末，表示句末的停顿，同时表示句子的语气。句内点号有逗号（，）、顿号（、）、分号（；）、冒号（：）四种，用在句内，表示句内各种不同性质的停顿。

（2）标号。

标号的作用在于标明，主要标明语句的性质和作用。

常用的标号有引号（""）、括号（（））、破折号（——）、省略号（……）、着重号（．）、连续号（—）、间隔号（·）、书名号（《》）、专用号（＿＿）九种。

二、标点符号的使用规范

1990 年 3 月，国家语言文字工作委员会和中华人民共和国新闻出版署发布了修订后的《标点符号用法》是标点符号使用的规范性文件。

1. 点号的使用规范

（1）句号。

陈述句末尾或语气舒缓的祈使句末尾用句号。

【例 2-34】 全国人民特别是广大青年，都要认真学习和了解祖国的历史，尤其是近代以来的历史。

【例 2-35】 请把门关上。

【例 2-36】 今天我们必须回去。

【例 2-37】 夜晚。

【例 2-38】 下课了。

句子无论长短，只要结构完整，意思独立的陈述句，句后都应用句号停顿。语气舒缓的祈使句（如例 2-35），有强调意味的陈述句（如例 2-36），就都用句号。有时独词句、无主句（如例 2-37 和例 2-38）表示陈述语气时也用句号。

（2）问号。

问号用在一句话的末尾，表示疑问的语气。

【例 2-39】 今天怎么回来得这么晚？

【例 2-40】 他是谁？从什么地方来？

使用问号应注意以下几点。

① 反问句和设问句都是无疑而问。反问句只问不答，要表达的确定意思包含在问句里。设问句自问自答，以期引起读者的注意，但二者均是疑问语气，因而句末都用问号。

【例2-41】 在战争激烈的时候，我们不是曾经来回走在田野里寻觅野草来么？

【例2-42】 是谁创造了人类世界？是我们劳动群众。

② 选择问句虽然包含两个或两个以上的选择项，但仍然是一个完整的句子，表达完整的意思，因而只在句末用一个问号，句中各项之间用逗号，但有时为了强调各选项的独立性，也可以考虑在各项之后都用问号。

【例2-43】 明天是你去监考呢，还是我去监考呢？

③ 有些表示委婉语气的祈使句，句末也可用问号。

【例2-44】 请你稍微挪一下凳子好吗？

④ 有的问句，主语和谓语倒置，应注意把问号放在句末。

【例2-45】 怎么啦，你？

⑤ 有的句子虽含有疑问词（谁、什么、怎么样等），但并非真正发问，而是表达一个陈述语气，因而应用句号。

【例2-46】 我不知道他去车站接谁。

【例2-47】 我没什么，可不知道人家怎么想。

（3）叹号。

叹号表示感情强烈的句子末了的停顿。

① 表示感叹句末尾的停顿。

【例2-48】 一旦扎下根，不怕遭践踏被踩躏，还是一回又一回地爬起来，开出小小花朵来的蒲公英！

② 语气很重，很强烈的祈使句也用叹号。

【例2-49】 祥林嫂，你放着罢！

③ 语气强烈的反问句后也用叹号。

【例2-50】 怎么会讲得这么糟呢！

④ 语气强烈的独词句、非主谓句和带有强烈感情的感叹词，都可用叹号。

【例2-51】 长途！　　飞机！　　啊呀！你走错了。

⑤ 在称呼语、应答词和象声词后面，以及标语口号的末尾，如果带有强烈感情，也都用感叹号。

（4）逗号。

表示句子内部的一般性停顿。

① 用在较长的主语后面。

【例2-52】 这个演员表上排列在最后一名的小角色，却赢得了观众最热烈的掌声。

② 用在需要强调的简短主语后面。

【例2-53】 北京，祖国的首都。

③ 用在句首状语的后面。

【例2-54】 在一个明媚的早晨，他登上了去石家庄的列车。

④ 用在较长的宾语前边。

【例2-55】 我不得不承认，他的实力比我强得多。

⑤ 用在插入语前后。

【例2-56】 我来北京，往少里说也有十几次了。

⑥ 某些句中关联词后面有时也用逗号。这往往是出于强调的需要，一般情况下是不必停顿的。

【例2-57】 劳动很艰苦，可是，我们根本不怕。

⑦ 用在复句内部的分句间。

【例2-58】 层层的叶子中间，零星地点缀些白花，有袅娜地开着的，有羞涩地打着朵儿的。

⑧ 用在次序语后面。

【例2-59】 第一，时间紧，任务重，我们必须加劲干；第二，我们一定要注意安全。

⑨ 用在倒装句中间。

【例2-60】 多么美丽，这一朵朵鲜花。

（5）顿号。

表示句子内部并列词语之间的停顿。顿号表示的停顿比逗号小，一般用来隔开并列的词或者并列短语。并列的词之间用了"和"、"或"之类连词，就不再使用顿号。顿号与"和"的作用是一致的。多个词语并列先用顿号，最后一个用"和"。如果并列词语结合得很紧，没有必要在行文中用停顿来突出它，则可以不加顿号。并列词语中又有并列词语时，大并列用逗号，小并列用顿号。顿号运用方面的常见错误如下。

【例2-61】 张三，李四，赵五经常到阅览室学习。（两个逗号应改为顿号）

【例2-62】 市一中学的校长、主任、第三中学的校长、主任都来开会了。（此句混淆了并列词语的大小层次，第二个顿号应改为逗号）

【例2-63】 亚马逊河、尼罗河、密西西比河、和长江是世界四大河流。（此句用了"和"，前面的顿号应该删去）

（6）分号。

① 表示复句内部并列分句间的停顿。

【例2-64】 惨象，已使我目不忍视了；流言，尤使我耳不忍闻。

② 有时在非并列关系的多重复句内也用分号。

【例2-65】 我国年满十八岁的公民，不分民族、种族、性别、职业、家庭、出身、宗教信仰、教育程度、财产状况、居住期限，都有选举权和被选举权；但是依照法律被剥夺政治权利的人除外。（转折关系）

这个句子如果改用逗号便不易分辨前后两层意思。如果改用句号，又会把前后连贯的意思割断，所以用分号。

使用分号应注意以下几点。

① 单句排比，要求气势贯通，一般用逗号，不用分号。

【例2-66】 对待同志要像春天般的温暖，对待工作要像夏天一样的火热，对待个人主义要像秋风扫落叶一样，对待敌人要像严冬一样残酷无情。

② 并列关系句，分句较短的用逗号不用分号。

【例2-67】 虚心使人进步，骄傲使人落后。

（7）冒号。

冒号用在提示语后面，表示提起下文或总结上文。运用冒号时要注意其提示范围。

冒号提示的内容的末尾用句号。如果一个句号前的内容不全是冒号提示的，则这个冒号用得不正确。

【例2-68】 这种惊人的事实证明：人如果老想着钱，看不到敌人的腐蚀进攻，就会走入歧途，可见这些事实是可以作为活教材的。（句中冒号只提示到了"歧途"，不包括后边，所以用错了，应把"歧途"后面的逗号改为句号）

没有特别提示的必要就不要用冒号。

【例2-69】 他表示：一定要来参加会议。（冒号应该删去）

【例2-70】 比赛的结果出人预料：老年队竟打败了青年队。（冒号应该改为逗号）

在句子内部，不能用冒号。

【例2-71】 老师说了一声："下课！"就走了。（句中不能用冒号，应删去）

"某某说"、"某某想"等后边常用冒号。但有时不想强调提示语，或不直接引述别人的话，则不用冒号而用逗号。

如果"某某说"是在所有引文的后边，"说"后用句号。

2. 标号的使用规范

（1）引号。

表示文中引用的部分。引号有双引号和单引号两种。一般用双引号，引文内还有引文，就用单引号。双引号和单引号反复使用。直接引用别人的话，用引号；间接引用别人的话，不用引号。连续引用几个文段时，每段开头都要用前引号，只在最后一段用后引号。

① 表示直接引用的话。

【例2-72】 它一下子就令人记起杜甫的诗："群山万壑赴荆门，生长明妃尚有村。"

② 表示突出强调。

【例2-73】 包身工没有"做"或"不做"的自由。

③ 表示讽刺和否定。

【例2-74】 "还要让它'留芳'百世吗？"

【例2-75】 有几个"慈祥"的老板到菜场去收集一些菜叶，用盐一浸，这就是他们难得的佳肴。

④ 表示特定称号。

【例2-76】 "芦柴棒"着急地要将大锅子里的稀饭烧滚。

⑤ 有时用来引用成语、谚语和歇后语等。

【例2-77】 "如浴春风"，唔，让人开怀令人奋发的春风呵！

引语是指行文中引用他人的话。成语、格言、诗词等也包括拟声词、音译词。

特定称谓是指具有某些特点的名称、简称、专用术语以及纪念日等。特殊含义是指引号中的词语在其具体的语言环境中产生了新的意思。

使用引语时，引文末尾标点的位置要注意。凡是把引用的话独立来用，末尾点号放在引号里边。如果引用的内容是句子的一个组成部分，即引文没有独立性，引用部分末尾不用点号（问号、叹号可保留），整个句子该停顿处则停顿，该用何点号则用何点号。

使用引号应注意以下几个方面。

① 引文之内又有引文时，外边的一层用双引号，里面的一层用单引号；倘若单引号之内又有引文，那又要用双引号。

【例2-78】（一位大娘）接着解释："收豆子、红薯的时候，獾正肥哩。肉香、油多。俗话说'八斤獾肉七斤油'啊。"

② 如果引文独立成句，意思又完整，句末点号放在引号里面。

【例2-79】 我联想到了唐朝贾岛的诗句："只在此山中，云深不知处。"

③ 引文不完整或者说引文成为自己话的一部分，这时，句末点号（问号、感叹号除外）放在后引号的外面。

【例2-80】 写文章要做到"平字见奇，常字见险，陈字见新，朴字见色"。

④ 如果引文连着有好几段，每一段开头都应用一个前引号，直到最后一段的末了才用一个后引号。

⑤ 如果只把别人的话的大意说出，不照原样引述，这时，不用引号，要用括号表示文中注释的部分。

（2）括号。

括号常用的形式是圆括号"（　）"。此外还有方括号"［　］"、六角号"〔　〕"和方头括号"【　】"。

行文中注释性的文字，用括号标明。注释句子里某些词语的，括注紧贴在被注释词语之后；注释整个句子的，括注放在句末标点之后。

【例2-81】 中国猿人（全名为"中国猿人北京种"，或简称"北京人"）在我国的发现，是对古人类学的一个重大贡献。

【例2-82】 写研究性文章跟文学创作不同，不能摊开稿纸搞"即兴"。（其实文学创作也要有素养才能有"即兴"）

（3）破折号。

① 表示破折号后面是解释说明的部分。

【例2-83】 带工老板拿着一叠名册，懒散地站在正门出口——好像火车站剪票处一般的木栅子前面。

② 表示意思的递进。

【例2-84】 每年——特别是水灾、旱灾的时候，这些在日本厂里有门路的带工……

③ 表示意思的转换、跳跃或转折。

【例2-85】"好香的干菜——听到风声了么？"赵七爷站在七斤的后面七斤嫂子的对面说。

④ 表示语音延长。

【例 2-86】 我们在天安门前深情地呼唤：周——总——理——

⑤ 表示语音较大的停顿或中断。

【例 2-87】 鲁侍萍：亲戚？

周朴园：嗯，——我们想把她的坟墓修一修。

⑥ 表示总结上文。

【例 2-88】 捣乱，失败，再捣乱，再失败，直至灭亡——这就是帝国主义和世界上一切反动派对待人民事业的逻辑，他们决不会违背这个逻辑的。

⑦ 用在副标题前。

【例 2-89】 火刑

——纪念乔尔丹诺·布鲁诺

⑧ 表示事项的列举分承。

【例 2-90】 五年来，在改革开放的推动下，我国国民经济持续发展，总的形势是很好的。

——国家经济实力继续得到显著增强。

——国民经济的重大比例关系进一步趋于协调，宏观经济效益有了提高。

——城乡人民生活进一步改善。

(4) 省略号。

表示文中省略的部分。省略号的主要用法包括：

① 表示引文的省略；

② 表示列举的省略；

③ 表示说话断断续续；

④ 表示语意未尽；

⑤ 表示沉默不语。

并列词语在句中作定语时，省略时只用"等"不用省略号。使用省略号要注意它和前后标点的关系。省略号的前边如果是完整的句子，此句点号照用；如果不是完整的句子，一般不用点号。省略号的后边一般不用点号。省略号的后边有时用点号，目的在于分清结构，表示不与下文相混。

(5) 着重号。

标明要求读者特别注意的文字。着重号用小圆点"．"表示，点在被强调的文字下边，有多少个字，就点多少点。

(6) 连接号。

表示把意义密切相关的词语连成一个整体。它是一个小短横，高低居中，一般用来连接起止时间、相关数字、两个地名等。

连接号有四种形式："—"（占一个字位置，又叫一字线）、"–"（占 1/2 个汉字位置，又叫半字线）、"-"（为字母 m 宽度的 1/3，又叫连字符）和"～"（又叫波浪线）。

① 一字线"—"经常用来连接地名，方位名词，表示起止、走向。

【例2-91】南京—上海　西北—东南

【例2-92】我国秦岭—淮河以北地区属于温带季风气候区，夏季高温多雨，冬季寒冷干燥。

② 半字线"-"可以用来连接相关词语构成复合结构。

【例2-93】物理-化学反应　　铅-锌合金

或者连接相关字母、数字，组成产品型号、代号

【例2-94】101A-2型干燥箱　　　2，4-戊二酮

③ 波浪线仅用来连接两个数字，表示一个数值范围，或表示量值的波动变化幅度。

【例2-95】150～200千米　-36～8℃　2500～3000元

在使用连接号时还需要注意以下几种情况。

① 两个相关的名词构成一个意义单位，中间用连接号。

【例2-96】复方氯化钠注射液，也称任-洛二氏溶液（Ringer-Locke solution），用于医疗和哺乳动物生理学实验。

② 相关的时间、地点或数目之间用连接号，表示起止。

【例2-97】鲁迅（1881—1936）中国现代伟大的文学家、思想家和革命家。原名周树人，字豫才，浙江绍兴人。

【例2-98】"北京—广州"直达快车。

【例2-99】梨园乡种植的巨峰葡萄今年已经进入了丰产期，亩产1000～1500公斤。

③ 相关的字母、阿拉伯数字等之间，用连接号，表示产品型号。

【例2-100】在太平洋地区，除了已建成投入使用的HAW-4和TPC-3海底光缆之外，又有TPC-4海底光缆投入运营。

④ 几个相关的项目表示递进式发展，中间用连接号。

【例2-101】人类的发展可以分为古猿-猿人-古人-新人这四个阶段。

（7）间隔号。

标明词语的分界。它是一个小圆点"·"，放在隔词语的中间，高低居中。间隔号用在外国人或某些少数民族人名内部各部分之间，用在表示年月日的数字之间。

① 外国人和某些少数民族人名内各部分的分界，用间隔号标示。

【例2-102】列奥纳多·达·芬奇　　爱新觉罗·努尔哈赤

② 书名与篇（章、卷）名之间的分界，用间隔号标示。

【例2-103】《中国大百科全书·物理学》　《三国志·蜀志·诸葛亮传》

（8）书名号。

表示文中出现的书名、报刊名、诗文名、歌曲名、戏剧名、绘画名、电影和电视片名等。书名与一般用双层尖角号表示。书名号内还要用书名号时，里面的用单书名号。

书名号的形式为双书名号"《 》"和单书名号"〈 〉"。

① 书名、篇名、报纸名、刊物名等用书名号标示。

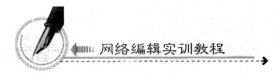

【例2-104】《红楼梦》的作者是曹雪芹。

【例2-105】 你读过鲁迅的《孔乙己》吗?

【例2-106】 他的文章在《人民日报》上发表了。

【例2-107】 桌上放着一本《中国语文》。

② 书名号里边还要用书名号时,外面一层用双书名号,里边一层用单书名号。

【例2-108】《〈中国工人〉发刊词》发表于1940年2月7日。

(9) 专名号。

表示文中人名、地名、朝代名和团体名等。它是一条横线,存在专有名称下面,目的在于使之与一般词语区别开来。专名号只用在古籍或某些文中著作里面。

专名号的形式为"＿＿＿"。

① 人名、地名、朝代名等专名下面,用专名号标示。

【例2-109】 司马相如者,汉蜀郡成都人也,字长卿。

② 专名号只用在古籍或某些文史著作里面。为了跟专名号配合,这类著作里的书名号可以用浪线"＿＿＿"。

【例2-110】 屈原放逐,乃赋离骚,左丘失明,厥有国语。

3. 标点符号的位置

句号、问号、叹号、逗号、顿号、分号和冒号一般占一个字的位置,居左偏下,不出现在一行之首。

引号、括号、书名号的前一半不出现在一行之末,后一半不出现在一行之首。

破折号和省略号都占两个字的位置,中间不能断开。连接号和间隔号一般占一个字的位置。这四种符号上下居中。

着重号、专名号和浪线式专名号标在字的下边,可以随字移行。

4. 直行文稿与横行文稿使用标点符号的不同

句号、问号、叹号、逗号、顿号、分号和冒号放在字下偏右。

破折号、省略号、连接号和间隔号放在字下居中。

引号改用双引号""和单引号''。

着重号标在字的右侧,专名号和浪线式书名号标在字的左侧。

2.4 计量单位

1984年国务院发布了《关于在我国统一实行法定计量单位的命令》。1991年原国家科委、新闻出版署颁布的《科学技术期刊管理办法》第22条规定"科学技术期刊应当实施有关国际标准、国家标准和法定的计量单位,使期刊的编辑出版工作标准化规范化。"

有关法定计量单位执行方面的问题,归纳起来有以下十一个。

(1) 仍有使用已废弃的非法定单位或单位符号。如卡(cal)、达因(dyn)、道尔顿

（dalton）、毫米汞柱（mmHg）、转每分（rmp）。

（2）高级书刊中仍有使用中文符号的。

（3）同一篇文章中的单位，时而用国际符号，时而用中文符号，在组合单位中两种符号并用。箭头右方的为正确的。如：

$$mg/分 \to mg/min \qquad mg/日 \to mg/d$$
$$mg/（kg·小时）\to mg/（kg·h）$$

但有例外，如 m2/人、t/月。因为人、月没有国际符号，故可以并用。

（4）把［平面］角的单位符号［角］分（'）和［角］秒（"），误用为时间的单位符号。如新闻 30'→新闻 30 分或新闻 30min。把［平面］角的单位符号［角］度（°），误用为烧伤、冻伤、疼痛的程度，如Ⅰ°、Ⅱ°、Ⅲ°→Ⅰ度、Ⅱ度、Ⅲ度。

（5）用斜线"/"表示相除时，单位符号的分子与分母都与斜线处于同一行内。当分母中包含两个以上单位时，整个分母应加圆括号。在一个组合单位中，斜线不得多于一条。如：

$$mg/kg·min \to mg/（kg·min） \qquad mg/kg/d \to mg/（kg·d）\text{ 或 } mg·kg^{-1}d^{-1}$$

（6）把一些不是单位符号的符号作为单位符号使用。方括号中的为正确的。例如：①英语缩写字，如 hour 的 hr（h），second 的 Sec（s），Year 的 Y、Yr（a），Parts per million 的 ppm（10^{-6}，百万分之几），ppb（10^{-9}），pphm（10^{-8}）；②英文全称，如 Joule（J），day（d）等。

（7）组合单位是一个整体不宜拆开转行。

（8）数值与单位符号之间应留适当空隙。如 1 min=60 s 不能写成 1min=60s。

（9）单位符号不得拆开。如 39℃不能写成 39°C；同样"39 摄氏度"不能说成"摄氏 39 度"。

（10）单位符号和数值不得拆开。如 2.63 m 不能写成 2m63 或 2 米 63。

（11）单位符号毫无例外地采用正体。一般单位符号为小写体（如 kg，m，s，mol，μ），只有来源于人名的单位，其符号的首字母用大写（如 Pa，J，W，A，N，V）。

（12）常见错用单位符号参见表 2-1。

表 2-1　常见错用单位符号

单位名称	错用符号	正确符号	单位名称	错用符号	正确符号
千米	KM，Km	km	电子伏	ev	eV
毫米	MM	mm	摩［尔］	MOL	mol
微米	μ，μμ，um	μm	赫［兹］	HZ，Hz	Hz
吨	T	t	帕［斯卡］	Pa，P，pa	Pa
千克	Kg，KG	kg	焦［耳］	Jonle	J
克	gm，gr	g	瓦［特］	w	W
牛顿	nt	N	摄氏度	oC	℃
立方厘米	C.C	cm3	勒［克斯］	Lx，lux	lx
毫升	ML，cc	ml，mL	道尔顿	D，dalton	u
分贝 d	db	dB	贝可	bq	Bq
年	y，yr	a	库［仑］	coul	C

续表

单位名称	错用符号	正确符号	单位名称	错用符号	正确符号
天	day	d	安[培]	amp,a	A
小时	hr,hs	h	希[沃特]	sv	Sv
分	('),m	min	流[明]	Lmlum	lm
秒	("),S,sec	s	公顷	ha	Hm2
转每分	rpm	r/min	转每秒	rps	r/s

2.5 数字用法

由于出版物数字写法混乱,给写作、编辑、排版和校对工作增加了许多负担,同时也不利于电子计算机输入和检索,因此,国家技术监督局于 1995 年 12 月 13 日发布中华人民共和国国家标准 GB/T 15835-1995《出版物上数字用法的规定》,要求出版物上数字用法要统一体例。

数字用法的总原则:凡是可以使用阿拉伯数字而且又很得体的地方,特别当所表示的数目比较精确时,均应使用阿拉伯数字。遇特殊情形,或者为了避免歧解,可以灵活变通,但全篇体例应相对统一。

一、使用阿拉伯数字的场合

(1)公历世纪、年代、年、月、日、时刻。

(2)统计表中的数值(正负整数、小数、分数、百分比和比例等),特别是表示科学计量和具有统计意义的数。

(3)非古籍引文标注中版次、卷次、期次、页码的数。

(4)竖排时文中的数字(阿拉伯数字)以顶右底左的方向横置。

(5)代号、代码和序号。

二、使用汉字数字的场合

(1)数字作为词素构成定型的词、词组、成语、惯用语、缩略语等。如二氧化碳、三叉神经、四诊八纲、星期五、十二指肠、二八年华、白发三千丈。

(2)邻近的两个数字并列连用,表示概数,连用的两个数之间不得用顿号隔开。如五六岁、七八天、十之八九。

(3)带有"几"的数字表示约数。如几千年、十几天、一百几十次、几十万分之一。

(4)整数一至十,如果不是出现在具有统计意义的一组数字中,可用汉字,但要照顾上下文,求得局部体例上的一致。

三、国家标准对数字用法的若干规定

(1)表示百分数的范围时,两个数字都应带百分号(%)。如 5%~10%,不能写作

5～10%。

（2）表示带公差的中心值时，应写成（63±3）%，不能写成63±3%。

（3）表示幂次相同的数值范围时，幂次不能省略。如 4.0×10^{12}～5.5×10^{12} 不能写作 4.0～5.5×10^{12}。

（4）附带以尺寸为单位的数值相乘时，每个数值都应写出单位。如 30mm×50mm×40mm，不能写成 30×50×40mm。

（5）单位相同的数值，当上下偏差相等时，数值及偏差都带单位。如 80mm±2mm 或（80±2）mm，不能写成 80±2mm。

（6）单位相同的数值，当上下偏差不相等时，可把上下偏差分别写在数值的右上角和右下角，单位符号只写 1 次。如 35 mm，不应写作 35 或 35^{mm}_{mm}。

（7）数值及其偏差的单位不相同时，应分别写出各自的单位，如 $80^{mm}_{\mu m}$。

（8）表示单位相同的数值范围时，只需写出后一个数值的单位，如 25～29℃。数值的单位不完全相同时，每个数值的单位都应写出，如 46°～46°30'。

（9）一系列数字的单位相同时，可只在最末一个数字后写出单位符号。如 600，650，700r/min，不必写作 600r/min，650r/min，700r/min。

四、数字用法的其他规定

（1）用阿拉伯数字表示的多位数不能拆开转行。年份、数字与百分号（%）、数值与单位符号也不宜拆开转行。

（2）对于尾数"0"多的 5 位以上数字，可改写为以万、亿为单位的数，不得以十、百、千、十万、百万、千万、十亿、百亿作单位。

（3）4 位以上的数字，采用国际通行的 3 位分节，节与节之间空半个阿拉伯数字的位置，不用千位撇分节。

（4）数字增加用倍数，数字减少用分数。

（5）分数式一般排成单行，中间用斜线分开。

（6）要正确使用数字前的"近"、"约"以及数字后的"多"、"以上"、"以下"等表示概数的词。它们也不能同时用在一个数字的前后，如不应写作"约 20 万左右"。

（7）在医学论文中尽量避免使用时间名词"今年"、"上月"、"本星期"、"昨天"、"不久前"等以及"多见"、"少见"等不确定的词，应使用具体的时间和数字。数字规范用法和不规范用法对照表参见表 2-2。

表 2-2 数字规范用法与不规范用法对照表

规范用法	不规范用法	规范用法	不规范用法
1996 年 8 月 1 日	一九九六年八月一日	4 时 3 刻	四时三刻
25 分 30 秒	二十五分三十秒	650 天	六百五十天
−2/5	负五分之二	0.35 克	零点三五克

续表

规范用法	不规范用法	规范用法	不规范用法
25%	百分之二十五	民国38年(1949年)	民国三十八年（1949）
1996—1999年	1996~99年	昭和16（1941）	昭和十六年（1941）
第4卷	第四卷	第6期	六期
第52页	第五十二页	第9版	第九版
323 000 000	323，000，000	3.45万公里	3万4千5百公里
星期五	星期5	34 500公里	3万4千5百公里
十二指肠	12指肠	第三世界	第3世界
20万左右	约20万左右	五六岁	五、六岁
十之八九	十之八、九	七八天	七、八天
四十五六岁	四十五、六岁	5%~10%	5~10%
（63±3）%	63±3%	25~29℃	25℃~29℃
46°~46°30′	46~46°30′	8°±10′~-8°±10′	±8°±10′
$4.0×10^{12}$~$5.5×10^{12}$	4.0~$5.5×10^{12}$	30mm×50mm×40mm	30×50×40mm
1.8×10-3	1.8•10-3	600,650,700r/min	600r/min,650r/min,700r/min

2.6 外文批注

在医学论文中，外文字母的使用非常普通。常用的有英文、希腊文、德文、俄文和日文等。同一文种的外文字母有大小写、正斜体、黑白体之分，在使用中这种区分是很严格的，因为不同的字体其含义是不同的。因此，撰写论文时严格区分、正确予以批注是提高论文写作质量的一项重要工作。

外文字母的批注工作在有关国家标准和国际标准中都作了规定，有的在标准中虽未列出，但已成为约定俗成的规矩。

现将各种字体外文字母使用的场合分别介绍如下。

一、大写体外文字母使用场合

（1）来源于人名的计量单位符号的首字母。如 Pa（帕）、A（安）、V（伏）、Hz（赫）、J（焦）、W（瓦）。

（2）化学元素符号的首字母。如 Na（钠）、Ca（钙）、Hg（汞）、Fe（铁）、Ag（银）、Mg（镁）、Zn（锌）。

（3）计量单位中表示10^6及其以上因数的词头符号共有7个，即 M（兆，10^6）、G（吉，10^9）、T（太，10^{12}）、P（拍，10^{15}）、E（艾，10^{18}）、Z（泽，10^{21}）、Y（尧，10^{24}）。

（4）人的名字、父名和姓的首字母。

（5）国家、组织、会议、报刊、文件以及学校、机关等名称中的每一个词（由3个以下字母组成的前置词、冠词、连词等除外）的首字母。

（6）科技名词术语缩写词的每个字母都大写。如 DIC（弥散性血管内凝血）、TP（茶色素）、TC（胆固醇）、TG（甘油三酯）、HDL（高密度脂蛋白）、SOD（超氧化歧化酶）。

二、小写体外文字母使用场合

（1）来源于人名以外的一般单位符号的字母。如 m（米）、kg（千克）、s（秒）、mol（摩）、t（吨）。

（2）计量单位中表示 10^3 及其以下因数的词头符号共有 13 个：k（千，10^3）、h（百，10^2）、da（十，10^1）、d（分，10^{-1}）、c（厘，10^{-2}）、m（毫，10^{-3}）、μ（微，10^{-6}）、n（纳，10^{-9}）、p（皮，10^{-12}）、f（飞，10^{-15}）、a（阿，10^{-18}）、z（仄，10^{-21}）、y（么，10^{-24}）。

（3）附在中译名后的普通名词术语原文（德文除外）。

（4）由 3 个或 4 个以下字母构成的前置词、连词、冠词等（处在句首位置除外）。如 to、by、but、for、the、with 等。

三、斜体外文字母使用场合

（1）生物学中拉丁文学名（属名、亚属名、种名、亚种名和变种名）用斜体。

（2）化学中表示旋光性、分子构型、构象、取代基位置等的符号用斜体，其后常紧随半字线"-"。如 l-（左旋）、dl-（外消旋）、o-（邻位）、P-（对位）、ap-（反叠构象）、z-（双键的顺异构）。

（3）数学中用字母代表的数和一般函数用斜体。如 x, y, z, a, b, c。矩阵符号用黑斜体，如矩阵 A 等。

（4）代表插图中的点、线、面和图形的字母或阿拉伯数码用斜体。如点 P、$\triangle ABC$ 等。

（5）全部量符号及量符号中代表量和变动性数字的下角标符号用斜体。如 m（质量），p（压力），v（体积），k（玻耳兹曼常数），L_p（功率级差，下标 p 为功率符号），Ai（$i=1, 2, 3, \cdots\cdots, n$，这里，$n$ 代表变动性数字，$A_1, A_2, A_3, \cdots\cdots, A_n$）等。

（6）矢量和张量符号在正式书刊上用黑斜体，也可用白斜体，但在字母顶上要加箭头。如 p（矢量）、Q（张量）。

四、正体外文字母使用场合

（1）全部计量单位符号、词头符号和量纲符号。

单位符号如 m（米）、L（升）、Pa（帕）、s（秒）、V（伏）。词头符号如 k（千）、m（毫）、M（兆）。量纲符号如 M（质量）、T（时间）、J（发光强度）。

（2）化学元素符号。如 O（氧）、Cu（铜）、Al（铝）、N（氮）。

（3）仪器、元件、样品等的型号或代号。如 JSEM-200 电子显微镜、IBM-PC 微型计算机、GB 6447-86 文摘编写规则、HP7475A 型绘图仪。

（4）不表示数量的外文缩写字。如 S（南）、N（北）、CAD（计算机辅助设计）、ACV（气垫船）。

（5）外文的人名、地名、组织名等。

（6）表示序号的拉丁字母。如附录 A、附录 B、附录 C。

（7）数学式中的运算符号（如∑连加、Ⅱ连乘、d 微分、△有限量）；缩写符号（如 min 最小、lim 极限、const 常数）；特殊常数符号（如圆周率π，自然对数的底 e）等。

（8）生物学中拉丁文学名的定名人（取名人的名称）和亚族以上（含亚族）的学名。

本章内容中的重点是错别字的辨析、标点符号的使用、中英文的使用规范、计量单位的规范表达和数字的正确使用等。这部分在网络编辑员国家职业资格鉴定考试的理论考试部分中的比重虽然不多，但是往往是考生容易丢分的地方。因为很多看似简单的题目，考生往往觉得自己对答案的理解是正确的时候，可能却是错误的。原因就出考生在平时对于这些汉语的基本表达规范不是很重视，想当然的认为存在在自己记忆中的是正确的表达。所以考生对本章的学习要予以充分重视，要给予充足的练习时间。

一、单选题

下列词语中有错别字的是（　　）。

A. 受益匪浅　　　　　　　　B. 寻物启示
C. 自暴自弃　　　　　　　　D. 推崇备至

解析：选项 ACD 都是正确的，寻物启示应该是寻物启事。正确答案为选项 B。

二、多选题

下列不符合名称表达规范要求的是（　　）。

A. "苏联十月革命"　　　　　B. "大陆与台湾"
C. "这个罪犯明天将接受审判"　　D. "英国前总统布莱尔先生"

解析：选项 A 只能说俄国十月革命，那是苏联还没成立。选项 B 说法正确。选项 C 还没有定罪前，只能说是犯罪嫌疑人。选项 D 英国只有首相没有总统。正确答案为选项 ACD。

一、单选题

1. 下列词语中有错别字的是（　　）。

A. 烂漫　　　　　　　　　　B. 搭讪

C. 份量	D. 转悠

2. 下列各组词中全部正确的一组是（ ）。

A. 保镖　盘根错节　脉博	B. 宣染　直截了当　肿涨

C. 盈余　暴殄天物　繁衍	D. 订单　巧夺天工　周济

3. 下列表述中正确的是（ ）。

A. 亵赎　B. 毋庸讳言　C. 漫条斯理　D. 恢谐

4. 下列各组词中全部错误的一组是（ ）。

A. 因才施教　如法泡制　淄铢必较

B. 富丽堂皇　安兵不动　星罗旗布

C. 死不冥目　切搓琢磨　相形见绌

D. 肆无忌殚　仁至义尽　烩炙人口

5. 下列标点符号用法正确的是（ ）。

A. 明天是你去监考呢？还是我去监考？

B. 耿大妈对儿子说："大成，见人该问好就问好，该行礼就行礼，别怕人笑话，俗话说：'礼多人不怪嘛。'"

C. 小河对岸三四里外是浅山，好似细浪微波，线条柔和，蜿蜒起伏，连接着高高的远山。

D. 他读的哲学书籍大约有两类：第一类是马克思主义原著，第二类是中外哲学史家的著作（包括介绍他们哲学思想的读物）。

6. 下列标点符号用法错误的是（ ）。

A. 虚心使人进步，骄傲使人落后。

B. 小说、诗歌、散文……等等，他都爱读。

C. 本省三位中年作家——叶蔚林、韩少功、彭建明在一起畅谈往事。

D. 央视一套每天中午播放的《今日说法》，他每期必看。

7. 下列数字用法正确的是（ ）。

A. 白发 3000 丈	B. 7 上 8 下

C. 20 世纪 80 年	D. 8 月 15 中秋节

8. 下列计量单位用法正确的是（ ）。

A. 新闻 30 分可以写成新闻 30'	B. 把千克写成 kg

C. 2.63 m 写成 2m63 或 2 米 63	D. hour 写成 h 而不是 hr

9. 下列汉语表述用法正确的是（ ）。

A. 为了表示尊重把你们说成您们

B. 纪念"五四"青年节

C. 如果加强了纪律性，就会影响学习的积极性

D. 现在的青年人没有一个是好的

10. 下列汉语表述用法错误的是（ ）。

A. 计算机应用技术的提高和普及，为各级各类学校开展多媒体教学工作提供了良好的条件

B. 面对有 5 名具有 NBA 打球经验的队员的美国队，中国队并不怯阵，整场比赛打得气势如虹，最终以三分优势战胜对手

C. 不少学生偏食、挑食、导致蛋白质的摄入量偏低，钙、锌、铁等营养素明显不足，营养状况不容令人乐观

D. 不到一小时，数百份小报就被老乡们索要一空

二、多选题

1. 下列表述有问题的是（　　）。

A. 优雅飘逸的丝质。

B. 记者赶到现场时，警方已经拉起警戒条幅。

C. 桑塔纳车由于受外力的撕扯和挤压，汽车零件和玻璃片撒落了一地。

D. 其间，餐厅上了一道肉制品的菜。

2. 下列语句中搭配不当的有（　　）。

A. 今年，该市的棉花生产，由于合理密植，加强管理，一般长势良好。

B. 这样做会拖延培养人才的质量。

C. 自己有一双能干的手，什么事都能做好。

D. 真不好意思，这次对你们照顾得太不周全了。

3. 下列词语中有错别字的是（　　）。

A. 面容慈详　　　　　　　　B. 丢人显眼

C. 身体羸弱　　　　　　　　D. 连篇累牍

4. 下列几组词语中有错别字的是（　　）。

A. 渲染　铤而走险　返璞归真　　B. 透澈　始作踊者　神彩飞扬

C. 雕砌　人情事故　纵横捭合　　D. 藉贯　深致欠意　契而不舍

5. 下列标点符号使用有误的是（　　）。

A. 如今，科学、技术的发展，必然会推动工、农业的发展。

B. 观众长时间地等待，只为一睹她的风采、或签上一个名。

C. 上海的越剧、沪剧、淮剧、湖北的黄梅戏、河南的豫剧，在这次会演中，都带来了新剧目。

D. 一、学习贵在自觉，要有笨鸟先飞的精神，自我加压。二、学习贵在刻苦，要有锲而不舍的精神，持之以恒。

6. 下列标点符号使用没有错误的是（　　）。

A. 一天才走五六里。

B. 昨天开大会，王厂长宣布：厂里要实行两项改革：一是持证上岗，二是下岗分流。

C. "这样做对不对？我看，"刘主任大声说，"不对。"

D. 国际书法展览，最近在郑州市河南省艺术博物馆隆重开幕。

7. 下列名称规范表达错误的有（　　）。

A. "一二九"运动　　　　　　B. 乔治-华盛顿

C. P-64 式 9mm 波兰手枪　　　D. 1992 年巴塞罗那奥运会

8. 下列名称规范表达正确的有（　　）。
A. 1981 年 2 月 9 日　　　　　　　　B. 美国小鹰号航空母舰
C. 河北省-保定市　　　　　　　　　D. 索尼爱立信 w908c

三、稿件改错题

运用编辑基础知识进行编辑加工。要求：错误的地方直接用红色改正。

1. 近年来，我们社区大力加强未成年人思想道德建设，建立了学校、家庭、社区三位一体的教育模式，多次邀请法官、律师、公安干警和法律工作者来社区举办青少年法律知识讲座，以案说法的方法进行思想教育，经常组织未成年人参加慰问孤寡老人和环卫工人等社区公益性活动。由于道德教育的务实开展，社区没有一名未成年人走上犯罪道路。2007 年我们社区获得了芜湖市太成年人思想道德教育先进社区的光荣称号。

2. 鸟岛的奇景令人眼花缭乱、目不暇接。我放眼望去，岛的上空遍布飞鸟，绿的、蓝的、白的、花的、红的，像是色彩夺目的锦绣花卷。低头瞧，满岛都是五光十色的鸟巢和各种各样的鸟蛋，几乎肯定没有我们可以插足的空地。

3. 春天到了，少先队员们来到《红领巾园地》，播下了蓖麻种子。一场春雨后，种子发芽，生根了。红领巾们经常天天轮流给蓖麻施肥浇水。蓖麻在队员们的精心下，一天天长大，终于结出了饱满的种子。

第3章

网络信息的选择与加工

 本章导读

1. 网络信息的价值判断标准包括五个方面,即真实性判断、权威性判断、时效性判断、趣味性判断与实用性判断。

2. 网站频道与栏目的归类指标包括:内容、地域、形式、体裁、来源、时效性和重要程度等。其中,最常见的归类指标是按内容归类。

3. 网络编辑在日常工作中遇到稿件中的四类常见错误包括:观点性错误、事实性错误、知识性错误和辞章性错误。

4. 网络编辑对稿件的修改包括:绝对性修改和相对性修改。从具体手段来看,网络稿件的修改包括改正、增补和改定三种手段。

5. 标题是用以揭示、评价稿件内容的一段最简短的文字,其作用包括:提示文章内容、评价文章内容、吸引读者阅读等。网络标题制作的基本要求包括:(1)消息标题必须标出新闻事实;(2)新闻事实要有一种确定性,呈现出动态。

6. 内容提要是概括稿件主要内容的一段文字。与标题相比,内容提要的内容更详细,传达的要素更多,但与正文相比,它又简短得多。内容提要的写作通常采用全面概括与提炼精华两种思路。

7. 超链接的运用方式包括以下三个方面:(1)扩展重要概念;(2)分层单篇稿件;(3)改变传统的写作模式。超链接设置的注意事项包括:(1)注意超链接的度与量;(2)注意超链接设置的位置。

第3章 网络信息的选择与加工

3.1 判断稿件价值的依据

网络信息的一个重要特点是信息爆炸，信息的数量以惊人的速度急剧地增加。这就要求网络编辑既要能够从大量的稿件中筛选出价值较高的稿件，也要能在稿件中某些有价值的内容被一大堆次要材料淹没时，通过创造性劳动将其凸显出来。这种创造性劳动是决定稿件成为作品的最基本条件。这就要求网络编辑首先必须具备对稿件进行价值判断的能力，才能在此基础上开展稿件的筛选与分类，以及对稿件做深加工。通常来说，网络信息的价值判断标准包括五个方面，即真实性判断、权威性判断、时效性判断、趣味性判断与实用性判断。

一、真实性判断

真实性是信息价值判断的一个核心标准，即信息内容必须反映客观事物的本来面貌。因为无论何种性质的信息，其价值的基本前提是真实，而对于网络信息来说，尤其有必要强调真实性的重要。这主要是由于网络信息发布的自由、开放造成的，传统的信息把关人角色在网络空间中被弱化甚至取消，从而引起了网络虚假信息的泛滥。此外，网络上信息的传播速度和频率明显加快，同时网络媒体对信息具有一种强大的放大功能，原本在传统媒体中不受关注的虚假信息一旦进入网络，其影响将成倍增长。这些因素都使得网络虚假信息可能带来的后果也更为严重。

信息的真实性有以下三个方面的含义。

（1）信息中涉及的事物是客观存在的，而不是虚构出来的。

（2）信息的各要素都是真实的，即构成事实的各个要素全都是真实的，包括时间、地点、人物、事件等，任何要素的虚假性都会影响到信息的真实性。

例如，下面这个新闻事件本身是真实的，但在某些事实细节上存在虚构，这也影响了信息的真实性。

南汇县祝桥乡凌路村三组八十岁的顾秀珍老太，日前在求神拜佛时，不慎引火燃身，惨死在火焰中。那天晚上，顾老太感到身体不舒服，萌生了求神的念头。她趁小辈们熟睡之际，独自一人在客堂内烧草纸。她边烧边磕头，嘴里念念有词，要求菩萨保佑平安。不料，火舌燃着她的围裙，未来得及呼救，火已烧着全身。第二天清晨，小辈起身后，发现顾老太已烧成焦黑一团。

看完这段文字后，读者不禁要问：当天晚上既然只有顾老太一个人，作者又如何知道她"感到身体不舒服，萌生了求神的念头"、"边烧边磕头，嘴里念念有词，要求菩萨保佑平安"呢？这些细节描写显然是作者的虚构，极大地影响了新闻的真实性。

（3）信息必须准确，这主要涉及文字表述的问题。

那么如何判断网络信息的真实性呢，主要从以下三个方面进行考察。

（1）信息来源。

对于来源不清的信息，即使其本身有很强的传播价值，也不能轻易使用，必须要查清楚信息提供者的身份、背景等情况，从而判断信息的真实性。对于来历不明的信息，无论多么重要，也不能轻易使用。相当一部分假新闻的诞生都是由于网络编辑、新闻记者对信息来源的轻视。为了保证信息的真实性，媒体不能在仅有一个消息来源的情况下就发布某条稿件。"多源求证"是一个基本原则，即要通过两个以上与事件无关的独立消息来源对新闻进行核实。

2008年奥运会召开前数家媒体报道假新闻"比尔·盖茨租天价房看奥运"，这些媒体中包含了传统媒体和网络媒体。对于这条新闻，有关网站和传统媒体犯的主要错误就是没有多方求证，追溯消息来源，确认消息的真实性。反而仅仅看到某些网站发布了这条新闻就直接进行了转载。正确的做法是一定要从不同的独立消息来源确认后才能够考虑消息的真实性。

（2）信息要素。

一般的信息要素与新闻要素类似。新闻信息是一种特殊的信息。新闻信息包括五个要素，通常被概括为5个"W"，即What（事件）、When（时间）、Where（地点）、Who（人物）、Why（原因）。判断信息是否真实，就可以从稿件的内容分析入手，考察其各个信息要素是否真实、全面。如果其中有些要素是残缺的或者模糊的，也应该对其提高警惕性，通过进一步核实来判断信息的真实性。另外，对于稿件中的引语、背景资料等也要进行考察，证明其真实性。

（3）信息准确。

信息准确不仅要求信息的整体上是客观存在的，还要求信息的细节也要做考察与分析，可以通过逻辑推理、调查以及有关方面或有关资料核对等方法对信息进行深入的判断。

二、权威性判断

权威性是指传播者所传播的信息、谈论的问题是由享有盛誉的专家或机构来表明意见，其观点、看法有权威效应。公众对于这类信息一般比较信任，更能引起受众态度的改变。信息权威性的判断内容包括以下三个方面。

1. 信息来源

通常可以通过考察网站的声誉、影响力与知名度来判断信息来源是否具有权威性。作为网络编辑，也需要在对信息来源进行考察后判断稿件是否可以采用。反之，如果不对稿件的信息来源进行认真考察而轻率地采用稿件的话，常常会闹出笑话，从而影响媒体信息的可信度与权威性。

例如，2002年6月3日《北京晚报》的一篇国际新闻《重建国会大厦议案不能通过美国会就搬家》曾报道：美国国会威胁说，如果不能重建一座崭新的、豪华的国会大厦，国会将会搬出华盛顿。这条新闻本身看起来很具有新闻价值，问题是其新闻来源并不可靠，它是直接从美国《洋葱》杂志转载来的。而这份杂志其实是美国纽约出版的一份讽刺性"新闻"周刊,专门编造时事新闻逗读者一笑。这则国会大厦的故事刊登在该刊 2002 年 5 月 29 日这一期。而《北京晚报》的一名撰稿人从互联网发现了这个故事,改写了其开头段落,然后投给《北京晚报》的编辑,后者将它当做新闻报道发表,既没有追踪这条新闻的来源,也没有在文中注明其来源。正是对信息来源的疏忽使得这条假新闻得以刊登在主流媒体上。

重建国会大厦议案不能通过 美国会就搬家

位于国会山上的国会大厦一直是美国首都华盛顿的标志性建筑之一,这座通体洁白的后文艺复兴风格的建筑始建于 1796 年,经过 200 多年的改建和扩建,才形成今天的规模。但对于整天在大厦里办公的议员们来说,他们对大厦陈旧过时的风格和不敷使用的办公空间越来越难以忍受。国会近日决定,申请拨款请建筑设计师重新设计一座崭新的、充满艺术情调的国会大厦。假如这项议案未获通过,国会将谋求迁至孟菲斯或夏洛特市。

众议院发言人丹尼斯•哈斯特 5 月 27 日在新闻发布会上表示:"千万别误解我们,我们其实对这幢破楼充满感情,但残酷的现实告诉我们,它实在不适合一个世界级的司法权力机构使用。建筑轮廓丑陋不堪,没有足够的回旋空间,浴室不够使用,更别说停车场了。"众议院少数党领袖盖普哈特说:"如果我们想保持竞争力,我们就必须更新。"他提议国会拨款 35 亿美元,在原址上重建一座国会大厦,"想想英国议会,想想梵蒂冈,虽然饱受推崇,但缺乏现代设施,他们很难吸引高级人才精英前去效力。"

可见,传统媒体、网络媒体都必须高度重视对信息来源的考察,理性辨析新闻价值,以避免虚假信息对媒体自身的知名度和影响力产生负面影响。

2. 文献作者

通过判断文献作者的声誉和知名度以及作者的个人信息来判断信息本身的权威性,甚至可以直接与作者进行联系。如果是网络稿件,还需要进一步判断是否存在假冒原作者的问题。

3. 研究成果

对于一些涉及重大内容的研究成果,有必要考察其研究方法是否科学、研究对象是否具有代表性等,在此基础上进一步判断研究成果是否具有权威性。

例如,下面是 2001 年许多网站转载的一篇来自于英国《星期日泰晤士报》的科技新闻。

科学研究表明手机可能致眼癌

德国科学家发现手机辐射可能会导致眼癌,这是科学界首度提出使用手机和致癌的关联性。如果这项研究获得进一步证实,手机制造商将面临成千上万的巨额赔偿官司。

德国埃森大学的史丹格大夫负责主持这项研究。他的研究小组针对 593 位受试者进行调查,详细记录了他们使用手机的各项细节资料。为排除先入之见,研究人员并不知道这些受试者中有118人患有"眼色素层黑色素瘤",而另外的475人则没有。

研究结果发现,这118名"眼色素层黑色素瘤"患者使用手机的频率,要比其他受试者高出许多。史丹格说这项结果还需要进一步证实。

瞳孔与视网膜是由色素细胞构成;"眼色素层黑色素瘤"的患者,他们的眼部色素细胞发生病变,长出肿瘤。目前研究人员还不清楚手机辐射和眼色素细胞病变的关系,不过科学界已经知道,眼球内部所饱含的水分,会加强对电磁波辐射的吸收。

科学家认为,大脑与眼部组织都会吸收手机辐射,而眼睛由于没有脑壳保护,因此更加脆弱。科学家怀疑,眼部色素细胞由于受到手机辐射伤害,因此发生病变。其他研究显示,当把色素细胞暴露在微波辐射下时,它们生长和分裂的速度都会变快。

史丹格研究是科学界首次提出证据指出:手机辐射会对人体造成永久性伤害。如果研究结果获得证实,因使用手机造成眼部甚至脑部伤害的消费者,将对手机制造商提出成千上万的巨额赔偿。

读完这篇文章,读者可能会提出若干疑问:虽然手机可能致癌的问题一直处于人们的争论中,但媒体称这是科学家第一次发表手机辐射可致癌的正式声明。但是,这些科学家是否是世界顶级专家,他们的研究是否全面准确,是否还有其他的研究支持这一结论,不解决这些问题,就很难判断这条信息的权威性。

针对这些问题,《北京青年报》的记者采访了负责此项研究的艾森大学的安德雷斯·斯唐博士。斯唐博士指出,他的调查范围只有118人,显然还远远不够。他的研究成果也只是发表在一份学术期刊上,这并非是手机可致癌的正式声明。他认为《星期日泰晤士报》的报道并不准确,而且写了一些他并未说过的话。

可见,把一个小型的研究作为权威结果发布是十分不妥当的。即使要公布这一研究结果,也应该采取更加慎重的态度与方式。一些网站只是发布了前一条手机可能致眼癌的新闻,而没有发布《北京青年报》的后续报道。因此,这条信息引起了极大的恐慌。如果国内的网站在转发这条新闻时都能像《北京青年报》的记者一样做进一步的核实,显然效果会好得多。

三、时效性判断

信息的时效性是指信息从大众媒介发出到受众接收、利用的时间间隔及其效率,它侧重表达传播时间与传播效果之间的关系。随着大众传播科技的飞速发展,人们对信息时效性有增无减的需求将会得到进一步满足,信息传播与接收将会越来越快。在时间面前,信息是易碎品。即使是十分真实的、很有价值的信息,一旦失去了时效,它就会变成无人问津的东西。大众媒介中的昨日消息、上午新闻正迅速地被刚刚发生的、正在发生的甚至即将发生的信息所取代。

判断信息的时效性需要注意以下三种情况。

(1)信息中涉及的事实本身的发生或变动是突发性的或跃进性的,媒体对此在第一时间做出的报道就具有很强的时效性。这类情况是最典型的,时效性表现得十分明显。

(2)信息中涉及的事实本身的变化是渐进的,从过去发生到现在,即表现为一个过程。对于这样的事实,其时效性表现得似乎不明显。如果需要表现其时效性,则可以通过找"新闻由头"——即新闻来源或依据,在事实的变动中找到一个最新的时间点,实现其时效性。

例如,下文谈的是2004年当年农民收入的增幅,这样的事实本身的时效性并不明显,但作了与往年对比后,找到"七年之首"这样一个新闻由头。

2004年中国农民收入增幅居过去七年之首

新华网北京2月4日电(记者王敬中) 国家统计局4日公布的数据显示,去年,中国农民人均纯收入为2936元,比上年增长12%,扣除价格因素,实际增长6.8%,为1997年以来增长幅度最高的一年。国家统计局的抽样调查表明,农业生产经营收入是中国农民增收的最大来源。去年,农民家庭生产经营纯收入人均1746元,增长13.3%。其中,农业纯收入1056元,增长20%;牧业纯收入271元,增长10.3%。农业纯收入增加对全年农民纯收入增长的贡献率达到56%。同时,工资性收入仍是农民增收的重要来源。

(3)过去发生但新近披露的事实也同样可以通过找"新闻由头"的方法来弥补其时效性,常用的方法是说明获得信息的最新时间和来源。如某些二战期间的战争秘闻一直不为人所知,最近被披露出来,也可以视为新闻。

四、趣味性判断

根据中国互联网络信息中心(CNNIC)2009年7月16日发布的《第24次中国互联网络发展状况统计报告》,目前我国网民上网的主要目标为娱乐、信息和社交。因此,网络信息是否具有趣味性也是一个重要的筛选标准。

信息的趣味性主要表现为以下两种情况。

(1)信息内容本身轻松有趣,为人们所喜闻乐见,能够很快抓住人们的注意力,吸引阅读。

(2)信息能够引发人们的情感共鸣,如喜悦、悲伤、同情等,这也被称为人情味。

但是目前的网络稿件常易出现过分偏重趣味性、忽略真实性和权威性的问题,因此,作为网络编辑需要注意:(1)对于关于奇闻趣事的报道,应判断是否符合科学原理;(2)不能将趣味性等同于庸俗性。

五、实用性判断

网络信息的实用性主要表现为介绍知识、提供资料、直接服务等方面。最常见的网络实用信息如天气预报、电视节目预告、政策法规通告等。

网络信息的实用性与趣味性都并非必备的价值判断标准,考察任何稿件的实用性或者趣味性都必须在判断其"真实性"、"权威性"和"时效性"的基础上进行。此外,网络信息的实用性还需要体现个性化,能够满足用户的个体信息需求,通过对用户个性、使用习惯的分析而主动地向用户提供其可能需要的信息服务。

对于稿件的价值判断,除了真实性、权威性、时效性、趣味性、实用性这五大价值判断标准外,还需要注意以下两点。

（1）考察信息是否具备发表水平。

考察信息是否具备发表水平可以参考以下几个标准进行检查：

① 国家有关新闻出版的质量标准，如《出版管理条例》、《著作权法》等；

② 网站的稿件质量标准，通常也与国家新闻出版的质量标准一致；

③ 对于新闻类信息，还要考察是否符合新闻写作的基本规范。

（2）注意信息发表的时宜性。

通常，国家相关部门在一定时期会对某些信息的报道时机和报道范围做出规定，要求哪些内容不适合发表，或者要在一定时期后才能发表。作为网络编辑，需要注意这些规定。

3.2 网络稿件的分类

一、网站的基本结构

对稿件进行归类的基本思路是根据网站的基本设计把稿件归类到相应频道和栏目中。为了正确地进行稿件归类，必须要先了解网站基本结构。

网站的基本结构可概括为五层次结构（参见图 3-1）：网站可分为多个频道，频道下分为多个栏目，一个栏目下还可以有多个子栏目。稿件最终归入某一个或某几个子栏目中。作为网络编辑，如要对稿件正确归类，就必须对网站下各个频道和划分有一个完整的认识。

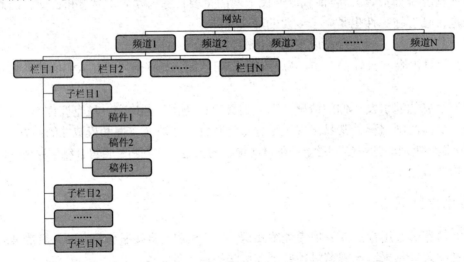

图 3-1 网站五层次结构示意图

图 3-1 中所示的网站频道、栏目和子栏目分别表示网站中处于不同层级的页面，通过对页面的一步步分层从而实现网络信息的归类。当然，实践中大型网站的层次结构远比五层次结构模型更为复杂多样，因此通常网站都有一个"网站地图"，有时也称为"网站导航"用来显示本网站的基本结构。网络编辑可以通过网站导航快速清晰地了解本网站的构成情况。图 3-2 为新浪网的"网站地图"。

第 3 章 网络信息的选择与加工

频道	栏目		热门推荐
新闻	国内 国际 社会 军事 健康 天气	评论 航空 视频 图片 访谈 滚动 排行 专题	军事 ｜ 封面报道
体育	NBA 欧冠 意甲 英超 西甲 中超	综合 网球 棋牌 高尔夫 F1赛车 彩票 视频	NBA ｜ 奥运
娱乐	电影 电视 音乐 明星 戏剧 韩娱	博客 评论 图库 视频 嘉聊 娱乐快报 乐库	电视节目表
财经	股票 公告 港股 美股 外汇 基金	理财 期货 债券 人物 博客 吧 视频 行情	自选股 ｜ 自选基金
尚品	酒店 餐厅 钟表 珠宝 服装 马术	雪茄 度假地 谈资 图片精选 购物地图	餐厅 ｜ 尚品研究室
科技	互联网 电信 3G 科普 IT博客	数码 手机 社区 笔记本 下载 家电 视频	社区 HOT! ｜ 概念股
博客	草根名博 注册 搜索 排行 名人库	图片 文化 八卦 体育 专题 圈子 媒体博客	手机博客
视频	播客 大片 电视 嘉宾聊天 视频新闻	拍客 DV 音乐 社会 搞笑 猎奇 八卦 军事	机构风云榜
新浪大片	电影(500部) 电视剧(10000集) 纪录片	电视台直播(54家) 电视栏目(2000期)	电影电视剧片库
女性	服饰 美容 美体 视频 情感 时尚八卦	图库 美食 宠物 美容圈 情感博客 女性论坛	搭配 ｜ 美丽梳妆台
房产	买房 租房 生活版 论坛 家居 家具	建材 装饰公司 卖场 房产新闻 房产博客	企业版
汽车	购车 搜索 出游 降价 新车 进口	试车 图库 谍照 模特 新闻 评论 车友	视频 ｜ 采购
读书	新书 书库 原创 书摘 文化 排行榜	青春馆 女人馆 历史馆 财经馆 军事馆	小说 ｜ VIP全本
育儿	健康 教育 专家 博客 视频 工具	准备怀孕 怀孕 分娩 新生儿 婴儿 幼儿 少儿	论坛 ｜ 求医问药
教育	心理 外语 出国 视频 教育博客	中考 高考 考研 公务员 四六级 托福 雅思	题库 ｜ 院校库
星座	运势 测试 占星 星趣 塔罗 故事	配对 面相 血型 视频 星座圈 星相研究室	取名 ｜ 免费命盘
旅游	国内游 出境游 航空 酒店 户外 特产	游记 线路 空姐 高清图 投诉 博客 论坛	景区 ｜ 特价机票
游戏	单机 电竞 电视游戏 手机游戏 迷你	网络游戏 彩虹岛 机战 侠义道 新星际家园	PlayGirl
搜索	新闻 视频 博客 音乐 图片 知识人	地图 车型 手机 共享资料 专业搜索 开放词典	博客 ｜ 视频
社区	论坛 聊天 交友 商城	空间 圈子 相册	锐话题
工具	百事通 UC 搜索 邮箱 软件 通行证	RSS 地图 实时路况 公交换乘 在线翻译	百事通 ｜ 演出查询
无线	短信 言语 彩铃 彩信 图片 动画	铃声 MP3 杂志 DIY 贺卡 专题	手机新浪网
地方	上海 广东		

图 3-2　新浪网的网站地图

　　从图 3-2 中可以清晰地看到新浪网共有新闻、体育、娱乐、财经、尚品、科技、博客、视频等 22 个频道，其中各个频道又分出数量不等的栏目以及子栏目，此外还标出了热门推荐的栏目。值得注意的是，新浪网的频道与子栏目之间的所属关系并不是绝对的，而是存在互为交叉、互相呼应的关系，增强了网民浏览的便捷性，也使得网站内部资源得以共享。如新闻频道中也有体育、娱乐和军事等栏目，但由于这些栏目本身的点击率较高，属于关注热点，自身内容也较为丰富，因此被独立出来成为单独的频道。再如，娱乐频道中也有博客栏目，而这一栏目实际与博客频道中的娱乐栏目是共通的，打开后会直接转向新浪网的娱乐博客。

由此可见，网站的五层次结构是一种简单化的模型，实践中的大型网站的层次结构更为复杂。

二、网站的归类原则与方式

1. 网站频道与栏目的归类原则

网站的归类主要指频道和栏目的划分，并在此划分的基础上对稿件进行归类，使相关的内容归为一类，便于网络编辑组织信息，也便于网民查阅。

频道和栏目的划分需要遵循以下归类的基本原则。

（1）划分清晰。

划分清晰指的是要理清频道、栏目、子栏目彼此之间的所属关系。如通常频道与频道、栏目与栏目之间为并列关系，那么频道和栏目名称的设置上就要避免交叉、重复的现象出现。

此外，栏目的名称应该语义明确，让人一目了然，也可以起一些有个性化特色的名称。

（2）结构明朗。

网站的结构明朗主要指网站结构线索清晰。在网站的结构中，一般有两种方式可供选择。

一种是"树状结构"，就像一棵倒置的树一样，从一级栏目向下逐渐分叉；再进入下一级子栏目，再分叉；再进入下一级子栏目，以次类推，在理论上可以支持任意多层次的目录分类。如同计算机的目录结构一样，一级一级层次分明，每一级栏目都是相互独立、互不交叉。在阅读网页的时候，必须从主页进入，再进入二级页面，再进入三级页面，如此，进入最后一级页面才能看到网页的具体详细内容，如同剥笋要一层层往里剥。要看同一级的其他网页或属于另一分支下的其他网页上的内容，必须返回上一级页面，再进入相应的网页才能阅读。

使用"树状"结构的网站往往具有清晰的结构脉络，比较适合浏览者的自然阅读习惯，是一种简便、稳妥的结构。但是，由于每阅读一个有效的页面需要点击的次数太多，相对就显得比较麻烦。

还有一种结构是"网状"结构，或者说就是"Web 结构"，是一种类似蜘蛛网的结构。以此种结构方式组织的网站并不是把网站的所有内容看成是层次分明的体系，而是把它看成是相互关联和相互连通的网；网页与网页没有明确的层次性，但有着关联性。基本上每个页面都有清晰的导航标识，或者明确的链接，可以跳转到另外的页面。同一个页面的访问，可以经由不同的途径到达，网页之间是相互连通的。

在这种网状结构中，一般要求在每个页面的适当位置（如页首或页尾）添加导航条，以便使浏览者不至于在跳转途中迷失方向。

在具体的设计过程中，以上这两种结构都十分常见，它们有各自不同的特色与长处，适合用在不同的领域。而且这两种结构方式在网站构建中通常是混合使用的，仅使用纯粹单一结构的网站是非常罕见的。

第3章 网络信息的选择与加工

（3）特色鲜明。

网站的频道与栏目设置需要体现网站的特色，吸引网民点击，并提高现有用户的忠实度。这就要求网站在频道和栏目的设置上有新意有创意，形成网站的个性特色。

例如，考察使用频率较高的新浪、搜狐、人民网、新华网、中国网、中新网、腾讯网、千龙网这八个设置新闻中心的大型门户网站，①从它们的新闻频道下设的栏目来看，各家设置的重点新闻栏目较为类似，包括国内、国际、体育、科技、娱乐新闻。但在重点新闻栏目基本相似的情况下，一些新闻网站还是营造了只属于自己的特色品牌。如腾讯网设置的杂志期刊、新闻搜吧等，这些特色栏目就彰显出了本网站独有的特征和针对性的受众定位。一些地方性的新闻网站还可以建设一些有地域特色的专题和有关地域特色的栏目，如湖南红网（www.rednet.com.cn）设置的湖南频道、政务频道、英文频道和招聘频道。

（4）大小均衡。

大小均衡主要指网站各个频道和栏目的信息内容主次分明，避免出现结构性失衡。一方面，避免某个栏目的内容过分膨胀，信息量过大；另一方面也要保证每个栏目都有一定的信息量，不能出现虚设栏目的情况。

2. 网站频道与栏目的归类方式

栏目是网站的组成细胞，频道与栏目的规划实际上是基于网站定位，对网站提供的信息与服务进行归类。

网站频道与栏目的归类指标包括内容、地域、形式、体裁、来源、时效性和重要程度等。其中，最常见的归类指标是按内容归类。

（1）按内容归类。

按内容归类是网站频道或栏目的主要划分指标。如新浪网、人民网等主流网站的新闻频道的重点栏目都包括时政、国际、社会、经济、文化、娱乐、体育和军事等。这些栏目都是根据新闻事件所属的领域或者可能影响的领域进行的划分。

常见的新闻栏目包括以下几个方面。

① 时政新闻。

时政新闻是指与当前时事和国家政治生活相关的新闻事件，包括重大政治活动、国家领导人活动和重大政策出台等。

例如，下面是2009年7月29日新浪网新闻频道时政要闻栏目的新闻：

中美重申通过和平手段解决朝鲜半岛核问题（07月29日 07:10）

国家统计局：上半年居民收入增幅超GDP（07月28日 02:57）

中国与厄瓜多尔签10亿美元贷款换石油协议（07月28日 02:21）

发改委：城乡居民将可免费获9类公共卫生服务（07月28日 02:20）

贾庆林连战出席海峡和平交响音乐会（07月27日 23:19）

胡锦涛向中美战略与经济对话开幕式致辞（07月27日 23:07）

---

① 王思彤. 八大网站新闻栏目之比较［J］. 数据，2009，（4）.

② 国际新闻。

国际新闻是指发生在中国以外的新闻事件。需要注意的是，尽管某些新闻事件的发生地点在国外，但事件中的主要人物是中国的，仍被当做国内新闻处理。

例如，下面这个关于华人科学家首次当选爱尔兰皇家科学院院士的新闻发生在爱尔兰，但网络编辑把它归入了国内新闻。

华人膺爱尔兰最高荣誉　获皇家科学院院士证书

中新网6月1日电 5月28日，代表爱尔兰国家最高学术水平的爱尔兰皇家科学院（Royal Irish Academy）举行入院仪式，授予2010年新当选院士、国际著名食品工程专家、爱尔兰国立都柏林大学（UCD）终身教授华人科学家孙大文（Da-Wen Sun）院士证书。中国驻爱尔兰大使馆兰和平参赞亲临仪式，代表无暇出席的刘碧伟大使对孙大文教授当选院士表示热烈祝贺。

（资料来源：中国新闻网 2010年6月1日）

此外，最为常见的国家领导人出访的新闻也一般归到国内时政新闻中。

③ 社会新闻。

社会新闻是指涉及群众日常生活的社会事件、社会问题和社会风貌的报道。它与时政新闻、军事新闻、经济新闻、科技新闻和文化新闻相比，具有社会性、广泛性、生动性、讲究趣味性、富有人情味等特点。

社会新闻具体包括天灾人祸、治安事件、交通事故、街头巷议和逸闻趣事等方面的新闻，报道对象为平民百姓。内容上以软新闻居多，事件的影响一般不大。

例如，下面是2009年8月3日新华网新闻频道的社会新闻：

- 江西遂川县遭特大暴雨突袭　已造成3人死亡（2009-08-05）
- "天鹅"整昼盘桓广东　防风Ⅲ级应急响应尚未解除（2009-08-05）
- 热带风暴"天鹅"盘桓广东　防风Ⅲ级应急响应未解除（2009-08-05）
- 台风"莫拉克"直扑沪浙闽（2009-08-05）
- 吉林省白山市靖宇县、抚松县交界发生4.6级地震（2009-08-05）
- 重庆：道路积水淹死2名出租车乘客　逃逸肇事司机被刑拘（2009-08-05）
- 青海肺鼠疫疫情发病原因初步确定与家犬有关（2009-08-05）
- 南水北调中线丹江口大坝今年首次开闸泄洪（2009-08-05）
- 贵州局部强降雨引发两处地质灾害　2人死亡（2009-08-05）
- 中国内地已累计报告2210例甲型H1N1流感确诊病例（2009-08-05）
- "莫拉克"升级为台风　将严重影响浙江（2009-08-05）
- "莫拉克"升级为强热带风暴　或将正面袭击福建（2009-08-05）
- "养犬禁令"成"纸老虎"　违反禁令成习惯？（2009-08-05）
- 北漂男子镜头里的北京：普通到看不出是在北京（图）（2009-08-05）
- 网瘾少年身亡续：登记地址竟为番禺一所废弃小学（2009-08-05）

- 武汉理工大学校长回应"抄袭门" 称对此一无所知（2009-08-05）
- 北大女博士爬箭扣野长城遇难续：家属索赔60万（2009-08-05）

从以上报道可以看出，天灾人祸、交通事故、街头巷议和逸闻趣事这类新闻较多。

④ 法治新闻。

法治新闻是指发生在法制领域的新闻，包括案件的侦破、审理等相关新闻。但是如案情重大涉及政治领域，则需要归入时政新闻。

⑤ 经济新闻。

经济新闻是指新近发生的具有新闻价值的经济活动或经济工作。如经济环境的变化、经济政策的变动和企业动态等。

⑥ 科技新闻。

科技新闻是指发生在科技领域的新闻。如最新科技成果、科技企业或部门的动态和科技人员的活动等。

⑦ 教育新闻。

教育新闻是指发生在教育行业的新闻。如教育政策的变化、招生动态和学校动态等。

⑧ 文化新闻。

文化新闻是指与文学、出版、音乐、绘画等文化领域相关的新闻。这类新闻与娱乐新闻在内容上常有交叉，许多网站只设其中一个栏目，或者统称文娱新闻。

⑨ 娱乐新闻。

娱乐新闻是指发生在娱乐界的新闻。如最新电影电视的发布活动、演艺活动和艺人动态等。

⑩ 体育新闻。

体育新闻是指发生在体育界的新闻。如各类运动会、运动员的最新成绩等。

（2）按地域分类。

按地域分类指标进行分类有两方面的含义。第一，稿件来源于地方，如人民网新闻中心的地方栏目，其稿件来源就是各地媒体或者地方媒体的记者。第二，新闻事件发生在特定的地方，如京报网（www.bjd.com.cn）的"北京新闻"就是集中了发生在北京地区的新闻，此外"北京新闻"栏目又下设子栏目"区县"，是专门报道北京市区周边各个区县的新闻。

（3）按信息形式分类。

网站稿件的形式以文字为主，此外还包括图片、图表、动画、音频和视频等，由此产生了图片新闻、图表新闻、动漫新闻和视频新闻等栏目。其中，视频新闻在近年来越来越多地受到各方面的关注。视频新闻是在网络发展基础上应运而生的新的传媒形式。与文字相比较，视频有立体感强、集视觉与听觉于一体等优点。可以说，视频新闻是电视新闻的进一步延伸，是在原有电视技术上的创新应用。目前，许多大型门户网站都设有视频新闻频道或栏目，如人民网的"人民播客"、新浪网的"新浪视频"等。

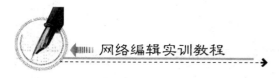

(4) 按稿件体裁分类。

按照稿件的体裁，文字新闻通常可分为消息、通讯、新闻特写、新闻专访和评论等。通常，评论类稿件被列为独立的一个栏目的情况较多。大部分网站的新闻频道都设有评论或言论栏目。

(5) 按信息来源分类。

为了强调本站的原创稿件，网站将这类稿件作为单独的频道或栏目列出。这类频道被网站视为树立本网站品牌形象的重要手段。如千龙网的"千龙视野"、新华网的"新华视频"等。

(6) 按时效性分类。

按时效性分类即专门为时效性很强的内容设置单独的栏目，如"最新新闻"、"快讯"和"滚动新闻"等。

(7) 按重要程度分类。

按重要程度分类即为重要信息设置相关栏目，最典型的栏目是"要闻"。需要注意的是，归入要闻栏目的稿件通常也根据其内容属性归入对应的栏目中。

三、如何进行稿件分类

1. 选择稿件关键词

前面介绍过划分频道与栏目的主要指标是内容性质，网络编辑需要根据稿件的内容性质将其归入对应的栏目中。判断稿件内容性质的指标就是稿件的关键词。

所谓稿件的关键词，是指表明文章内容主题的词语，即稿件的主要内容和中心词，包括事件主要人物、事件所属领域、事件影响领域、人物所属领域等。

稿件关键词的判断，需要考虑以下三个因素。

(1) 当事件中出现多个人物时，根据人物的知名度及影响的重要程度选择关键词。

【例3-1】 温家宝周末看望在京教师　共商发展教育大计（关键词为"温家宝"）

【例3-2】 邓朴方：发展残疾人体育事业体现我国人权保障（关键词为"邓朴方"）

(2) 使关键词与读者的关注点相吻合。

【例3-3】 十八名中国非法入境者在西班牙被警方逮捕

【例3-4】 北京近期雷电频频　气温高于历史同期

例3-3中，中国读者关注的是"中国非法入境者"，该词可作为关键词。例3-4中，作为北京读者最关注的是"北京"，同时也关心与自己日常生活息息相关的"气温"，这两个词可同时选为关键词。

(3) 从网民的需求和兴趣出发选择关键词。

应当尽量把稿件放到认可度较多、网民关注度比高的栏目中。如下面这条新闻既可以放入教育新闻栏目中，也可以放入社会新闻栏目中。但考虑到网民对社会新闻的关注度较高，可纳入社会新闻栏目中。

学校每天补课 14 小时　多名学生中暑

本报讯（记者　蕉蔚）　由于邻近省份部分学生在参加学校组织的补课活动期间，出现甲型 H1N1 流感疫情，近日，我省教育厅曾两次下发通知，要求各级各类学校 9 月 1 日前停止一切补课和集体活动。

可是连日来，仍不断有学生向本报投诉新洲三中仍在补课，且安排十几个学生住一间宿舍，面对这几日的高温天气，宿舍里也只有两台风扇，在这样的环境下，已有多名学生发生中暑现象。

（资料来源：2009 年 08 月 23 日《长江商报》）

2. 稿件分类的依据

（1）根据关键词分类。

根据关键词将稿件归入到对应的栏目中。需要注意的是，如果稿件中有多个关键词，但这些关键词分属于不同的类别，可根据最主要的关键词归入主要类别，或者归入多个类别中。

（2）根据时效性分类。

时效性很强的稿件，尤其是突发事件的连续报道可归入"最新新闻"、"滚动新闻"这类栏目。同时，也可根据内容性质确定关键词，归入所属的栏目中。

（3）根据重要性分类。

稿件中涉及重大事件、重要人物的，可归入"要闻"、"重要新闻"栏目中。

（4）根据信息形式分类。

网络稿件以文字为主，此外还包括图片、图表、动画、音频、视频等。如果是后一类稿件，可直接归入对应的栏目中。但如要与文字稿件配合使用，则可与文字稿件纳入同一个栏目中。

3. 稿件分类的注意事项

稿件归类是网络编辑的日常工作之一，稿件的归类是否恰当对于稿件的点击量有较大的影响。对于有价值但并不适合本栏目的稿件，网络编辑应当积极推荐到合适的栏目中去。

3.3　稿件编辑技巧

一、网络稿件的四种常见错误

一般来说，网络稿件通常需要不同程度的修改，而修改文章就需要高度的责任感和过硬的文字基本功，网络编辑修改文章的水平是由编辑自身素质、水平所决定的，其中文字工夫尤显重要。在日常工作中，网络编辑遇到稿件中的四类常见错误包括以下几个方面。

1. 观点性错误

观点性错误即稿件中表达的观点和思想中的政治性错误。通常观点性错误指导向性的错误观点或与党和国家的路线、方针、政策不一致甚至相违背的错误观点和提法。

稿件中的观点差错有些是直接陈述出来的,有些是间接表现出来的,需要网络编辑主动甄别。观点差错的表现包括偏离政策、片面看法、媚俗倾向、忽视保密(一是报道过细,言多必失而泄密;二是时间把握不当;三是不注意内外有别)和言辞过激。

例如,有的媒体借反思改革否定改革,认为改革改错了;有的媒体在台湾地区选举结果出来以后,在头版进行详细报道,还刊登参选人的照片。

2. 事实性错误

事实性错误即稿件中涉及的人物、时间、地点、数据和因果关系等要素有错误,甚至将主要事实歪曲。如将"人民币"错为"美元",将"1920 年的苏联"错为"1920 年的俄国",将"湖南"错为"湖北",将"英国外交大臣"错为"英国外相"等。

对于这一类错误,网络编辑可利用搜索引擎、工具等方法查找资料,以便及时更正错误。

目前常见的网络假新闻通常都是属于犯了事实性错误,颠倒是非黑白,或是无中生有。例如,2008 年十大假新闻[①]《比尔·盖茨亿元租房看奥运》、《上海方言"嗲(dia)"字收入<牛津英语词典>》、《北京房地产商协会会长赞成炸掉故宫盖住宅》、《孙中山是韩国人》等。

再如,2009 年 8 月初,中国多家媒体在显著位置发布报道称,从奥林匹克公园管委会获悉,奥运一周年之际,鸟巢、水立方将在 8 月 7 日至 9 日免费开放三天。但事实上,这是又一条以讹传讹的假新闻。

3. 知识性错误

知识性错误即稿件中运用的最基本知识有误,如诗词引用错误、缺乏科学常识等。对于此类错误,网络编辑需要在加强自身知识修养的同时,有疑问随时向相关的专家学者请教,或者通过专业的网络数据库查阅答案。

【例 3-5】 那火红的金丝菊开得多么美丽迷人啊!

事实上,"金丝菊"顾名思义是"金黄色"的,因此不可能是火红的。

【例 3-6】 应英国爱丁堡市、瑞典哥德堡市和瑞士日内瓦州政府的邀请,我市市长昨日启程访问北欧三国。

众所周知,欧洲分为东欧、西欧、北欧、南欧、中欧、东南欧。上述三国并非都在北欧,瑞典在北欧,英国在西欧,瑞士在中欧。

【例 3-7】 在鸦片战争中,英国侵略者用炮火轰开中国大门,造成上海、宁波、天津等地"五口通商"局面。

---

① 贾亦凡,陈斌,阿仁. 2008 年十大假新闻[J]. 新闻记者,2009,(1).

《辞海》在"五口通商"条目中清晰地注释道：1842年（道光二十二年）英国强迫清政府签订《南京条约》，开放广州、福州、厦门、宁波、上海五处为通商口岸，故称"五口通商"。天津不属于"五口通商"之地。

【例 3-8】 该植物分布在喜马拉雅山麓的印度、巴基斯坦、尼泊尔、锡金、不丹等国。

锡金原是一个独立的国家，后并入印度，成为印度的一个邦，我国 2005 年予以承认。因此不能把锡金和印度并列，只能用"印度锡金邦"的提法。类似的问题还有原联邦德国和民主德国，合并后称为联邦德国。

【例 3-9】 去年 7 月，宁波兴洋毛毯有限公司和旭化成纺织公司与工贸区签订了近 200 亩土地转让协议；今年 4 月，这两个企业又与工贸区签订了第二期土地转让协议。

例 3-9 中的"土地转让"这个提法有误。《中华人民共和国宪法修正案》第 2 条明确规定："任何组织或者个人不得侵占、买卖或者以其他形式非法转让土地。土地的使用权可以依照法律的规定转让。"由此可见，"土地转让"的提法不符合《中华人民共和国宪法修正案》的规定，应改为"土地使用权有偿转让"。

此外，为避免因国家名称和地名等称谓使用不当造成的政治类知识性错误，网络编辑都应该多注意国际政治动向和国际时事，注意收集国家发布的新的资料，至少要以最新地图所标的称谓作为依据，从而避免出现在国家名称和地名等称谓上因使用不当造成的政治类知识性错误。

4. 辞章性错误

这是文稿修改中最常见的一类错误。辞章性错误是指文字表达方面的问题，如错别字、语法错误和标点符号的误用等。这也是文稿编辑中重点介绍的内容之一。

二、网络稿件的修改方式

任何的新闻稿件在网络编辑的眼中都是"半成品"，稿件的修改是一个将"半成品"制作成"成品"的过程。

网络编辑对稿件的修改有以下两种情况。

1. 绝对性修改

绝对性修改是一种无条件的修改，主要是指稿件在思想内容、基本事实或材料运用、文字表述等方面有错误，必须经修改后才能发表。换一种说法，稿件存在观点、事实和辞章等方面的错误，需要改正。进行此类修改需要网络编辑有较高的思想水平、丰富的知识面和扎实的文字功底。

例如，下面例句都存在知识性错误，需要进行绝对性修改，改正句中错误后才能采用。

【例 3-10】 生物多样性热点地区有马达加斯加、新喀里多尼亚、象牙海岸和智利中部。

象牙海岸是科特迪瓦未独立前的称谓，含有殖民主义色彩，现在的正确称谓应当是"科特迪瓦"。类似的还有非洲国家原上沃尔特，现名布基纳法索；欧洲的原阿尔巴尼亚人民共和国，现名为阿尔巴尼亚共和国；韩国的首都汉城现称首尔等。

2. 相对性修改

相对性修改是依据时间、地点、条件而转移的修改，主要是指稿件本身在思想、事实、辞章等方面都没有什么毛病，只是不完全符合本网站的要求，或者不符合网络传播的要求。网络编辑需要对稿件的角度、内容进行调整，如突出某一部分、删去某一部分，或者做适当的压缩、扩充、合并和分篇等。

三、网络稿件的修改手段

从具体的手段来看，网络稿件的修改包括改正、增补和改写三种手段。

1. 稿件的改正

稿件的改正即发现稿件中存在的观点、事实、知识和辞章方面的错误，并进行纠正。网络在带来大量便捷信息的同时，也带来了大量稿件中的错误。有些错误虽小，但如果不重视，可能会影响传播质量，进而影响网站的形象和声誉。

稿件改正的内容主要包括下列多个方面。

（1）错别字。

错别字是指错字和别字，在古代也称做"白字"。

错别字分为以下两种类型。

① 一种是无中生有，即在字的笔画、笔形或结构上写错了，这称之为"错字"。如将"染"字右上角的"九"写成了"丸"，将"猴"字的右半部分写成了"候"，或者将"曳"字的右上角多写了一点。这些称为错字或破体字。

② 另一种是张冠李戴，本该用某个字，却写成了另外一个字，这称之为"别字"。如戊戌政变写成了"戊戍政变"，按部就班写成了"按部就搬"，或者将"建议"写成了"建意"……其中的"戍"、"搬"、"意"等都是别字。

目前的网络编辑主要接触电子文本或打印稿，遇到错字的情况很少，但经常容易遇到别字。这就对网络编辑的文字基础知识提出了更高的要求。

常见的别字有音同形似、音同形不同、音近形似、音近形不同和形似音不同五种类型。

【例3-11】 音同形似

松弛—奔驰

【例3-12】 音同形不同

法制—法治　废话—费话　富有—赋有

【例3-13】 音近形似

给于—给予　气慨—气概

【例3-14】 音近形不同

再乎—在乎　查言观色—察言观色

【例3-15】 形似音不同

崇高—鬼鬼祟祟　炙手可热—针灸

（2）语法错误。

稿件中常见的语法错误包括：用词错误、搭配不当、指代不明、句式杂糅和形式逻辑错误等。这方面的具体内容详见第二章"网络编辑必备基础知识"的介绍。

（3）标点错误。

标点符号在汉语表达中必不可少，但稿件中标点符号的误用为数不少。因此，改正标点符号的错误也是网络编辑的一项基本工作。第二章已详细介绍了标点符号的使用规范，网络编辑应当严格按照相关规范对稿件中的标点符号的错误进行纠正。

（4）数字与单位的错误。

稿件中经常出现数字和计量单位。首先，稿件中的数字和计量单位应全文前后表示方法一致，避免出现前文用汉字表示单位、后文改用西文字母表示单位的情况。如立方米和 m^3 不能混用。其次，要严格遵循数字和计量单位的规范。这方面的具体内容详见第二章"网络编辑必备基础知识"的介绍。

（5）逻辑错误。

除了语法问题带来的逻辑错误外，稿件中还可能出现其他形式的逻辑错误。对于这类错误，常采用分析法，通过推理来判断稿件中的信息是否符合常理、是否符合逻辑。

逻辑错误常出现在使用概念、判断方面以及推理和证明的过程中。在稿件中出现逻辑错误通常有以下几种类型。

① 概念的差错。

概念的准确性是逻辑性的第一个要求。概念的差错主要指使用概念不确切，概念不合乎作者所要表达的思想，这是稿件中经常可见的逻辑错误。

【例3-16】 我们要摒弃旧社会中带来的各种错误思想。

"摒弃"是一个哲学术语，它是指事物在质变后既消灭旧事物而又保留旧事物中的积极因素，并不是我们通常所说的"丢掉"、"放弃"的意思。在上面这句中用"摒弃"这个概念是不妥当的。

② 使用判断的差错。

使用判断的差错是指某些判断本身自相矛盾。

【例3-17】 我们在退稿信中要说明稿件用或不用的理由。

这个判断中前后部分是相互矛盾的。写退稿信的目的是退稿，"退稿信"这个概念中不可能"说明稿件可用"，因而在退稿信中只能说明"不用"的理由，而不能说明"用"的理由。把上面这个判断改为"我们在退稿信中要说明稿件不用的理由"即可。

③ 推理证明的差错。

推理证明过程中常见的差错包括论据不足、因果倒置和论题转移等。

【例3-18】 为了加快我国的发展，必须大力发展航天工业。因为在发达国家，航天工业发展很快。

"航天工业发展很快"应该是经济发展的结果，不能把它作为"必须发展航天工业"的理由，这是典型的因果倒置。

（6）知识性错误。

知识性错误通常是由于作者在某些问题上缺乏知识造成的。网络编辑应该具备丰富的知识和较强的判断力，善于发现和改正稿件中的知识性错误，并养成查阅工具书和其他工

具的良好习惯。

在介绍"网络稿件的四种常见错误"时已详细介绍知识性错误,此处不再赘述。

(7)事实性错误。

与其他类型的错误相比,事实性错误带来的负面影响更为严重。因此,发现稿件中的事实性错误是网络编辑的一个重要责任。网络编辑对稿件中涉及的所有事实都必须进行认真的分析,发现是否存在事实错误,避免出现内容失实。

稿件内容失实的常见原因包括主观想象、夸大事实、捕风捉影、东拼西凑和无中生有。

① 主观想象。

主观想象主要是在新闻作品中加入文学式描写的成分,在没有亲眼见到的情况下,先入为主,将主观想象的内容写入稿件中,造成内容失实。

② 夸大事实。

夸大其词也同样会影响信息的真实性。如2008年十大假新闻之一"六旬老人考取清华研究生激励儿子"就是夸大事实造成的新闻失实。该新闻是《黑龙江晨报》2008年5月8日刊发的,原文如下:

"62岁的哈尔滨市民老滕因儿子没有考上名牌大学,为了激励儿子,自学考上清华大学研究生。2005年,老滕的儿子小滕即将参加当年的高考。老滕对儿子说:"你只能考北大、清华,不然天津大学也行,如果考不上,你就别考了,去别的学校也没有意思。"高考后,小滕以637分的成绩考进了南昌大学。为此,老滕狠狠地将儿子骂了一通。

失望、气愤的老滕对儿子说:"你考不上名牌大学,我给你考一个看看。"经过一年的努力,2006年老滕报考了清华大学艺术学院研究生班。考试的科目有专业知识、政治、外语。老滕以优异的成绩成为了2006级清华大学艺术学院研究生班27名学生中的一员。

老滕拿到清华大学录取通知书到学校报到时,发现班上的同学都在30岁左右,就连他的老师也只有46岁。"

但事后,新民网的记者向清华大学的相关部门求证得知:清华大学的院系设置中并未设置"艺术学院",而与之相关的只有"美术学院"。而清华大学美术学院教务办公室的一名工作人员在接受采访时说,清华大学美术学院2006年没有招收一名60多岁的硕士研究生。按照规定,清华大学美术学院招生有年龄限制,一般来讲,硕士研究生不超过40岁,博士研究生不超过45岁。

另外,四川的一名记者通过电话采访采写"六旬老人考清华"一文的记者了解到:老滕并非考上清华大学研究生,而是报名参加了清华大学中国画高级研修班学习。而中国画高级研修班的主办单位为清华大学继续教育学院,办学培养的对象为非学历教育,这与研究生招生考试有着本质的区别。研修班与研究生班的另一个区别是研修班入学一般不需要考试,毕业也不发给毕业证。

经过上述的调查发现,原文的作者将老滕报名参加了清华大学中国画高级研修班这样一个普通的学习行为夸张为考取清华大学的研究生,这是典型的夸大事实,严重违背新闻的事实。

第3章 网络信息的选择与加工

这一类的新闻失实不在少数，2008年北京奥运会开幕前京城某报纸首发的一条新闻"一人无证全车遣返"，文中指出7月20日至10月10日，乘公路客车进京旅客需逐一接受安检，如一车有一人无身份证，全车旅客都被遣返，以致有评论疾呼"警惕封建连坐法借奥运复辟"。而河北省公安厅新闻发言人很快澄清：为奥运安保，河北环京治安检查站将对所有进京车辆、人员安检，对未带身份证旅客予以劝返，但绝不可能"一人无证全车遣返"。

可见，网络编辑一定要警惕为吸引注意力而哗众取宠、夸大事实的稿件，杜绝类似的假新闻出现。

③ 捕风捉影。

捕风捉影主要指本身有一定的事实基础，但作者加入了一些自己的主观想象，导致了一则新闻失实。

④ 东拼西凑。

东拼西凑是指把不同的时间、不同的地点、不同的人所做的事情凑在一个人身上，张冠李戴。尽管单独的事实可能是真实的，但整体事实却是失实的。如2008年3月2日《西安晚报》发布的"巨蟒吞噬中国维和士兵"这条新闻就是如此。事后，经相关部门证实，被巨蟒吞噬的不是中国人，更不是中国维和士兵，而是外国的一名国际观察员。

⑤ 无中生有。

无中生有是完全捏造虚构事实，是最危险的一种信息失实。有相当部分的假新闻都是无中生有产生的。如2008年北京奥运会召开前，大量的网站和传统媒体争相转载的"比尔·盖茨花亿元租房看奥运"就是一条典型的虚构新闻。该新闻最早于2008年7月23日刊发在《成都商报》等媒体，此后经过数家媒体的反复转载，一时间成为最热门的新闻之一。原文如下：

比尔·盖茨花亿元租房看奥运

8月，不但全世界最顶尖的运动员聚集北京，全世界众多富豪也把来北京看奥运视为一种时尚，并早已订下套票，这其中就有美国的前世界首富比尔·盖茨。不过，这位已将数百亿美元家产投入到慈善事业的软件巨人，这次不会在北京住酒店，他花了一亿元人民币，为自己租下了一个离水立方不到180米的空中四合院，推开四合院窗户，向外眺望，水立方与鸟巢一览无遗。四合院分两层，面积大约700多平方米。不过，就算你跟盖茨一样有钱，你也买不到，那里的四合院只租不卖，盖茨也只能年租而已，一年租金高达1亿元人民币。

为求证这件事是否属实，网易科技分别于北京时间2008年7月23日上午10时和北京时间晚上11时向盖茨办公室以及比尔和梅琳达·盖茨基金会办公室方面发信。7月24日凌晨，比尔·盖茨官方向网易科技独家证实，媒体报道的盖茨在中国花1亿元租楼看奥运的消息"我们可以确认该消息是假的。"另外，微软全球资深副总裁、微软中国董事长张亚勤在出席一个新闻发布会时也对媒体暗示，盖茨巨资租房看奥运事件可能是房地产商的炒作。他对媒体提到该事件时称其为假新闻。

发现事实性错误的有效方法有"分析法"和"调查法"两种。分析法是指通过对事实或细节及其叙述方式、写作条件等进行推理分析，判断其存在的可能性和准确性。调查法是对所涉及的事实通过直接的、现场的观察和了解来检查它的真实性。

（8）观点性错误。

观点性错误是指作者在稿件中传达的观点和见解存在偏颇甚至错误。

常见的观点性错误表现在以下几个方面。

① 片面。

片面即为了强调一方面而忽略另一方面。这是许多稿件中存在的问题。如为了宣传典型人物就一味地强调他的优点，而对他的缺点却视而不见。

② 拔高。

拔高是指为了某种目的，一味地将事实或人物拔高。这不仅可能造成失实，也会误导读者。这种错误常见于模范人物先进事迹的报道中。

③ 随风转。

随风转即紧跟形势走，无论任何的事实都与当前的形势联系起来。

（9）表述性错误。

表述性错误即作者在文字表述或使用其他的手段时出现的一些问题。如对于犯罪过程、残暴行为等做过于详细的描述，对法院尚未判决的犯罪嫌疑人称为"罪犯"等。

【例3-19】常州最近破获一起大案，罪犯蒋正国利用职务之便贪污公共财物总计价值130多万元。今天，常州市人民检察院向市中级人民法院提起公诉。

对于上述九类常见错误都需要进行改正。而改正针对的是稿件中的错误，因此是一种绝对性修改。

改正的方法有两种：一是替代法，即用正确的内容代替错误的内容；二是删除法，即将不合适的内容直接删除。

2. 稿件的增补

（1）增补的概念。

增补就是增加和补充原稿中所缺少但又需要的信息内容，如交代必要的背景，解释一般读者不明白的概念等。

（2）增补的内容。

① 资料。

介绍新闻中有关人物、事件的历史，或事件发生的环境等情况的资料，也包括对报道中涉及读者不熟悉的有关知识、技术、人物、事件、名称等所作的说明。这里增补的资料实际上是稿件的背景材料。背景材料在新闻中起补充、烘托、解释等辅助作用。增补必要的背景材料，可以使读者更完整地了解新闻中的人物、事件的状况和意义。

② 回叙。

回叙是对近期已经报道过的新闻的简要复述。在连续报道中，对已经报道过的重要内容作适当的回述是为读者提供方便，使他们对事件的发展过程有比较全面的了解。

③ 议论。

议论即对事实发表的看法、评论。对一些很有意义却又只是就事说事的稿件，网络编辑借题发挥、画龙点睛地补充一点议论，可以深化报道的主题思想，还能帮助读者更好地了解新闻的性质、意义，充分发挥舆论导向作用。

3. 稿件的改写

（1）改写的概念。

改写就是在原稿的基础上重写。有的稿件内容有意义，材料也丰富，但写得不好，如观点和材料不统一，内容与体裁不协调，结构杂乱或导语枯燥等，需要对稿件动"大手术"，重新进行加工。

（2）改写的类别。

① 改变主题。

改变主题是指对原稿中不够新颖的主题作改动，重新确立主题。

② 改变角度。

改变角度是指对稿件材料重新认识，从最有利于表现事物特征的方面来写。常见的角度改变有：从领导角度改为群众角度，从介绍经验角度改为报道成果角度，从报道成果角度改为发生新鲜事物角度，从会议角度改为解决问题角度，从这家报纸角度改为另一家报纸角度等。

③ 改变体裁。

改变体裁是指将稿件的原有体裁形式改变为另一种体裁形式。改变体裁一般都是将信息容量较大、篇幅较长的体裁改为信息容量较小、篇幅较短的体裁。通常是把通讯、经验总结、调查报告、讲话、文件和公告等改为消息，将消息改为简讯、花絮和标题新闻等。

④ 改变导语。

改变导语是指把消息中最重要、最引人的内容重新用精练的文字来写成导语。导语是消息的开头，应该用简洁、生动的语言来表达新闻最主要的内容，以吸引读者继续往下看。

⑤ 改变结构。

改变结构是指将原稿的结构进行调整，使之脉络清晰或富于变化。改变结构一般有三种情况：一是稿件结构有问题，条理不清、层次紊乱，需要进行对材料的重新组合，使之通顺；二是稿件的主题或角度改变了，其结构也随之调整；三是稿件本身结构没什么毛病，只不过平铺直叙，缺少变化，为了使稿件变得有起有伏，富有波澜而作结构变换。

⑥ 删除。

删除的方法有突出主题和摘取精华两种。突出主题包括删削多余的材料，删削多余的背景材料。摘取精华包括取局部而舍其余，取概要而舍详情，取要点而舍说明。

稿件中需要删除的部分包括叙述啰嗦、描写不当、议论失衡、违背情理、解释多余、陈词滥调的句子。

删字的方法包括：一是删除重复的字词；二是删除可有可无的字词。

3.4 稿件校对技巧

一、校对的概念

校对是保证稿件质量的重要环节，是对网络编辑工作的继续和补充。网络编辑在校对过程中必须高度负责，认真细致，树立严谨周密、一丝不苟的作风。

清代文字学家段玉裁曾提出校对的两个功能：一是校异同；二是校是非。校对是个并列词组，包含"校"（校是非）和"对"（校异同）的双重含义。

"校是非"即"定本子之是非"，是指校对者凭借自身储备的知识或其他权威资料来判断原稿中的是非，确认其"是"就通过，确认其"非"就提出质疑。"校是非"又称"活校"，是一种层次更高、难度更大的校对功能。

"校异同"即"照本改字，不讹不漏"，是指以原稿为唯一依据（或标准）来核对校样，分辨二者的异同，"同"则不改，"异"则以原稿为准对校样进行订正。"校异同"的作用在于保证原稿的真实性及其价值在出版过程中不致被损害、被破坏。"校异同"又称"机械校"、"死校"。

二、校对的方法

传统编辑工作中校对的方法有点校法、折校法、读校法、通读法，是史学家陈垣总结前人和自己的校对经验概括出来的，得到校对学界的公认，被称做"四种基本校法"。加上新近发展起来的计算机校对，目前一共有五种校对方法。

计算机校对是运用计算机校对软件辅助校对人员进行校对，具有校对范围广、校对速度快等特点。但需要注意的是，计算机校对也需要与人工校对结合使用，以提高校对的差错率。

点校法又称对校法，是指校对者将原稿放左方，校样放右方，先看原稿，后看校样，逐字逐句对下去。

折校法是指校对者把原稿放在桌子上，把校样上部折到背面，留下要校的那一行字，然后压在原稿上，把校样上要校的那一行和原稿上相应的文字紧排在一起进行校对。

读校法是指两人合作进行校对，一人读原稿，一人看校样。标点符号、另行、另起、空行和重点都要读出来。

通读法是指校对者脱离原稿，直接通读校样。这样有助于快速发现文章中语法、文字等方面的错误。但采用这种校对方法需要校对者对原稿内容较为熟悉才能采用。

三、网络编校的特殊性

网络编辑工作在校对方面有四个特点：（1）编校合一，网络编辑同时承担编辑和校对工作；（2）网络编校没有原稿、校稿之分，而是直接在原稿中进行校对；（3）网络稿件错误更多，需要网络编辑的校对更为仔细，如字音相同、字形相近的错别字相当多；（4）时

第 3 章　网络信息的选择与加工

效性要求很强。

传统校对法中的点校法、折校法和读校法因为都需要原稿与校稿配合使用，因而在网络编校中不再使用，目前网络编校中可用的只有通读法和电脑校对法二种。

3.5　如何改写稿件标题

在网络传媒经济时代，受众的注意力是稀缺资源。因此，有学者把互联网经济形象地称为"眼球经济"。电视需要眼球，只有收视率才能保证电视台的经济利益；杂志需要眼球，只有发行量才能带来杂志社的经济收益；网站更需要眼球，只有点击率才是网站价值的集中体现。

而美国盖洛普民意调查公司一项联合调查研究表明，网民往往通过浏览标题来决定是否要阅读这则消息。参与调查的读者们阅读过 56% 的标题，相比之下，调查对象只读过 25% 的新闻报道正文。而我国内地网民看新闻只阅读标题的比例则高达 80%，点击网页详细看新闻的比例则不到 5%，这使得网络新闻标题比报纸杂志新闻标题的重要性更显突出。

网络新闻的标题与传统的新闻标题有很大的区别。海量性的网络新闻信息势必迫使网络编辑只能简明扼要地乃至列表式地罗列新闻标题，使之具有对新闻内容的导引、导航的指示作用，根本区别于报纸那样可以拥有整体性浏览的效果，从新闻内容的短暂接触中即可判别新闻的可读与否。网络新闻的标题也区别于广播、电视新闻的简要的提示摘要之后的逐一内容播报。因此，读者一般仅仅只能从标题来判断新闻内容是否需要再读，因而对网络标题的制作提出了更高的要求。

标题是用以揭示、评价稿件内容的一段最简短的文字，其作用包括提示文章内容、评价文章内容和吸引读者阅读等。对稿件标题的处理是网络编辑的日常工作之一，也是一种最具增值性的创造性工作。标题是文章的眼睛，因此网络编辑在制作标题时往往费尽精力突出稿件最新颖、最重要、最有特点、最本质的事实，用最精练的语言表达，达到最具吸引力的效果。

一、网络稿件标题的特点

网络稿件的标题一方面与传统媒体的稿件标题有共同之处，另一方面为了适应网络传播的需要，也有自己的一些特点。

1. 题文分开

这是网络新闻标题与报纸新闻标题最大的区别。读者无法像阅读报纸一样将标题和正文尽收眼底，而首先看到的是列表式的新闻标题，需要通过点击标题才能打开正文进行浏览。网民是否继续看新闻，完全取决于其对新闻标题所体现出的新闻价值判断。

2. 单行题多，长短适度

网络以海量信息为重要特点，从网页展示的版面要求来看，新闻网站的主页因要安排尽可能多的标题,对每条新闻发布的标题字数非常有限。因此,网络稿件的标题比报纸新闻的标题要求更为严格,一般单行标题不会超过 20~25 个汉字。再者,电脑屏幕的阅读往往容易使人产生视觉疲劳,人们长时间对着屏幕阅读的习惯也要求标题短小精悍。

要考虑到网络新闻版面主页和二级页面的设置,主页标题一般简洁直接,而网页内的文章标题相应的就要提供更多更完整的信息。

以人民网 2009 年 3 月 17 日的一条新闻为例:

(主页新闻标题)

专家呼吁尽快制定举报法:10 个反腐名人中 9 人遭报复

该标题中新闻事实清楚,"专家呼吁尽快制定举报法",点明事实原因;用数据说话,"10 个反腐名人中 9 人遭报复"。在反腐大环境下,这样的新闻标题很能吸引人。二级新闻标题则是这样处理的:

(引题)

中央编译局当代马克思主义研究所所长披露,改革开放 30 年评出 10 个反腐名人,9 人遭到打击报复

(主题)

专家呼吁尽快制定举报法　民调认同此乃当务之急

这样相比之下,主页新闻标题处理就显得更加简洁了。

3. 实题为主

这是为了吸引网民的眼球,激发网民点击的要求使然。报纸的新闻标题讲究的是艺术性和完整性,对语法和修辞都非常注意。而网络传播则是适应年轻人的海量信息需求,这些人思维活跃、反应敏捷、接受能力强,更讲究效率,习惯于以很快的速度浏览自己感兴趣的或对自己有用的东西。因此,为了做到简明扼要,网络新闻标题可以只求简短表达,而对语法不作严格的要求,往往以实题为主,即不加任何议论,直接向读者陈述新闻的主要内容。网民可以很快地抓住新闻的要点,以决定是否进一步点击阅读。

4. 超文本链接编排

超文本的链接编排带来了网络稿件的题文分开、稿件多层次化等特点。在后面的超链接部分将详细介绍。

5. 多媒体辅助优势

网络媒体融合了文字、声音、图像等多种信息形式,这些手段都在网络标题上有所显示。有时甚至可以用首页显示图片的方式,增强标题的醒目性。

二、网络稿件标题的构成要素

网络稿件标题的构成要素分为必要构成要素和非必要要素。其中,只有主题是标题的必要构成要素,其他的元素均为非必要要素。这些非必要元素包括小标题、准导语、题图和附加元素。

1. 主题

网络稿件的主题又称主标题或者标题句,是标题的必要构成要素。它用来揭示稿件中最重要的信息和概括中心思想。

2. 小标题

对于比较复杂的事件,可以利用小标题将稿件划分为几个部分,使文章的脉络清晰,更富有条理性,同时也起到提示稿件要点的作用。

3. 准导语

准导语类似于传统报纸消息中的导语。它是在主标题后概括稿件主要内容的一段简短文字,也被称为"内容提要"。准导语通常用于长文章或者重要文章中。

(标题)全球变暖:人类生存的威胁

(准导语)

毫无疑问,地球生病了。自从进入2006年以来,关于地球的坏消息一个接着一个,飓风、洪水、山火、融冰……地球变暖所带来的气候问题正在变得日益严重。以前,只有科学家和环保主义者在呼吁大家关心环境问题,大多数人都在分析全球变暖的可能原因。

4. 题图

题图即在标题上配相关的图片,这样可以有效地吸引受众的注意力,并且补充标题中未包含的信息。

题图主要包括照片、图表、漫画和动画等。

5. 附加元素

网络稿件的附加元素主要包括随文部分、主观标示和效果字符。

随文部分是指主标题下标注稿件发布日期、来源等内容的文字。随文通常与正文一起出现,一般在二级页面、三级页面中。

主观标示是指网络编辑在发布稿件时,在标题上附加的评价或标示符号。如在标题后加上"hot"表示网络编辑认为稿件较为重要,加上"推荐"、"精华"、"关注"表明稿件值得一读,加上"new"表示稿件刚刚上传。

效果字符是指通过技术上的手段使标题能产生特殊的字符效果,如发光、变换颜色和移动等,从而吸引网民的注意力。

三、网络稿件标题的制作

1. 网络稿件标题制作的基本步骤

网络稿件的标题制作一般都要经过读稿、命意、立言、修整四个步骤。

(1)读稿。

读稿即精心阅读稿件,这是制作标题的第一步。认真阅读导语及全文,提炼出最重要、最新鲜的内容。

（2）命意。

命意是对标题内容的酝酿与构思过程，目的是在通读原稿的基础上，把新闻中最具有新闻价值和社会意义的事实提炼出来。

（3）立言。

立言是指在标题制作过程中把命意阶段已经确定的标题的内容和表现方式用适当的文字表达出来。标题立言要注意力求深入浅出、通俗易懂、生动引人。

（4）修整。

修整是制作新闻标题的最后一个程序，也是必不可少的一个程序。只要时间允许，网络编辑应对标题进行仔细推敲。

2. 网络标题制作的基本要求

网络稿件标题的制作是以一般新闻标题制作的原则和要求为基础的，因此有必要简单地了解下一般性新闻标题制作的基本要求。由于消息在媒体报道中占了较大的比重，其制作要求与大多数的稿件相似，故下文主要介绍网络消息类稿件的标题制作要求。

（1）消息标题必须标出新闻事实。

人们上网阅读新闻是为了更快捷地阅读自己感兴趣的信息以节省时间和精力。因此，网络新闻标题制作的第一要义就要标出新闻事实以满足读者的信息需要，并起到引导读者阅读的作用。

例如，下面这篇来自于报纸媒体的稿件，如果要在网络上发布，需要加强标题中"实"的部分。

为文登产业集群发展建言献策

近日，文登市邀请国家发改委产业规划专家顾强、中国社科院工业经济研究所主任魏后凯、蒙牛集团总裁牛根生等10位产业集群问题专家和国内知名企业家，把脉文登产业集群发展，为文登产业集群发展建言献策。

文登市提出，建设家纺制革、汽车配件两大产业集群，打造机械工具、电子信息、食品医药三大优势产业。为找出文登产业发展中存在的问题，文登市组织10位产业集群问题专家和国内知名企业家深入企业，对文登企业和产业发展现状进行了考察调研。专家们认为，文登这五大产业拥有骨干企业，初步形成了产业链和市场效应，具备了发展产业集群的基础。但是，文登产业集群发展还存在着产业链短、配套能力低、产业规模较小、市场体系欠发达、企业品牌意识淡漠、自主创新能力差等"瓶颈"，制约着产业的进一步发展。

针对文登产业集群发展中存在的问题，10位产业集群问题专家和国内知名企业家提出了建设性的意见。国家发改委产业规划专家顾强建议文登市政府选择30家优势企业，进行重点扶持；鼓励龙头企业培育配套企业，吸引配套厂家进入协作工业园区，缩短生产、运输、销售半径，拉长产业链条；重点发展拥有知识产权、科技含量高的企业。著名产业专家沈青指出，发展产业集群，要把龙头企业扶强扶大，优势企业扶专扶特。对获得"中国名牌"、"中国驰名商标"和获得"国际品牌"的企业要予以重奖。中国汽车工程学会副会长、秘书长付于武说，目前，文登汽车产业中零部件企业居多，今后应当增加相关产品的核心竞争力，把产品做专做精，但不能贪大求全。结合蒙牛发展的经验，蒙牛集团总裁牛根生就文登的食品产业发展提出了坚持差异化竞争、走特色兴企之路的建议。

（资料来源：2005年11月28日《威海日报》）

本文如要改为网络新闻标题，最好是避开标题中"虚"的成分（即建言献策），以实实在在的新闻事实来制作网络标题：

国内专家"会诊"文登产业群　建议重点扶持30家优势企业

这里之所以没有用建言献策，是因为"建言献策"四个字"虚"的成分太大，是所有专家观点的高度概括。网民是没有时间和兴趣去了解每一位专家到底"建何言，献何策"的。如果把"重点扶持30家企业"突显出来，就会引起不少人的兴趣，即究竟哪30家企业会得到文登市政府的重点扶持。因为重点扶持的企业通常会得到贷款、减免税等许多优惠政策，这才是网民或企业家们真正关心的。尽管新闻稿件中没有提到文登市政府是否会接受专家的建议，重点扶持哪30家企业，但会引起一些网民继续了解的兴趣。

（2）新闻事实要有一种确定性，呈现出动态。

网络新闻标题还要明确地给出动态的新闻事实，即告诉读者事件的发生与发展。要达到这种效果，可以用一个完整的句子或者主谓（宾）结构来表达，同时要在标题里突出某一个或某几个具有新闻价值的要素，使之具有亮点。

3. 消息标题的分类

（1）实题与虚题。

新闻标题根据表现方法与表现重点的差异可分为实题和虚题两类。实题以叙事为主，把新闻中最主要、最有意思的事实传达给读者。虚题以说理为主，着重表述观点，实际上具有评价事实，隐示倾向的作用。实题可以单独使用。凡写实题已能使读者明白新闻的含义的，网络编辑就无须再作虚题。标题如果采用虚题，必须与实题相配全，否则，只有虚题，读者就无法理解新闻的具体内容。

（2）单一型与复合型。

早期的新闻标题大多是一行题，而且以4个字的居多。1870年3月24日《上海新报》的"刘提督阵亡"是有据可查的、最早的新闻标题。随着报纸新闻业务实践的步步深入，两行或两行以上的多行标题多了起来，标题的结构逐步复杂化。

传统的新闻标题按结构可分为单一型标题与复合型标题两种。

单一型标题只有主题没有辅题（引题和副题），复合型标题既有主题又有辅题。

传统的新闻标题理论认为，单一型标题表达的内容一般比较单纯，主题基本承担标题的全部任务。复合型标题所表达的内容比较复杂，引题引出主题，副题补充主题，颇有气势和力量。引题可以叙事、说理、抒情，而副题一般只能叙事。主题是稿件内容精华的浓缩，经常用于概括新闻中最主要的事实和观点。引题、主题、副题三者合用时就是一个完整的系列标题，用于重大的或严肃的新闻。

副题对主题起补充和解释的作用分为两类：第一类是主题不写事实，只提出一个论断或疑问，标题要提示的新闻事实全部写在副题中；第二类是主题已经承担部分叙事任务，副题则补充交代其他的事实。

【例3-20】 金融时报：不需要大跃进式的牛市（主题）
调控举措是管理层对牛市的悉心呵护，投资者应当用心领会政策意图（副题）

【例3-21】 宋丹丹上春晚再扮老太太（主题）
铁定与赵本山、牛群搭档新剧本月登陆BTV（副题）

【例3-22】 教授半年在教室半年在地头（主题）
到乡镇驻扎推广技术并兼任镇长助理，此模式将在全市涉农区县推广（副题）

4. 网络稿件标题的制作方法

网络稿件标题的制作方法这主要涉及标题内容和标题形式两个方面的问题。

（1）选择标题内容的原则。

① 准确原则。

准确原则是标题制作的核心原则，即标题与文章主旨一致，做到题文一致。

如2001年4月1日，中美撞机事件发生后，个别网站拟制的标题是《中美战机南海上空相撞》，字数倒是不多，但是未能准确表达基本的事实。相比之下，人民网的标题《美侦察机撞毁我军机》就做到了简洁地表达新闻事实的要求。

这种题文一致包括两方面含义。

首先，标题所提示的事实要与新闻内容一致。具体来说，第一，标题所写的事实应是新闻中本来就有的，不是虚构的；第二，标题可以从新闻中选择某一事实，但是这种选择不能不顾及事物全貌，不能歪曲整个新闻的基本事实。

例如，下列标题就未能准确地反映事件的全貌，反而容易让读者产生歧义。

巴西一名演员梦里中弹身亡

据新华社电，巴西里约热内卢一位演员26日睡觉时，被从外面飞来的子弹射中而死亡。57岁的奥尔德·雷卡萨26日清晨正在里约市科帕卡巴纳闹区的寓所睡觉。这时，从窗外飞进来一颗子弹击中他的胸部。这位演员在被送往医院的途中死亡。

子弹是附近的毒品走私集团之间枪战时射入卡萨雷房间的。卡萨雷是里约市有名望的演员之一，曾参加过61部影片的拍摄。

新闻中没有提到演员中弹时在做梦，实际上也无法验证此事，根据事实标题是不准确的。另外说"梦里中弹身亡"也不能会使人误解为此人没死，只是梦中出现死状，或者说只是作了一个中弹身亡的梦。

其次，标题中的论断在新闻中要有充分依据。标题可以具体描述新闻事实，也可以对新闻中的事实进行概括，做出论断，但所作的概括和论断一定要有充足的新闻事实作为根据，而不能片面、夸张、拔高。

② 全面原则。

对于稿件中涉及事件中多个同样重要的方面，就需要将内容都反映出来，不能忽略某一方面。

③ 新意原则。

标题中要体现稿件中最有信息的事实。如果稿件中只有一件主要事实，可采用分解法，对其各个新闻要素进行分析，即找出事件的5"W"（即事件、时间、地点、人物、原因）中最有新意的一个"W"或几个"W"。

④ 具体原则。

对于稿件中涉及多个事实的情况，通常只选择一个或几个重要事实放入标题。

具体原则又可进一步分为以下几个原则。

- 关联度原则：将与读者关系最密切的内容放进标题。
- 最新进展原则：对于正在变动的事件，要将事件的最新进展放入标题。
- 关键数字原则：将稿件中出现的关键性数据放入标题。
- 释疑解惑原则：将读者欲知而又不知的内容放入标题，解决读者的疑问。

（2）优化标题形式的方法。

① 活用动词。

通过观察主语和宾语的特点来选择生动、富于个性的词，将有助于提高标题的表现力，也使标题更易于记忆。这种使用动词的手法在修辞中称为"拈连"。

【例3-23】 算命将他"算"进班房

【例3-24】 当心：减肥会"减"掉你的聪明

例3-23中的"算"与"命"结合组成自然的搭配，把它与"进班房"连用，使原本不搭配的词语，在超语言常规的用法下，巧妙自然地结合在一起。例3-24也是同样如此。

② 巧用修辞手法，包括比喻、拟人、借代、对比、反复、对偶和双关等。

- 比喻，俗称打比方，是人们最喜爱的语言表达方式之一。当一个事物与另一个事物具有某种相似点的时候，人们通过联想把两个事物有条件地相提并论，用其中一个事物来描绘、说明另一事物，以使表达变得形象生动、可感可知，就形成了比喻。

让财产申报成为贪官外逃"拦路虎"

多名社科界政协委员11日在接受记者采访时表示，针对近年来出现的一些"带病"官员借公务考察之机而滞留国外不归的现象，有关部门应该及早建立预警防范机制，加强平时对官员的监督管理，关紧贪官外逃大门。

一个存在经济问题的官员决定外逃之前，一般都会先将子女或配偶送到海外定居，以解除自己外逃的"后顾之忧"。而一个官员有能力让子女或配偶到海外定居，首先要有大量资金供子女或配偶在海外消费，如果建立了官员财产申报制度，官员的财产就必须如实公布，当发现其有与自身收入不相符的巨额财产，就会及时受到调查；如果拥有的资金被发现来路不正当，该官员就要受到查处，这样一来他也就没有经济能力将子女或配偶送到海外定居。这样可以最大限度地避免"裸体做官"现象出现，从而减少存在经济问题官员

外逃的可能性。

一个官员的财产来路是否正当，决定了其是否可能会有外逃行为。如能建立健全财产申报制度，当一个官员拥有与其收入不相符的巨额财产即可能受到调查，财产转移行为也被纳入严密监控当中，官员就不会具有能够顺利外逃的条件。所以说，对于遏制贪官外逃现象而言，建立官员财产申报制度不可或缺。

当前由于未能建立健全财产申报制度，导致部分存在经济问题的官员得以从容地送子女或配偶出国定居，得以"潇洒"地在国内"裸体做官"，得以从容地向海外转移财产，可谓为贪官外逃"提供了充分的便利条件"。也就是说，官员财产申报制度的缺失，实际上是为贪官外逃遗留下了巨大的制度性漏洞，使其得以从容地做好各项外逃准备工作，然后在"条件成熟"的时候借机滞留或逃往国外。所以，要防范存在经济问题的官员外逃，需要建立健全财产申报制度，从源头上遏制贪官外逃现象的发生。

令人欣慰的是，此次全国两会举行期间，诸多代表与委员发出了建立健全财产申报制度的呼吁，纪律检查部门负责人也表示正在研究、论证和想办法制定财产申报制度，此前新疆阿勒泰也进行了有关财产申报制度的探索与尝试。相信随着财产申报制度在我国的建立与推行，官员财产纳入更为严密的监督当中，我国的廉政建设与反腐败斗争将能迈上一个新的台阶，而贪官外逃现象也将能因此而得到更为有力的遏制。

（资料来源：新华网，2009年3月13日）

本标题中的"拦路虎"的比喻形象地说明了财产申报制度对贪官外逃的遏制作用，也使标题更具吸引力。

上海出"组合拳"加速淘汰高污染汽车

为进一步改善上海市大气环境质量，迎接 2010 年上海世博会召开，上海将施行对高污染车辆限行和对老旧汽车淘汰更新进行补贴的政策"组合拳"，双管齐下加速淘汰高污染车辆。

据悉，上海近日发布了《关于对高污染车辆实施扩大限制通行范围的通告》，决定对达不到国家第一阶段机动车排放标准的高污染车辆，扩大限制通行范围。自今年 8 月 1 日起，全天禁止高污染车辆在上海市中环路以内（含中环路快速路、地面道路及辅道）的快速道路和地面道路，以及延安高架路、南北高架路、闵行高架路、逸仙高架路全线道路上行驶（在上海逗留 7 日以内的外省市过境车辆除外）。

同时，《上海市鼓励老旧汽车淘汰更新补贴暂行办法》自 6 月 1 日施行以来，已收到初步成效。截至目前已受理 200 多辆老旧汽车的淘汰更新补贴，购置新车实现销售收入超过 4000 万元，政府补贴金额超过 110 万元，平均每辆 5078 元。

随着鼓励老旧汽车淘汰更新政策实施深入，申请补贴受理量成倍增长，政策效应正在逐步显现。

在限制高污染车辆和鼓励更新老旧汽车政策的同时作用下，上海高污染汽车将加速淘汰更新，有利于倡导绿色汽车消费，为世博会召开创造良好环境。

（资料来源：2009 年 7 月 23 日新华网，记者陆文军）

第 3 章 网络信息的选择与加工

本标题中的"组合拳"比喻的是上海市出台的两种互为补充的政策,即对高污染车辆限行和对老旧汽车淘汰更新进行补贴。"组合拳"的说法简洁生动,比"双关齐下"等说法等为形象,也富有概括性,同时还暗示了两种政策之间互为补充的关系。

● 对偶

从形式上看,运用对偶辞格的新闻标题音节整齐匀称,节律感强;从内容上看,运用对偶辞格的新闻标题凝练集中,概括力强。

【例 3-25】《春风得意马蹄疾,一日看尽长安花——8848 的兴盛》(阿里巴巴网,2009 年 3 月 16 日)

《酷我音乐百分百　秀出音乐全色彩》(记世网,2007 年 4 月 17 日)

③ 借用成语、古诗词、俗语和流行歌曲等。但借用一定要贴切,不能闹出笑话。

诀别世界杯留下悲怆一幕　劳尔的"眼泪"为谁在飞

血已冷,情已灰,当比赛结束,所有的西班牙球迷都陷入了迷惘的状态当中,56 年了,他们的国家队再未能进入世界杯的四强。国家队的失败,对西班牙球迷来说也许只是伤口的又一次刺痛,毕竟,很快他们又可以跟随巴萨、皇马这些俱乐部去寻找足球的快乐。但对于不再是金童的劳尔来说,本届世界杯,也许将是他在世界杯舞台上的最后一次演出,从入选国家队到为国出战 99 场,劳尔尽管还是球迷眼中的"法拉利",但这辆名车却逐渐失去了原有的动力,相反,悲剧的色彩却一度度地加浓加深,悲怆的劳尔与悲情的西班牙,构成了欧洲足球版图上永远属于悲惨的一幕。此刻,他无助的眼神中流露的泪花是为谁在飞?

所有的西班牙球迷都很痛苦,因为赛前所有的豪言壮志赛后都成为了对手嘲讽的最好材料。好比拳击手嚷嚷着要痛击对手,但不料却重拳落空,而且还被对手击倒。但没有谁比劳尔更悲伤,这是他第三次代表西班牙队征战世界杯,第五次代表西班牙队征战大赛,但除了三届世界杯加两届欧洲杯,劳尔不要说品尝冠军的滋味,最好的成绩竟也只是 8 强,对于劳尔这样的巨星来说,国家队的成绩与他在俱乐部所取得的成绩相比,实在太过苍白与无力。

1996 年 10 月 9 日,劳尔披上 10 号球衣首次代表国家队出战捷克,其后一直都是国家队重要球员。但 1998 年的夏天,劳尔首次经历了世界杯的残酷,虽然在与尼日利亚队的比赛中劳尔打进了一粒精彩绝伦的抽射,但西班牙队最终被对手逆转,最后一场比赛,尽管斗牛士六球横扫保加利亚,但却无法改变被淘汰的命运。2000 年欧洲杯 1/4 决赛,劳尔在最后时刻痛失点球,导致西班牙被法国淘汰出局。2002 年世界杯,劳尔在世界杯上打入 3 粒入球,但最终眼睁睁地看着自己的球队在点球决战中被东道主韩国队挡在四强之外。2004 年欧洲杯,西班牙人和劳尔再度经历噩梦,小组赛即被淘汰,劳尔悲情之路再加一笔。2006 年世界杯,西班牙满怀豪情地出征,劳尔也为国家队定下了夺冠的目标("西班牙从未如此强大"),然而,天意弄人,近年来实力最强、人员搭配最合理的一届西班牙队,因为早早夺取了小组第一竟不得不碰强大的法国队,而最终的结果又让人痛彻心扉。

有人说,劳尔就是西班牙的忧郁王子,虽然他在伯纳乌是绝世舞者,但在西班牙队的悲情战车中,却注定只能扮演一个悲剧的角色。对这届世界杯,劳尔确实是充满期待的,

去年11月十字韧带重伤后,劳尔原本可以采用手术的方式更安全地治疗,但为了赶上世界杯,他选择了保守疗法,而且,也终于在赛季末期获得康复。不过,在球场上,劳尔很长一段时间都未能找到状态,低迷的状态也让阿拉贡内斯对他产生了质疑,尽管老帅在世界杯之前拼命要为劳尔寻找一个主力位置,但在反复试验无果后,他终于选择了将劳尔放到替补席上。然而,劳尔的力量是不容低估的,对突尼斯的比赛,西班牙队上半场比分落后,下半场劳尔临危受命,打入扳平一球,带领球队吹响反攻号角。

对法国的比赛,劳尔终于进入西班牙队的主力名单,老帅这样做有三个目的,一是信任劳尔的能力——"伟大的比赛应该有伟大的球员来踢",二是让劳尔获得复仇法国的动力,三则是要让劳尔在场上获得生日礼物,因为这一天,是劳尔29岁的生日。然而,西班牙队不但没有像劳尔赛前期待的那样让齐达内提前告别,反而自己跌倒。劳尔在比赛中更多回撤中场,在53分钟的时间内,他既没有射门也没有威胁传球,就这样悄无声息地隐没在本届世界杯的最后一场比赛中。尽管,99场44球,让劳尔拥有可傲人的纪录,但如若国家队一无所获,这样的纪录又有何意义?白衣少年渐成风中回忆,疲惫的劳尔能否出现在南非世界杯的舞台上圆梦?我们没有办法预测,只有时间老人能给我们答案。

(资料来源:北方网2006年6月28日,伊万)

西班牙队未能进入世界杯四强,这个失败不管是对球员来说还是球迷来说都是一种刺痛。"眼泪为谁在飞"是仿拟流行歌曲《谁的眼泪在飞》的歌名,有较强的情感穿透力,给读者提供了一个仔细品味和延伸想象的空间,正是这个空间激发了读者解读的冲动。

此外,由于流行语在网络世界中传播广泛,网络新闻标题中的流行语也屡见不鲜。

【例3-26】 借用流行语

《云南检方表示:躲猫猫事件反映出检察机关监督不力》(新华网2009-03-11)

《今日315真假"山寨"再引文化打假之争》(新浪网2009-03-15)

《浙江义乌:"山寨现象"遭遇监管之难》(网易2009-03-16)

《万名男女光棍参加恋爱运动会 口号"非诚勿扰"》(搜狐2009-03-13)

《退休生活做到"不差钱" 如何守住你的养老钱?》(中财网2009-03-16)

此外,为了使标题更生动活泼,更好地吸引读者,网络编辑往往会巧妙地将谚语、典故、文学作品或电影片名移植于新闻标题中,以达到标新立异、超凡脱俗的效果。

【例3-27】 借用谚语、成语等

《全凭馒头争气 下岗女工蒸馒头蒸成百万老板》(新华网2003-09-03)

《美政府拟杀鸡儆猴 少年黑客帕森可能被重处》(新华网2003-09-03)

《"造福工程"为何成为"画饼工程"》(新华网2003-09-03)

标题《全凭馒头争气 下岗女工蒸馒头蒸成百万老板》运用了"不蒸馒头争口气"的谚语、说明下岗女工自强不息的精神;标题《美政府拟杀鸡儆猴 少年黑客帕森可能被重处》、《"造福工程"为何成为"画饼工程"》等新闻标题用了"杀鸡儆猴"、"画饼充饥"等成语,这些标题有的寓意深长,有的生动形象,有的极富启示性,极富特色。

④ 巧用数字、字母、字符,表达言外之意。

数字通常比文字更有说服力,在标题中恰当使用数字也能让人眼前一亮,更能突出重要的信息内容。

中国将研发时速500公里高速磁悬浮交通技术

本报讯（记者柳志卿） 昨天，科技部、财政部联合公布《国家科技支撑计划"十一五"发展纲要》，拟投入近300亿元巨资启动国家科技支撑计划。根据纲要，"十一五"期间，中国将研发时速为500公里的"高速磁悬浮交通"技术，并建设一条30公里高速磁悬浮列车中试线，完成具有自主知识产权的定型化试验。

根据该纲要，"高速磁悬浮交通"被列为国家科技支撑计划交通运输领域的两个重大项目之一，其主要内容包括：研究开发时速500公里高速磁悬浮车辆、悬浮导向控制技术、牵引控制技术、运行控制技术和系统集成技术等全套技术、设备和部件，建立高速磁悬浮交通系统规划、设计技术和标准体系，建设一条30公里高速磁悬浮列车中试线，完成具有自主知识产权的定型化工业试验。

交通运输领域另一重大项目是"智能交通技术集成应用示范"，该项目安排了一系列的技术开发和应用示范：在北京将建成以奥运交通指挥中心、交通数据中心等4个中心为核心的北京市综合交通信息平台，实现市区主干道群体交通诱导80%以上、奥林匹克交通优先路线平均时速不低于60公里及5000辆奥运车辆监控服务。

此外，在上海将建成综合交通智能管理和服务基础平台，为2010年世博会提供服务，实现路况信息服务覆盖城市主干道范围80%以上，世博会示范区域内整体协调控制诱导方案形成时间少于3分钟。

（资料来源：《京华时报》，2007年2月10日）

（3）网络稿件标题制作的注意事项。

① 结构要尽量简化。

网络稿件标题通常采用单一型标题，且通常为实题。另外，即使稿件中使用了复合型标题，在首页或栏目下也不出现辅题，仅出现主题或另拟标题。而辅题只与正文一起出现。

② 注意网站对标题字数的限制。

考虑到网页版面的美观性，很多网站对标题字数进行了限制。有些网站规定标题字数不能超过20个字。

此外，某些网站还对同一栏目下的稿件标题字数做出了统一性的规定，要求字数接近。作为网络编辑在制作标题时应注意相关规定。

③ 标题与内容提要应互相配合。

标题与内容提要是一个层层递进、彼此配合的关系。如果一篇稿件同时使用标题和内容提要，应考虑二者的互补关系。如果在标题中点名了5W中的何事、何人要素，那么内容提要中就应转而介绍何人、何地、为何等要素。

5. 网络稿件标题的双重任务

（1）多级阅读的起点。

网络稿件与传统报纸媒体的稿件在形式上有一个重大的区别，在于稿件信息不是在一个平面上，而是可分为五个层次，即标题—内容提要—正文—关键词/背景链接—相关文章。由此导致网络稿件的阅读是一个多级阅读的过程。

从信息层次来看，标题是网络稿件多级阅读的起点，是信息内容的最基本层次的提示。受众可以通过对标题的扫描式阅读来获得基本信息。因此，网络标题应该传达事实的基本要素。

（2）吸引眼球，引导下一步阅读。

标题也担负着吸引眼球、引导下一步阅读的作用。标题是多级阅读的起点，标题是否吸引人决定了读者是否会进一步点击阅读下去。

传统上认为消息标题要标出新闻事实，不能够使用悬念式的标题。但是现在为了提高点击率，引发读者的好奇心，一些网络新闻乃至传统报纸媒体也会采用悬念式的标题。

险！世界杯救了一家四口

本报讯（记者黄锦成摄影报道）　一块约3平方米的水泥批荡晚上突然从睡房的天花板上砸下，刚好落到主人房两张相连的大床上，几十公斤泥沙把整个房间以及床上的被子、枕头、凉席和床垫等全被弄到一塌糊涂。"所幸的是，当天是星期六晚，又有世界杯球赛看，一家人比平时晚睡了点，要不后果不堪设想，不死也一身伤。"房主说。此事就发生在广州市西华路彩虹大厦18楼1811房。

大块水泥批荡砸向睡床

房主詹女士告诉记者，前晚刚好是星期六，她和丈夫以及读初中的大儿子3人正在大厅上看土耳其和韩国队的世界杯比赛，而小儿子正在睡房里做作业，至晚上9时多，小儿子做完作业也来到大厅看电视。

就在小儿子刚离开不久，突然听到睡房"轰隆"一阵沉闷声，她赶紧跑到睡房一看，一股烟尘从房间冲出，她不由得抽了一口冷气：原来睡房上的一大块水泥批荡从天花板掉了下来，刚好砸中房中相连的两张大床上，被子、枕头、凉席和床垫等全被一块块的水泥覆盖，有一部分还掉到地板上，把整个房间弄得一塌糊涂。

她们平时9时多就睡觉，但当晚是星期六，又有世界杯球赛看，所以睡得比平时晚了点，要是当时房内有人睡觉的话，不砸死也砸伤了。

可能是沙浆没沾牢所致

詹女士说，她们这套房是1997年12月以6000多元一平方米（包括分摊面积和各种税费等）、一次性付款方式购买的商品房，共100平方米左右，购买后并无任何的装修，掉下大块批荡的房间约12平方米左右，因家中现只有睡房装有空调，这段时间天气很热，所以把儿子的床也搬到主人房同睡。

记者见到，掉下批荡的天花板位置比较光滑，可能是批荡时水泥沙浆由于没黏牢致离壳而造成的，而同一套间的另一间房也有天花板离壳现象。

物业管理处还未去处理

詹女士说，事情发生后，她马上报告了物业管理处，希望有人尽快来处理，但当晚却

第 3 章 网络信息的选择与加工

没人处理，她们一家四口只好睡厅，而令其气愤的是，时至记者昨日接报料前往调查时，也没人前去处理，女主人说：今晚全家人又要当"厅长"了。

（资料来源：2002 年 7 月 1 日《广州日报》）

这则标题仅用 10 个字便勾勒出一个奇闻："世界杯足球赛"怎能救了一家四口？原来新闻说的是：一块约 3 平方米的水泥沙板晚上突然从睡房的天花板上砸下，刚好落到主人房中两张相连的大床上。所幸的是，当天是星期六晚，又有世界杯球赛看，一家人比平时睡得晚，不然后果不堪设想。这本来是平常天花板塌落事件，经作者与"世界杯足球赛"连在一起，便有了这则悬念标题。

四、网络稿件标题的编排与美化

稿件标题形式的编排与美化是网络编辑工作的重要组成部分。

1. 字符变化的设计效果

字符包含字号与字体。不同的字号、字体能够让网民从视觉上感觉到网络稿件不同的重要性和特点。

胡锦涛考察新疆：一手抓改革发展 一手抓团结稳定

[视频][胡锦涛在新疆干部大会上发表重要讲话][专题][头条]

温家宝在浙考察：正处在不进则退的关键时期 图

部长访谈：万钢谈中国科技"四大法宝" 我对部长说

卫生部就医院应公开医疗服务价格等向社会征意见

湖南规定县委书记任命改由省委常委会直接决定

反腐亮剑8月两部级高官王华元 黄松有被"双开"

原江苏省公安厅长黄明升任公安部副部长

从上述几条标题的字体和字号的差异可以明显看出，《胡锦涛考察新疆：一手抓改革发展 一手抓团结稳定》一稿在页面中的重要性最显著。

2. 色彩、空白、题花、线条

色彩是一种隐性语言，能够给人不同的视觉感受，从而引起不同的心理体验。大部分网站的色彩以黑色和蓝色为主，但有时为了突出某条标题也会采用红色这类对比度较大的颜色。

"一般而言，色彩的功能主要是信息功能、传情功能、强势功能和组织功能等。它能起到以下作用：（1）揭示内容，凸显事实；（2）增加信息，帮助记忆；（3）引起注意，加深印象。"①色彩的作用就在于其不仅可以达到人们视觉心理上的平衡和认可,还增强了标题的表现力,从而营造出强烈醒目的视觉效果和气氛。"一些网站如新华网、南方网在新闻标题制作上大胆地使用蓝、红、灰等颜色,力图通过颜色的变化消除读者的视觉疲劳,使读者能够有效地保持阅读兴趣。

空白主要指标题周围的留白,这也是一种重要的标题编排手段。标题周围适当留白的作用主要包括:突出重要稿件,产生阅读节奏,缓解视觉疲劳;使页面疏密有致,产生视觉美。

题花和线条在网站页面中主要用来区分稿件,便于读者阅读。如新浪网首页的标题下面都有一条直线,使得页面一目了然。

3. 标点符号

网络标题中最常用的标点符号包括逗号、问号、惊叹号、引号和冒号等。其中,冒号的使用与传统媒体中的使用有一定的区别。

(1) 分隔发言主题与发言内容。

即冒号前的部分点明发言主体,这个主体包括人、机构和部门等,冒号后的部分介绍内容。这是最常见的一种使用方法。

【例3-28】 阜宁县长:欠发达地区推进项目建设必须破解3个难题

【例3-29】 河南省委书记徐光春:科学评价干部要做到"五看"

【例3-30】 最高法院:刑事审判遇突发事件司法警察要依法用警械

【例3-31】 发改委:采取八项措施巩固经济企稳回升势头

例3-28和例3-29的发言主体都是人,例3-30和例3-31的发言主体是机构或部门。

(2) 强调稿件的某一内容要素。

【例3-32】 建行房贷:以"户"为单位认定第二套房

(3) 点明稿件刊发的媒体、体裁等。

【例3-33】 人民日报:政府网站切莫重建轻管

(4) 分隔作用。

冒号分隔后的前后两个部分分别类似于传统报纸媒体中的引题和主题。

【例3-34】 中国官方智库调查:为高层决策提供参考

【例3-35】 胡锦涛新疆考察:强调抓改革发展和团结稳定

3.6 如何提炼内容提要

一、内容提要的概念

1. 内容提要的概念

内容提要是概括稿件主要内容的一段文字,也叫准导语。与标题相比,内容提要的内

---

① 曾励. 如何制作网络新闻标题 [J]. 新闻与写作, 2002, (11).

容更详细，传达的要素更多，但与正文相比，它又简短得多。

2. 内容提要运用的场合

（1）在导读页紧接标题出现。这通常适用于重要的稿件。导读页包括网站首页、频道首页或栏目首页等。

（2）在正文页的标题后出现。这时内容提要是作为标题与正文之间的过渡出现的。

（3）在正文中出现。这类内容提要通常在正文中每一个段落前出现，提示该段落的主要内容。

二、内容提要的作用

1. 吸引网民点击

由于网络稿件的多级阅读、多级信息的特征，使得网络稿件的发布也呈现层次化的特点。读者需要逐层点击才能看到稿件正文。但由于字数的限制，有时候标题难以充分揭示稿件中的重要信息，尤其是重要稿件更是如此。这就需要补充内容提要，弥补标题的不足，更好地赢得读者的关注。

2. 提炼稿件精华

与传统平面媒体的阅读不同，网络媒体的阅读是一个扫描式阅读的过程，读者需要在短时间内抓住主要的信息点。而内容提要就能帮助读者迅速地获取文章精华，也起到一定的导读作用，使人们更有目的地阅读全文。

3. 调节阅读节奏

在标题与正文之间或正文的各段落之间加入内容提要，可以在一定程度上调节网民的阅读节奏，使他们的视觉有短暂的停顿，以获得更好的阅读效果。

三、内容提要的写作

内容提要的写作是一个对稿件再创造的过程，需要对稿件内容进行分析、判断和提炼。内容提要的写作通常采用全面概括与提炼精华两种思路。

1. 全面概括

全面概括是内容提要写作中最主要的方式。其目标是用凝练的语言将稿件中的主要信息或观点概括出来，使网民可以更迅速地把握稿件的主要内容。

对于以传达新闻信息为主的稿件来说，要全面概括稿件的内容就需要明确新闻的五个要素，即"5W"。在内容提要中介绍何事、何时、何地、何人、为何这五个要素或其中最重要的几个要素。

通常标题很难将这五个要素都包含进去，因此，可以利用内容提要全面概括所有的要素，或者补充标题中没有涉及的新闻要素，以便传达更丰富的信息。

【例3-36】 主标题：中国将研发高速磁悬浮交通技术 时速达500公里

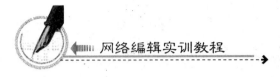

内容提要:"十一五"期间,中国将研发时速为五百公里的"高速磁悬浮交通"技术,并建设一条三十公里高速磁悬浮列车中试线,完成具有自主知识产权的定型化试验。

内容提要中补充了时间这一新闻要素,并进一步补充了主要事实。

有些稿件主要介绍的是人物观点,这类稿件重在突出人物的主要观点。因此,对于这类稿件可直接对文中涉及的观点进行简要的概括。在形式上,可将每一观点列一行,用提示符加以强调。

2. 提炼精华

某些稿件内容丰富,如果全面概括就难以突出稿件的重点。这种情况下,内容提要中只强调稿件中最有价值、最有新意或最有吸引力的内容。

3.7 如何设置超链接

一、超链接的概念

超链接技术是一种按信息之间关系非线性地存贮、组织、管理和浏览信息的计算机技术,或者说是一种以非线性的网状结构组织、管理文本信息的技术。它能够给读者提供跳跃式联想思维方式的阅读和检索。与传统技术相比,它更注重于所要管理的信息之间的关系的建立和表示。它是以信息和信息之间的关系全面地表示现实世界中的各种知识。用户在浏览超文本时,可以随时选中"热点",跳转到其他的文本信息。

由此可见,超文本的特点就是一种"跳转"连接(大家所熟悉的Windows的"帮助系统"就是一个典型的超文本结构的信息系统)。从用户的角度来看,打开一个浏览器(如微软公司的Internet Explorer),在地址栏中输入一个网址就会出现目的页面,上面有许多的"热点",用鼠标点击就可以透明地访问远程服务器上的文档,这样就实现了整个Internet上的信息漫游。这种页面的组织方式即我们所称的超文本。

超链接技术的发展起源于20世纪的美国计算机科学家范尼瓦·布什。因于传统文本方式下的资料查找问题,他认为人们需要一种比在纸面上查找信息更容易的方法。在20世纪40年代他设想了一种他称之为Memex(Memony-Extender,存储扩充器)的装置,这其实就是今天超链接技术的核心。

1965年,美国人泰得·纳尔逊创造了"超链接"概念,成为这种非线性信息管理技术的专用词汇。第一个真正的、实用的超文本系统是美国布朗大学1967年为研究和教学开发的"超文本编辑系统"(Hypertext Editing System)。

进入20世纪90年代之后,超链接的发展进入了一个新的阶段,开始向网络化、分布式、开放化和标准化方向发展。为我们所熟知的万维网(WWW,World Wide Web)是近年来最具影响的分布式超文本系统,1989年由欧洲高能物理研究所CERN研究成功,目的是支持全球科学家在Internet上彼此交流、共享科研信息和成果。由于它使用简单的超文本信息格式以及对多媒体的支持,在1993年5月第一个WWW站点出现后迅速普及。

WWW 服务的特点在于高度的集成性，它能把各种信息和服务（如电子邮件、文件传输、远程登录、网络新闻等）完美地连接起来，提供生动一致的图形用户界面。WWW 不仅提供了一种在网络上发布和检索信息的手段，而且提出了一种新的分布式信息资源的组织和管理模式。

在实际运用中，超链接与超文本这两个概念是紧密相连的。这二者的差别在于：超链接是一种按信息之间关系非线性地存储、组织、管理和浏览信息的计算机技术；而超文本则是通过运用超链接技术，将文字信息组织在一起的网状文本。这二者之间可以看做是手段与目的之间的关系。

超文本写作使得网络文本与传统文本在写作和阅读等方面出现了根本性的区别，最初这种区别突出的特征在于：传统文本是"线性结构"，而超文本是"非线性结构。"

二、超链接的作用

超链接打破了传统信息文本的线形结构，可以对一些重要概念进行扩展，可以改变传统的写作模式。超链接的运用方式包括以下三个方面。

1. 扩展重要概念

对重要概念的扩展有两种具体实现方式。一种是用专门制作的注释页面来实现链接，另一种是直接链接到相关页面。这有助于网民获得更为丰富的信息，直观、立体地了解新闻事件。尽管会带来转移阅读目标等副作用，但在发挥读者的能动作用、扩展报道面、加强报道深度等方面有着重要意义。

注释页面中需要加入链接的对象包括：新闻中的重要人物或关键人物；新闻中涉及的过往新闻事件；新闻中涉及的重要历史、地理背景；新闻中涉及的重要组织、团体、机构等；新闻中涉及的重要概念、科学术语等；新闻中涉及的政策、法规、文件等；以及新闻没有展开介绍，但有必要进一步解释的对象。

链接到的相关页面包括知识介绍、相关报道、相关网站、相关搜索。

2. 分层单篇稿件

单篇网络稿件的层次化主要是利用超链接将文章分成若干个层次，各个层次的内容分别展开、补充与延伸。

一篇文章的完整层次包括：
（1）层次一——标题；
（2）层次二——内容提要；
（3）层次三——新闻正文；
（4）层次四——关键词或背景链接；
（5）层次五——相关文章等延伸性阅读。

3. 改变传统的写作模式

从信息传播方面看，超链接打破了传统信息文本的线性结构，它也使网络信息之间的联系得以增强。这也带来了新闻稿件的层次化。传统的文本写作是在单一层次上完成的，所有的信息都是一次性接触到。但是，对于某些读者来说，这其中有一部分信息是属于冗余信息，而传播者仍需要拿出资源来提供这些信息，这样会造成浪费。

而超文本的利用在一定意义上可以改变这种状况。在进行写作时，可以利用超链接将稿件分层，将信息内容逐层呈现，受众可以按需要获取不同层次的信息。如图3-3所示，超文本结构模型展示了网络信息的层次化，受众可以更精确地选择自己需要的信息。

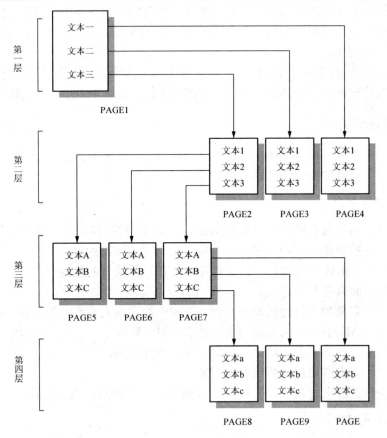

图3-3 超文本结构模型

三、超链接的设置要点

1. 关键词

稿件正文中可以通过超链接加以注释的对象包括人物、组织、事件、地理、历史背景、科学名词或专有名词等。而链接到的对象包括知识介绍、相关报道、相关网站和相关搜索。

在一些网络信息发布系统中，系统提供了设置"热字"的功能。所谓"热字"，就是文中的关键字。

2. 延伸性阅读

延伸性阅读主要包括"相关文章"、"跟帖"、"发表评论"等相关内容。这部分既可以作为阅读的一种延伸，又可以作为互动的一个入口。

除了相关新闻外，也有不少的网站将"相关专题"作为延伸性阅读的一部分。此外，"跟帖"、"发表评论"等也是常见的延伸性阅读方式，它们所链接的是网站的论坛，这就将网民的评论与新闻结合得更为紧密，使受众真正能成为新闻报道的积极参与者。

3. 改写文章

利用超链接改写文章主要有以下三种方式。

（1）将单篇文章分层。

将单篇文章分层即利用超链接将一片文章分解为若干个层次。

（2）将多篇文章整合为一篇文章。

整合后的文章可由"主体骨架"与超链接两部分组成。这种方式的写作思路如下。

首先，主体部分采用一种合理的结构方式将原有各文章中的主要材料或信息串联在一起，对事件的主要线索作清晰的交代。结构可以是倒金字塔，或者按照时间从远到近或者从近到远的方式进行写作，也可以按逻辑顺序来组织材料。在写作时要考虑到初次接触到信息的人的情况。

其次，利用超链接，对主体部分的内容进行展开。

（3）缩写长文章。

缩写长文章通常用于文章的改写。改写时要注意留取文章的主要线索，将详细的论述和展开部分用超链接的形式进行展开，以便有效地减少页面篇幅，提高阅读效率。

四、超链接设置的注意事项

1. 注意超链接的度与量

网络编辑在设置超链接中应把握超链接的度与量之间的平衡，不能为了提高点击量在热点新闻中设置过多的超链接，否则容易引起读者的反感。

网络编辑需考虑以下两个因素。

（1）读者对象的层次。

不同网站的读者定位在层次上有所不同，这些读者对各类知识的掌握程度也是有差异的。如下列这篇稿件如果发布在一般新闻类网站，就必须设置超链接来进一步解释什么是"ABS"（英文"Anti-lock Break System"的缩写，中文译为"防锁死刹车系统"。它是一种具有防滑、防锁死等优点的安全刹车控制系统），否则一般读者根本无法看懂，很难阅读下去。

ABS 到底能干什么

现在绝大部分轿车早已将 ABS 作为标准配置，但要说真正了解 ABS 的主要功用，知道 ABS 到底能干什么，这样的人并不多，于是就出现了一些对 ABS 的误解。

驾驶过不带 ABS 轿车的朋友都知道，如果遇到紧急情况将制动踏板踩到底，便能听见轮胎一声尖叫，于是在路面上留下了两条黑黑的轮胎印，这就是因为车轮不能转动（专业术语称之为"车轮抱死")而与路面发生了的滑动摩擦留下的。

其实对轮胎的磨损还是次要的，车轮一旦抱死，车子极易失去控制，从而出现危险的情况。如果前轮发生抱死，最直接的便是失去转向能力，此时打方向盘根本无济于事，而只能祷告车子赶快停下来！

如果后轮发生抱死，转向能力倒是存在，但极有可能出现后轮侧滑，严重时便出现甩尾。车子一旦发生侧滑或甩尾，尤其是在高速行驶时，车身便完全失去了控制，只能听天由命了！

基于制动时车轮抱死会使驾驶员失去对汽车的控制，从而使得驾乘人员的生命安全受到严重威胁，那么如何才能有效地解决制动时车轮抱死这种情况呢？ABS 就是由此而诞生的。

（资料来源：2005 年 1 月 20 日新浪网）

相反，如果这篇文章是在专业类汽车网站中出现则完全不必设置超链接，因为大部分读者都具有一定的汽车专业常识，无须多此一举。

（2）形势与时局的变化。

在特殊形势下，对于一般性的常识也可以设置超链接加以说明。如 2010 年上海举办世博会，对世博会常识的介绍有助于人们增加对世博会的了解。

2. 注意超链接设置的位置

通常在稿件正文中直接将关键词和背景设置超链接，以便引起读者的阅读兴趣，也便于打开超链接。

但近年来有学者认为，正文中加入超链接容易带来阅读目标的转移，因此，即使是关键词的链接也应该放在正文之后。

目前，一些网站在当前窗口中加链接的关键词附近打开一个小窗口，可以在一定程度上解决网民阅读目标转移的问题，但目前还不能做到适用于所有的场合。

3. 注意超链接打开的方式

超链接打开的方式有以下两种。

（1）在当前窗口打开。

这是一种最不合理的做法，会使当前窗口直接被新窗口替代，完全改变了当前的阅读目标。在文章中加入超链接时应注意避免这种方式。

（2）在新窗口打开。

这是最常见的打开方式，不会影响当前的阅读。

网络信息的选择与加工是网络编辑日常工作中的核心工作之一，作为网络编辑必须要

掌握稿件筛选加工、稿件修改、标题制作和提炼内容提要的基础知识。同时，网络编辑也要具备稿件分类、稿件改错、稿件改写、网络标题制作和内容提要写作的实践能力。这既是网络编辑日常工作的需要，同时也是理论考试和技能考试的重点出题章节。

一、单选题

1. 网络编辑要了解网站的全面构成情况，可通过的最佳途径是（　　）。
   A. 网站设计　　　　　　　　　B. 网站规划
   C. 网站地图　　　　　　　　　D. 网站频道

   解析：通常网站都有一个"网站地图"，有时也称为"网站导航"，用来显示本网站的基本结构。网站编辑可以通过网站导航快速清晰地了解本网站的构成情况。选项 A 和选项 B 不符合题意要求。选项 D 网站频道仅能了解本频道的栏目构成情况，不能全面了解网站的构成情况。正确答案为选项 C。

2. 网站的新闻频道通常划分为"时政"、"国际"、"法制"、"社会"、"经济"等栏目，这种划分的指标是（　　）。
   A. 倾向　　　　　　　　　　　B. 区域
   C. 问题　　　　　　　　　　　D. 内容

   解析：网站频道与栏目的归类指标包括内容、地域、形式、体裁、来源、时效性和重要程度等。其中，最常见的归类指标是按内容归类。如新浪网、人民网等主流网站的新闻频道的重点栏目都包括时政、国际、社会、经济、文化、娱乐、体育、军事等。这些栏目都是根据新闻事件所属的领域或者可能影响的领域进行的划分。因此，正确答案为选项 D。选项 ABC 均不属于频道和栏目的分类指标。

二、多选题

1. 一般来说，网络信息的价值判断，除了真实性判断外，还包括（　　）。
   A. 权威性判断　　　　　　　　B. 时效性判断
   C. 趣味性判断　　　　　　　　D. 实用性判断

   解析：网络信息的价值判断标准包括五个方面，即真实性判断、权威性判断、时效性判断、趣味性判断与实用性判断。

   真实性是信息价值判断的核心标准，即信息内容必须反映客观事物的本来面貌。权威性是指传播者所传播的信息、谈论的问题是由享有盛誉的专家或机构来表明意见，其观点、看法有权威效应。时效性是指信息从大众媒介发出到受众接收、利用的时间间隔及其效率，它侧重表达传播时间与传播效果之间的关系。趣味性主要表现为两种情况：一是信息内容本身轻松有趣；二是信息能够引发人们的情感共鸣。实用性主要表现为介绍知识、提供资料、直接服务等方面。正确答案为选项 ABCD。

2. 网站所采用的信息，一般除文字类外，还包括（　　）。

　　A. 图片　　　　B. 动画　　　　C. 音频　　　　D. 视频

解析：网站稿件的形式以文字为主，此外还包括图片、图表、动画、音频和视频等。由此产生了图片新闻、图表新闻、动漫新闻和视频新闻等栏目。因此，正确答案为选项ABCD。

实训习题

一、单选题

1. （　　）是超链接打开比较合适的方式。
　　A. 在当前窗口中打开　　　　　　B. 在新窗口中打开
　　C. 将新页面代替当前页面　　　　D. 在同一个窗口中打开

2. 一个事件是过去发生的，但是新近才发现或披露出来，为了使与它有关的报道显得更有时效性，可以通过加入（　　）的方法来弥补。
　　A. 导语　　　　B. 由头　　　　C. 背景　　　　D. 主题

3. 在筛选、编发新闻时，（　　）原新闻信息的内容。
　　A. 不得修改　　B. 不能歪曲　　C. 不能编辑　　D. 不能删节

4. 上网是人们消遣或调节心绪的一个手段，因此是否具有（　　）是判断网络信息价值的重要标准。
　　A. 时效性　　　B. 权威性　　　C. 趣味性　　　D. 实用性

5. 单一型标题只有（　　）。
　　A. 主题　　　　B. 辅题　　　　C. 引题　　　　D. 副题

6. "滚动新闻"是根据（　　）为指标进行归类的栏目。
　　A. 稿件的体裁　　　　　　　　B. 稿件的来源
　　C. 稿件的时效性　　　　　　　D. 稿件的重要性

7. 为了实现网站的传播目的，网络编辑对稿件进行加工处理的一个重要工作步骤是（　　）。
　　A. 稿件归类　　B. 稿件归总　　C. 稿件分拣　　D. 稿件共享

8. 网络稿件的关键词通常是表明（　　）的那些词语。
　　A. 主要人物　　　　　　　　　B. 事件所属的领域
　　C. 事件发生的时间　　　　　　D. 文章主题

9. 下列句子，（　　）没有错误。
　　A. 如今，"奔腾Ⅱ"电脑也成为昨日黄花了。
　　B. 他在校园里张贴了一张遗失启示。
　　C. 潮阳以特色农产品闻名遐迩。
　　D. 这棵树有3尺多粗。

10. 网络原稿中存在着观点、事实、辞章等方面的错误，网络编辑发现并改正这些错误，这种修改稿件的方式称为（　　）。

  A. 绝对性修改　　　　　　　　B. 相对性修改
  C. 稿件的增补　　　　　　　　D. 稿件的整合

二、多选题

1. 网络信息的实用性与（　　）价值判断标准是相互联系的。
  A. 真实性　　　B. 显著性　　　C. 权威性
  D. 时效性　　　E. 趣味性
2. 一个网站通常包括（　　）等结构层次。
  A. 子栏目　　　B. 栏目　　　C. 标题　　　D. 频道
3. 将某条新闻归入网站的"地方新闻"或"地方频道"的归类判断要点是（　　）。
  A. 稿件内容突出的地方性　　　B. 稿件中的中心人物的地方属性
  C. 稿件针对读者的地方性　　　D. 作者来自地方而非中央
4. 网络编辑对新闻稿件进行归类时，可以按（　　）进行归类处理。
  A. 关键词　　　B. 标题　　　C. 文风　　　D. 时效性
5. 可以使用（　　）来修改观点性错误。
  A. 替代法　　　B. 分析法　　　C. 调查法
  D. 说明法　　　E. 删除法
6. 一篇稿件中存在的错误可能多种多样，但总体来看主要有（　　）。
  A. 辞章性错误　　　　　　　　B. 知识性错误
  C. 观点性错误　　　　　　　　D. 事实性错误
7. 稿件的改写主要是根据自己网站的传播需要而对稿件进行的结构性调整，它一般可分为（　　）。
  A. 缩减篇幅　　　B. 增补资料　　　C. 回叙　　　D. 改变角度
8. 制作网络标题的首要任务是寻找稿件中的亮点，可遵循下面哪些原则（　　）。
  A. 新意原则　　　　　　　　　B. 准确原则
  C. 具体原则　　　　　　　　　D. 全面原则
9. 下面的网络标题中采用了粘连手法的是（　　）。
  A.《体彩摇出三个"没想到"》　　B.《价高可摘"红樱桃"》
  C.《审查"审出"一个好厂长》　　D.《健康杯"喝出"不健康》
10. 下列关于网络稿件的内容提要的说法，正确的是（　　）。
  A. 比标题简短　　　　B. 比正文简短　　　　C. 在标题前出现
  D. 在标题后出现　　　E. 在正文后出现
11. 关于超链接的说法正确的是（　　）。
  A. 超链接以在新窗口中打开为好
  B. 有些专家认为超链接尽量不要放在文中，而是应该放在文末
  C. 超链接可以延伸读者的阅读内容和范围，但也有可能导致阅读目标的转移
  D. 超链接充分体现了网络媒体的优势，因此不用刻意考虑它出现的位置和使用量

第4章 网络内容原创

 本章导读

  1. 网络信息采集中,主要涉及新闻采访的主要类型,包括面对面采访、目击采访、电话采访、邮件采访、聊天室或 BBS 采访和体验式采访等。

  2. 网络新闻写作中,涉及新闻的几种体裁主要有消息、通讯、新闻特写和新闻评论等。重点介绍消息写作,其中包括新闻标题写作、导语写作、主体写作和背景写作等。

  3. 网络新闻专题策划中,主要涉及如何策划、组织、实施网络新闻专题的问题。

  4. 视听语言基础知识中,主要涉及图片、图表、动画、声音和视频等视听语言种类。还有新闻摄影、广播电视新闻报道、照片拍摄的基本知识、视频的采集与编辑和声音运用的基本规律等。

第4章 网络内容原创

4.1 网络新闻采访

网络信息采集主要指的是利用互联网采集信息资讯的过程。我们通常认为的新闻采访只是关于新闻事实方面的采访,而网络信息采集的内容显然要更广泛。它涉及的内容除了新闻外,还包括广义的信息、资讯、资料、知识、数据、图表、行情、典故和史实等。所以,在这个层面上,网络编辑就不仅仅要学会新闻采访,还要掌握其他信息的采集与编辑的处理手段与技巧。

在众多的信息中,新闻是网络编辑最为重视的一类信息,因为它是网络信息传播中的主角。所以我们先谈谈新闻的基本知识。

一、新闻的定义

关于新闻的定义,国内外有多种说法。按照我们国内最正统的说法,新闻是新近发生的事实的报道。显然,这样的定义已经不能准确地表述网络新闻传播与报道的特点。在网络传播时代,我们对于新闻的需要是随时随地的,我们要求新闻的报道最好能够和新闻事件的发生同步。所以我们认为,新闻是对正在发生的和将要发生的事实的报道和解释。

构成新闻的基本要素包括5个"W"+1个"H"。5个"W"是What(事件)、When(时间)、Where(地点)、Who(人物)、Why(原因),1个"H"是How(如何)。

二、新闻价值

新闻价值就是指凝聚在新闻事实中的社会需求,就是新闻本身之所以存在的客观理由,在我们比较固定的认识中,新闻价值包括时效性、接近性、显著性、重要性和趣味性等几个基本属性。

1. 时效时

时效性是指新闻事实的新近程度和新闻报道的及时程度。新闻事实和新闻报道发生与报道的时差越小,新闻价值越大。

2. 接近性

接近性是指新闻事实及新闻报道与受众的接近程度,包括地理、利益和心理等方面的距离远近。距离越近,新闻价值越大。

3. 显著性

显著性是指新闻事件参与者及其业绩的知名程度。新闻事件参与者的地位和业绩越显赫,新闻价值就越大。

4. 重要性

重要性是指新闻事实和新闻报道的分量及重要程度。新闻事实和新闻报道的内容越重要，新闻价值越大。

5. 趣味性

趣味性是指新闻事实和新闻报道使受众感兴趣的程度，其实质是新闻事实和新闻报道对受众的精神与情感的善意满足。

三、新闻敏感

新闻敏感是新闻记者能够迅速、准确地识别新闻事实的能力。西方新闻界称新闻敏感为"新闻眼"、"新闻鼻"。这一概念首先出现于西方新闻界，中国最早使用这一概念的是徐宝璜、邵飘萍等人。

新闻敏感是新闻记者必须具备的素质之一。它要求新闻记者在纷繁复杂的社会现象中，运用新闻价值的标准去衡量事实，识别哪些是新闻事实，哪些不是新闻事实；哪些是重要新闻事实，哪些是一般新闻事实，然后做出相应的处置。这种迅速而准确的发现和判断新闻事实的能力是做好新闻报道工作的前提。新闻敏感不仅对于记者采访、写作具有决定意义，对于网络编辑处理稿件以及新闻传播的各个环节都有重要意义。

对于新闻敏感的来源，资产阶级和无产阶级有不同的认识。西方资产阶级新闻学者认为新闻敏感主要来自于个人的天赋。无产阶级新闻学者认为新闻敏感主要来自于社会实践，来自于对党和政府重大决策的了解，以及对人民生活和社会生活的关注，加上科学的观察和经验的积累。

新闻敏感是新闻记者的政治思想水平和业务水平的集中表现。提高新闻工作者的政治素质和业务素质是增强新闻敏感的重要途径。

四、新闻角度

所谓新闻角度，是寻找、透视、挖掘和表现新闻事实的取向或侧重点，也就是采写和报道新闻事实所选取的侧面。选择新闻角度的过程就是通过选取新闻事实的一个侧面去揭示新闻主题的过程。一般来说，一件新闻事实可以从不同的角度来采写和报道。而选择的角度不同，所揭示的新闻主题不同，就可能会产生不同的报道效果。

新闻角度一般分为采访角度、选材角度、选题角度和表现角度。选择新闻角度要做到人无我有、人有我新、人新我特、人特我巧。

实例分析：《平果铝业旅行社正式挂牌开业》

基本材料： 2000年2月6日，平果铝业旅行社正式挂牌开业。这是在这个位于百色革命老区、曾经的全国特困县境内诞生的第一家旅行社。这家旅行社开办了平果至桂林、北海、东南五省等多条国内旅游线路和平果至越南、新马泰、港澳等境外旅游线路，还开设了平果铝业现代工业与现代农业观光游等项目。从开业10天的业务情况来看，平果铝业现代工业与现代农业观光游和越南境外游最为火爆。

根据这一新闻事实的基本材料，可以选择不同的角度来报道。

第4章 网络内容原创

第一，从革命老区发生新变化的角度写。从突出革命老区、全国特困县、第一家旅行社诞生等关键词入手，展现革命老区的新变化、新事物和新气象。

第二，从旅游业发展的角度写。重在旅游业迅速起步、开设国内外旅游路线、现代工业与现代农业观光游等方面做文章。

第三，从企业发展多种经营的角度写。抓住铝基地不仅发展现代工业，还大力发展现代旅游业做文章。

第四，从发展工业旅游的角度写。浓墨重彩地写好铝基地现代工业观光游。

第五，从假日经济推动旅游业发展的角度写。注意写好假日经济和旅游业发展的关系。

《假日经济杠杆撬动老区旅游业/平果有了旅行社》

在假日经济杠杆的撬动下，平果县旅游业迅速起步，春节前，全县第一家旅行社——平果铝业旅行社正式挂牌开业。

曾经属于国家特困县的平果县，过去与外界交往很少，第三产业发展缓慢，全县没有一家正式的旅行社。随着平果铝业的建成投产和南昆铁路的开通，四方商贾游客涌入平果，同时，平果人也纷纷走出山门闯世界。特别是近年来在假日经济劲风拂动下，人流、物流、信息流互动提速，旅游业的发展成为一种挡不住的需求。在平果县、百色地区和广西壮族自治区三级旅游局的扶持下，平果铝业旅行社在春节"旅游黄金周"到来之前挂牌成立。

据这家旅行社的主管单位平果铝业宾馆负责人介绍，平果铝业旅行社已开设了平果铝业现代工业与现代农业观光游等项目，并开辟了平果至桂林、北海、东南五省等多条国内旅游线路以及平果至越南、新马泰、港澳等境外旅游线路。从春节"旅游黄金周"接待情况来看，平果铝业现代工业与现代农业观光游和越南境外游最为火爆。

五、采访类型

新闻采访是新闻记者为获取新闻对客体所进行的观察、询问、倾听、思索和记录等活动，是新闻写作的前提，是一种特殊的调查研究。

采访的目的是为了获得适于向大众传播的新闻事实。不论采访的客体是自然现象还是社会现象，新闻记者注意的只是为大众所关心的具有新闻价值的事实。

采访是新闻记者对客体事物的认识过程，是新闻记者运用自己的新闻观点、知识积累和思维方式，通过亲自观察、倾听，经过思索而做出分析判断的过程。新闻采访要求新闻记者具有新闻敏感、应变能力和采访技巧，即能够在错综复杂的客观事物中敏锐地发现新闻，在稍纵即逝的机遇中迅速地捕捉新闻，在各种困难的条件下巧妙地挖掘新闻。

1. 面对面采访

面对面采访是新闻记者直接面对采访对象进行采访的一种方式。新闻记者通过口头提问和现场观察，了解客观情况，收集新闻素材。面对面采访可以是一对一，也可以是一对多，或者多对一、多对多（新闻发布会）。

（1）面对面采访的特点。

① 最直接的采访与交流方式，有利于新闻记者获得第一手的材料。由于是面对面，新闻记者可以近距离地观察被采访者，还可以观察周围的环境，对方的表情、神态、衣着等，能对事物有更全面的了解。

② 全方位的采访。在采访中，新闻记者可以采取主动出击的方式进行全方位的了解和交流。

③ 面对面采访的适用面很广，它不仅可以适用于人物报道，还可以适用于事件报道；不仅可以适用于传统媒体，也适用于新媒体。

（2）面对面采访前的准备。

面对面采访前的准备工作包括以下几个方面。

① 了解采访对象。

采访前的准备非常重要，因为新闻记者要经常进行采访，接触很多的人，而新闻记者不是超人，不可能非常了解所有的采访对象，这就需要对采访对象事先进行了解。新闻记者可以利用网络、书籍、知情人等途径了解采访对象的经历、性格、谈话方式、喜好，甚至作息时间等，要对采访对象的情况了然于胸。采访前要把采访对象的情况进行梳理，筛选对采访有用的信息，根据采访需要拟定采访提纲，这样才能做到言之有物，在提问的时候也不至于问一些外行话。

② 初步明确采访的目标与写作角度。

这样可以在采访过程中做到有的放矢。而采访目的与写作角度的确定需要通过事先的资料收集与分析等来完成。

③ 与采访对象建立关系。

在见到采访对象之前，如果时间允许，应该先与采访对象进行沟通，在谈话的过程中对自己了解的情况进行核实。如果在沟通的过程中采访对象能感受到新闻记者对他的情况非常了解，会比较容易拉近彼此的距离。

④ 为采访过程做好铺垫。

采访前，新闻记者要做好工作设备的检查、调试，采访环境的选择等。精心的准备会让新闻记者在采访中抢占主动权。

（3）面对面采访中采访提纲的准备。

每一次采访都是一个对事物逐步深入的探究过程，在准备采访提纲时应注意提问的循序渐进。下面是几种将提问不断地引向深入的方式。

① 由小到大。

采访的问题切忌一上来就是很大的问题，这样的问题会把采访对象吓坏的，或者让采访对象觉得无所适从。

② 由近及远。

提出问题时，新闻记者应该先从身边的事情入手，从最近发生的问题入手，然后再慢慢地展开问题，逐步将问题向其他的方向延伸。

③ 由易到难。

提问应该先从较容易回答的问题问起，然后再问不太容易回答的问题。

④ 由表及里。

采访中，新闻记者应该先从事件或人物的外围谈起，慢慢再切入最核心、最深层的问题。这样的提问更能切中要害。

这几种方式同样也可以运用到问卷调查的问题设计中。

(4) 面对面采访中的提问。

① 提问类型。

面对面采访中的提问类型包括两种：一种是封闭式问题，一种是开放式问题。

封闭式问题是指那些比较具体、明确、范围较窄的提问，要求对方回答只能限于提问的具体内容。封闭式问题的优点是可使新闻记者较容易地获得自己期待的内容，适合深入追问或核实。但是封闭式问题也会使采访对象自由发挥的空间受到限制。

开放式提问是指提出的问题比较概括、广泛、范围比较大，对于回答的内容限制不严格，给对方以充分的自由发挥空间。开放式提问的缺点是问题过于松散和自由，不利于采访的深入。

② 提问方式。

提问方式包括正面提问、反面提问、侧面提问和假设提问。

正面提问，就是新闻记者向采访对象开门见山地提出问题。

反面提问是一种激将法式的提问。它从逆向设问，通过一定强度的刺激的问题激起采访对象回答问题的欲望。

侧面提问是新闻记者从侧面入手，采用启发式的引导方法旁敲侧击、循循善诱，促使对方回答提问的方法。

假设提问是基于新闻记者对采访对象或者要采访的事物的了解，提出一种可能性，并试图获得肯定性的回答或否定性的回答。

③ 提问技巧。

提问的技巧包括：分解问题、追问、明知故问、借问和适度刺激。

分解问题是新闻记者提问时，对于一个主题，可细分出若干问题，化整为零，使一个原本开放的问题变成若干个封闭的问题，这样就能得到更为明确的答复。

追问是新闻记者感觉某些回答不清楚时，对某些事情进一步的继续提问。

明知故问是一种提问的策略，我们经常能在电视采访中看到，某些新闻记者提出的问题其实他自己或者很多的观众都知道答案，但他还是要问，这是为了从多方面印证对方对某个问题的真实态度和想法。

借问即提出别人对采访对象的看法与评价，并由此提出问题。

适度刺激即新闻记者通过一定强度的刺激提问，促使采访对象由"要我说"到"我要说"。

(5) 面对面采访中的非语言符号。

非语言符号是指除了语言文字之外，各种作用于人们感觉器官的负载信息的标志或记号。非语言符号的具体种类很多，有体语（如人体表情、姿态和动作）、辅助语言（如与语言相伴随的音调、音量、音质、音速和功能性发声）、服装饰物、环境陈设布置、图形标志、人体距离、时间调节、艺术（如绘画、摄影、雕塑、音乐、舞蹈）等。其中尤以体语使用得最为广泛而频繁，它能传达的含意也最为丰富而形象。美国体语研究权威伯德惠斯特尔认为，人的脸部就能做出大约2500种不同的表情，再加上头部、四肢、身躯，人体语言所能传递的信息简直难以计数。

非语言符号在直接的人际交往中传递信息的功能十分显著。据伯德惠斯特尔的估计，直接交往中有65%的"含意"是通过非语言符号传递的。另据美国心理学家艾伯特·梅拉比安的分析，人际交往中传递的信息量，7%凭借语调，38%出自声音，55%来自表情。如果说"声音"指的主要是音节语言的话（其实还包括辅助语言），其他的两项相加就占总量的60%以上。他的结论同伯德惠斯特尔的结论是相似的。

在采访活动中，新闻记者能否始终保持主导地位，使这项特殊的传播活动按照预期的方向发展，这是采访成败的关键。要保持主导地位，除了善于运用语言提问引导外，还必须善于运用种种非语言的手段。后者虽然不如前者那样直截了当，但却有着前者不可比拟的暗示、感染、激励和驱动的作用，它往往会形成一种十分重要的心理力量，具体表现在以下一些方面。

① 增强认同效应。

要使采访对象乐于提供信息，甚至敞开心扉倾吐他所知道的一切，这就必须在采访一开始就尽快缩小彼此的心理距离，让对方把新闻记者视为自己人，产生"认同效应"。而要做到这一点，新闻记者的服饰打扮、仪态表情和行为举止十分重要。新闻记者刚同采访对象见面，未曾启口，就通过自身的非语言符号向对方传去了"何等样人"的第一印象。因此新闻记者要尽量入乡随俗，向采访对象靠拢，至少不要差距太大。如同贫困地区的农民接触，新闻记者西装革履，说话拿腔拿调，对方必然敬而远之；同开放地区的上层人物接触，如果新闻记者衣冠不整、举止粗俗，也难免被人小看。这些情况都会产生"排异效应"，使人不愿多谈、深谈。

② 创设和谐气氛。

采访进行时是否具有和谐合作的气氛与采访效果的关系极大。因此，采访开始前往往要有点"热身"谈话，采访中途也不免要有点放松的间歇。这在很大程度上有赖于非语言符号。采访对象的服装饰物、周围的摆设、身旁坐着或时而走过的人物都可以成为话题，新闻记者要留心观察，才能信手拈来、贴切自然。美国新闻学者曼切尔曾经举过这样的例子：某记者在采访时看到对方办公室的一堵墙上爬满了常青藤，就即兴发挥，请教对方是怎样把这些叶子紧贴在墙上的。经过几分钟的题外闲聊，双方亲近融洽，再进入正题就相当顺利了。如果谈论身旁的人物，新闻记者要善于从采访对象同他（或她）相处的空间距离、相互交流的眼神和表情，判断他们的相互关系，这样谈论时才能把握分寸，不至于说出唐突或使人尴尬的话来。

③ 调动积极心理。

采访进入正题以后，作为受传者的新闻记者的神态和表情对谈话的发展有重要的引导作用。新闻记者在采访全过程中都应保持饱满的情绪、专注的神情、全身心投入的态度，这才有利于调动采访对象的积极心理，使其始终保持昂扬的谈话兴致。当谈话对路时，不论新闻记者是否同意采访对象的具体观点，都应通过会意地点头、适当的"嗯嗯"应答声，或在笔记本上择要而记的行动,给采访对象以肯定和鼓励。如果采访对象在不经意中吐露了某种隐私或对自身不利的情况,新闻记者应该保持若无其事的神态,以免采访对象感到后悔、尴尬而影响后续的谈话。当谈话偏离采访要求时,新闻记者可以通过自身的非语言符号,如淡化专注的神情、移开凝视的目光、放下正在记录的笔、起身点烟倒水等,适当地提醒和暗示采访对象。这样使采访对象有所领会时,再通过语言转移话题,就会显得较为自然,采访对象在心理上也容易接受。

④ 消除心理障碍。

新闻记者采访的对象形形色色,上至国家元首、社会名人,下至平民百姓、三教九流。这些人对于新闻记者采访各有不同的态度,其中颇有不合作、不适应或不习惯的情况,这都反映了某种心理障碍。新闻记者的非语言传播往往是化解这些心理障碍的重要手段。有的采访对象位尊而名显就会显得居高临下,不把新闻记者放在眼里。在这样的采访对象面前,如果新闻记者拘束怯场、言谈喋喋,就只会加重这类采访对象的不合作心理。新闻记者应该凭着职业的责任感,提高采访勇气和信心,表现得精神饱满、沉着自信,以自己不卑不亢的神态、谈吐、举止来慑服对方。有的采访对象位卑而胆怯,在新闻记者的面前显得拘谨局促,难以正常地提供情况。新闻记者就应通过自己热情诚恳的神态、平易近人的举止尽快地消除对方的紧张心理。除了采访对象本身的地位、职业、个性等恒定因素带来的心理障碍外,还有种种即时因素也会构成心理障碍。新闻记者要善于察言观色,注意采访对象通过非语言符号表现出来的信息,及时采取对策。如一个朴实憨厚的农民端坐在气氛严肃的办公室里接受采访,他就会显得压抑而不安,那新闻记者就要及时把谈话地点转移到对方感到自在的农舍或田野去;一位家有老人孩子的女工,谈话中不时地转头看表,颇有焦急之意,那就要想到她对家务的牵挂,适时中止谈话或另约时间再谈;一位知情人谈话吞吞吐吐、闪烁其词,透露出其内心存在某种担心和顾虑,那就要通过愿为消息来源保密等表示尽量解除他的顾虑,以利谈话深入。

2. 目击采访

目击采访就是新闻记者在现场"用眼睛采访",又称观察式采访。作为一种新闻采访方式,目击采访就是新闻记者对客观事实进行由表及里的察看与思考活动,借以印证与收集新闻素材和线索。

目击采访的主要作用包括以下几个方面。

(1) 接受信息。

人类接受外部信息,87%靠眼睛。要充分调动眼睛来接受外部世界的信息,特别是每天世界发生的新信息。

(2) 发现线索。

新闻记者发现新闻线索的渠道很多,目击采访是一条重要渠道。

(3) 辨别真伪。

这是坚持新闻真实性的需要。"百闻不如一见","耳听为虚,眼见为实"。如苏东坡所写的《石钟山记》之所以能纠正前人对石钟山得名的一些不正确的看法,就是因为他作了实地考察。

(4) 洞察本质。

好的新闻报道不仅要告诉读者事实是什么，还要告诉读者事实的本质是什么。

(5) 捕捉情景。

现场观察的好处还在于它可以帮助新闻记者抓住具体的细节、生动的场景、真实的现场气氛和生动鲜活的人物表情等；也可以听到精彩的、富有个性的语言和声音，从而使新闻报道做到如临其境、如见其人、如闻其声。

目击采访的要点包括以下几个方面。

(1) 选择适合的观察位置。

这对获得有用的信息、抓取现场气氛与细节是十分重要的。针对不同的采访目标，可选择不同的观察位置。

(2) 确定新闻记者恰当的角色定位。

新闻记者进行目击采访时是否亮明身份，取决于采访的要求。

(3) 及时拓展采访空间。

目击采访虽然是从某一个特定的现场开始的，但新闻记者应善于发现新的新闻线索，必要时应根据需要及时拓展采访空间。

3. 电话采访

电话采访就是通过电话同采访对象进行对话、了解情况的一种手段。

电话采访的作用主要是收集资料、核对事实、征询意见和补充情况等。电话采访的优点是简便、及时，节省时间、精力和金钱，缺点是只能运用语言这一符号，缺乏现场感。

电话采访的技巧包括以下几个方面。

(1) 电话采访前要把所有的资料都准备好。通话前应在纸上写出采访要点，对提纲上所列采访要点应问完一条就勾掉一条，以避免打电话时分心或者出现遗漏，采访时最好边听边记笔记。

(2) 报出新闻记者的姓名和单位名称。为使对方能听清楚，说话节奏应比平时稍慢些，不要让对方在接电话时还得分神猜想是谁打来的电话。

(3) 确定对方是否具有合适的通话时间。当新闻记者给采访对象打电话时，他们也许正忙于自己的某一事情。新闻记者应当表明自己尊重他们的时间，并允许对方调整时间，在电话中要说明打电话的目的以及需要多长的时间。

(4) 适时结束通话。通话时间过长意味着滥用对方的善意和时间。

4. 邮件采访

邮件采访包括传统的信件采访和电子邮件采访，电子邮件采访是网络采访中一种最主要的类型。

(1) 邮件采访的特点。

① 邮件采访是一种形式单一的交流。新闻记者与采访对象只能通过单一的文字形式进行交流，而书面语言不一定能真实地、准确地反映一个人内心的真实想法。

② 邮件采访是一种非同步交流。新闻记者的问题反馈是一个延时的过程。新闻记者

先提问，采访对象再回答，采访过程缺少灵活性，如果采访对象的回答不充分或者不能满足新闻记者的要求，新闻记者很难追问。

③ 邮件采访是一种以新闻记者为主导的交流。无论是采访主题的设置、采访对象的选择，还是采访问题的提出，都是由新闻记者来掌握的。

④ 邮件采访的信息被完全记录在案。邮件采访是一种全书面交流，新闻记者的问题、采访对象的回答都以邮件的形式保存，这可防止口头采访中出现的一些错误，也便于事后的核查。

（2）邮件采访的适用场合。

① 从采访对象的角度来说，邮件采访适合那些不愿接受面对面采访的对象。如有的采访对象比较低调，不愿在公共场合接受采访，所以邮件采访是个不错的选择。

② 从采访内容来看，邮件采访适合问那些需要了解基本情况或者态度的问题。因为是书面采访，所以邮件采访中不宜问过多的问题，涉及一些事实、态度和意见的问题都可以问。

（3）采访性邮件的撰写。

采访性邮件可分为两大部分：一是礼仪性部分；二是采访提纲。

① 礼仪性部分。

礼仪性部分用来与采访对象进行采访前的沟通。它可以拉近新闻记者与采访对象的距离，获得采访对象的信任与配合。

礼仪性部分的主要内容包括：新闻记者个人的背景介绍，新闻记者所在的媒体背景介绍，适当提及采访对象的背景或成就，说明此次采访的目的。

② 采访提纲。

采访提纲的撰写是邮件采访能否成功的关键，需要注意的基本事项包括以下几个方面。

第一，采访内容要具体、集中。

第二，提问切忌过大过宽，要将大问题化小，越具体越好。

第三，设计问题时要考虑周全。邮件采访提纲的设计在一定程度上类似于问卷调查，合理的问题设计可使每一个问题都能获得相应的回答，并有让采访对象进一步发挥的余地。

第四，提纲中的文字表述要准确，应尽量避免使用含义模糊的词语。

第五，注意行文格式，最好将问题按重要程度次序或内在逻辑顺序进行排序、编号，这样便于采访对象有条不紊地进行回答。

5. 聊天室或 BBS 采访

从严格意义上讲，聊天室或 BBS 并不是一种常规的采访渠道，但随着越来越多的网站利用聊天室或 BBS 这样的场所来提供嘉宾与网民的互动，聊天室或 BBS 里也就具备了某种采访的可能。

聊天室或 BBS 采访是利用网络聊天室或 BBS 收集新闻素材的一种方式，聊天室或 BBS 的嘉宾与网民的互动是一种多对一或多对多的交流。聊天室或 BBS 采访的适用采访范围包括：

（1）明星访谈，这是非常常见的一种方式，明星嘉宾做客聊天室和网友进行交流互动；

（2）专家访谈，如专家谈疾病预防、股市行情等。

6. 体验式采访

体验式采访是指新闻记者为了深切地理解生活，亲自去体验某一行业的工作，并在此基础上写出报道的采访方式。体验式采访是新闻记者深入生活、体察民情的一种好方法，对于新闻记者的思想作风和新闻写作都有好处。

体验式采访的优点包括以下几个方面。

（1）体验式采访能更真切地了解事物的真相。

采访是一个认识过程，而通过亲身体验，新闻记者的这个认识过程就会更扎实、更自然、更合情合理。人要认识某个事物，就要和那个事物接触，就要生活在那个事物之中，从感性认识上升到理性认识。

（2）体验式采访能更方便地获得需要的材料。

体验式采访往往深入到采访对象的生活中去，这就便于新闻记者与采访对象打成一片，从他们那里获得更多的帮助，了解到更深入的情况。

（3）体验式采访能写出更生动的报道。

俗话说，听过不如见过，见过不如亲自干过。"听过"可以说"知道"，"见过"可以说"了解"，亲自干过才能有深切的感受。

（4）体验式采访有时能了解到其他采访方法了解不到的情况。

对一些批评性"曝光"报道用一般的采访方法往往很难发现问题，因为被采访对象可以有较充分的"准备"，在新闻记者面前有一定的戒备心理，提供的事实有片面的"有利性"。

六、隐性采访

隐性采访是新闻采访的手段之一。所谓隐性采访，是指在采访对象不知情的情况下，通过偷拍、偷录等记录方式，或者隐瞒新闻记者的身份以体验的方式，或者以其他方式，不公开猎取已发生或正在发生又未被披露的新闻素材的采访形式。采用隐性采访方式进行的新闻报道通常是揭露性或批评性的报道。此外，在一些看似比较中性的新闻报道中，新闻记者也可以采用隐性采访的方式，隐瞒身份，亲身体验，常常可以获得大量的第一手资料。

不可否认，采用隐性采访的方式确实有许多公开采访所不及的优势，如隐性采访有助于提高采访材料的可信度和感染力，能够充分发挥舆论监督的作用，揭露违法违纪现象，表现出民间力量意图伸张正义的侠客精神。

虽然适用隐性采访有上述优势，在一定程度上体现了媒体的正义精神，但也不能假正义之名行侵权行为。如果不加控制，隐性采访极易造成对公民权利的侵害，尤其是对人格权的侵犯。在诸多的关于隐性采访法律问题的争论中，对于公民人格权的侵犯是最常见的，也是最容易被采访对象作为起诉理由的。在涉诉案件中，侵犯公民人格权利的例子有很多，侵害客体包括名誉权、隐私权、肖像权、荣誉权和姓名权等多种权益。而其中对隐私权的侵犯更是争议焦点之所在。

第4章 网络内容原创

1. 隐性采访得以成立必须具备的三个条件

（1）新闻记者隐去了新闻记者的身份而出现在新闻事件的现场。

值得注意的是，这时的"新闻记者隐去了新闻记者的身份"是一种带有主观故意的行为，这和一些新闻记者不期而遇的目击性新闻或者目前新闻界议论较多的体验式采访有所不同。新闻记者了解到某些地方正在发生适宜进行隐性采访的事件或者经常发生适宜隐性采访的事件后，会有意识地进行隐性采访。"我在现场"，这对隐性采访来说是十分重要的，如果新闻记者不在现场，就无法顺利完成隐性采访。当然，这里的"现场"是一个比较宽泛的概念，如电话暗访时，新闻记者不一定在"绝对现场"，但也可视作"我在现场"，是一种"相对现场"，新闻记者面对的是隐性采访新闻事件的当事人。

（2）采访是在被采访者未知的情况下进行的。

这一点是不言而喻的。如果采访对象知道自己的行为是在新闻记者的注视关心之下，他们就会采取一些规避自己错误言行的方法，新闻记者也就无法获知所需要的新闻素材。这样，隐性采访也就不成为隐性采访而成了公开采访。隐性采访能否顺利完成，与是否能做到让"被采访者未知"密切相关，也是体现新闻记者业务水平高低的关键所在。

（3）采访未事先征得被采访对象的同意。

如果说第一个条件和第二个条件主要涉及采访的技巧方法问题的话，那么，第三个条件则较多地涉及新闻职业道德和法律责任问题。事实上，围绕隐性采访的道德和法律争议也主要集中在这一点上。但是，本书一直认为，对公共利益和公共道德的尊重是可以对抗隐性采访"非法"及"非道德"的质疑的。许多人对隐性采访质疑的依据是《中国新闻工作者职业道德准则》中关于"通过合法和正当手段获取新闻，尊重被采访对象的声明和正当要求"这条规定，事实上，在隐性采访中是无法满足这条规定的，一旦满足，隐性采访就变成了公开采访。从另一个方面看，隐性采访的对象一般为从事非法或非道德行为的人。事先征求被采访对象的意见，对他们所谓"声明"（如拒绝接受采访）的尊重，实际上是对他们从事非法或非道德行为的尊重，这与公共利益和公共道德的要求是相悖的。

2. 隐性采访的特征

作为一种十分重要的采访方式，与公开采访相比较，隐性采访有自己较为显著的特征。

（1）新闻记者主动出击。

隐性采访是新闻记者主动出击进行采访的行为，新闻记者采访时一定始终在新闻发生的现场，否则隐性采访就无法完整地进行。在某些特定情况下，新闻记者也有可能出现在突发新闻的现场进行采访。有的时候，新闻记者还有可能直接成为新闻事件的当事人，如新闻记者乘坐的汽车发生车祸等，但这种不期而遇的目击新闻不能算真正意义上的隐性采访，因为新闻记者是被动地介入了新闻事件。隐性采访进行之前有一系列的准备工作，从采访计划的设定到采访设备安排都应精心计划，可谓有备而来，不容有所闪失。

（2）新闻事实周详。

对于准备作正面报道的新闻，新闻记者也可以采取隐性采访的手段，但这种选择并不是唯一的，因为通过公开采访进行正面报道一般会取得比隐性采访更好的效果。但对社会不良行为的采访却正好相反,通过隐性采访抨击社会不良,进行舆论监督,效果远比公开采访为好,这已经被无数新闻采访的事实所反复证明。通过隐性采访获得的新闻事实比较周详,舆论监督的力度也比较大。同时,周详的新闻事实也可以比较有效地防止新闻侵权行为的发生。

(3) 社会参与程度较高。

新闻记者眼观六路,耳听八方,可谓"神通广大"。但这种神通恰恰是全民参与的结果——社会各阶层成员及时、全面地向新闻记者提供新闻采访线索,从而使新闻记者能更多地了解社会现实。一方面,社会的不良行为虽是在暗中进行的,新闻记者的能耐再大,其了解这方面的情况也是有限的。因此,隐性采访的线索大多来自社会成员的举报,缺少社会成员的举报,隐性采访将失去最为重要的新闻源。另一方面,隐性采访也是受众欢迎的一种采访方式,通过这种采访手段采获的新闻,受众有较高的接收兴趣。

(4) 隐瞒身份。

从社会分工的大系统来考察,新闻记者身份只是一种十分普通的社会工种,新闻记者是社会大系统中的普通一员,不具备特殊性。但是新闻记者身份就其从事的具体工作而言,具有自身特殊性。而采访新闻事实当然是这种特殊性中间最为关键的一条。面对新闻记者的采访,有人愿意侃侃而谈,有人却表示"无可奉告",而新闻工作的职业要求使新闻记者们不仅要从"侃侃而谈者"那里采获新闻,还要从"无可奉告者"那里采获新闻。而隐去新闻记者的身份去面对"无可奉告者",无疑是最有利于新闻采获的。所以,在隐性采访活动中,新闻记者必须隐瞒身份。只有隐瞒身份,新闻记者才可能更方便地采获到有价值的新闻。

(5) 隐藏目的。

新闻记者以某种社会角色(不是新闻记者角色)面对不愿接受采访的对象,他们必须隐藏自己报道新闻的目的,否则,既达不到隐瞒身份的目的,也无法实现自己报道新闻的目的。在具体的采访实践中,新闻记者会针对不同的人物和事件,以不同的身份去进行实际的采访。但不管身份如何千差万别,隐藏目的的做法是始终如一,不会改变。

(6) 隐蔽手段。

不言而喻,隐瞒身份和隐藏目的最终是依靠手段实现的。隐蔽手段首先需要借助技术设备的精良来保证,早期的隐性采访由于缺少精良的技术手段,因而每每显得捉襟见肘,有时甚至险象环生。可见,技术设备对于隐性采访的成功与否关系极大。而科技发展到今天,随着小巧精良的摄录设备的出现,隐性采访的手段已越来越隐蔽了。隐蔽手段同时还包括新闻记者了解新闻事实的方法与公开采访有显著不同,即提问的方法、语气等都要有意识地隐蔽自己的真实意图。

与美国等一些发达国家的经历一样,中国的隐性采访行为也在实践中不断得到规范,关于隐性采访是是非非的话题仍将是业界以及学界争论的一个热点。为了更好地规范隐性采访行为,需要新闻记者不断提高采访经验和水平,更需要理论工作者对隐性采访理论,特别是核心概念进行严肃深入的探讨。

七、网络采访的实施

1. 明确报道思路，制订采访计划

网上的新闻采访不同于一般的网上冲浪。要在网上进行新闻采访，首先新闻记者必须明确自己的报道思路。所谓报道思路，包括报道的目的、采访的范围及采访的内容和方法等。根据报道思路，新闻记者可以制订合适的采访计划并收集线索和信息。

拟订采访计划，应明确网络采访大致的步骤、与访问对象的联系方式及可能采用的技术手段，并设想一下题材、篇幅和采写周期等。

2. 获取相关背景，追踪新闻线索

获取采访对象的背景资料是网络采访的一个重要环节。而在获取相关资料、追踪新闻线索方面，搜索引擎是一个极为有效的工具。

用好搜索引擎的第一步就是了解其收录范围。一般而言，大型网站的搜索引擎均面向全球（如雅虎），一般中小型网站则收录某一区域的信息；从网站类型来看，大多数搜索引擎提供 Web 页搜索，但也有一些搜索引擎提供 BBS、新闻组甚至图片、MP3 等检索内容。而要想获得最有效的搜索结果，还必须学会定制搜索条件。如在关键词中添加布尔表达式（AND、OR、NOT）、添加标点符号（如＋、－、×等）。

3. 归纳分析资料，仔细验证信息

由于网络采访经常采用匿名者提供的线索，其可信度一直受到质疑，但这并不意味着网络采访所得到的信息就比传统采访得到的更不真实。美国《科学》杂志的主编鲁宾斯坦曾指出：Internet 并非唯一存在虚假性危险的场所，在现实生活中也同样存在。如果你不能确定，你可以去求证……当然，这在技术上有些解决的方法，比如使用数字身份、数字证件等。

对网络采访得到的信息，新闻记者应进行仔细的验证。在条件允许的情况下，宜采用传统采访中的现场观察、电话采访等手段，对已有的新闻素材进行验证。

4.2 网络新闻写作

传统新闻的体裁包括消息、通讯、新闻特写和新闻评论等，其中应用最广泛的是消息。

一、消息

1. 消息的定义

消息是指以简洁的文字迅速传播新近变动的事实，包括新近发生的事实、某些将要变动的事实。它是目前最广泛、最经常应用的一种报道形式。新中国成立以来长期担任我国中宣部部长的陆定一对于新闻的定义是：新闻是新近发生的事实的报道。这个定义虽然不太全面和严谨，但是在我国新闻界一直广泛传播。

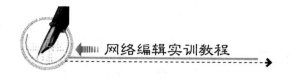

2. 消息的特点

（1）采写发稿迅速、及时，叙事直截了当，语言简洁明快，篇幅短小。

（2）一般的说，消息具备"五要素"，即何时、何地、何人、何事、何故（亦称五个"W"）。

（3）在结构上，消息一般由标题、导语、主体、背景和结尾五个部分组成，有"倒金字塔结构"与"非倒金字塔结构"两大类。

倒金字塔结构，也称"倒三角"结构，是消息写作中最常用的一种结构方式。

倒金字塔结构以事实的重要性程度或受众关心程度依次递减的次序，先主后次地安排消息中各项事实内容，犹如倒置的金字塔或倒置的三角形，因而得名。它多用于事件性新闻。

倒金字塔结构的优点：

① 可以快速写作，不为结构苦思；

② 可以快编快删，删去最后段落，不会影响全文；

③ 可以快速阅读，无需从头读到尾。

消息的结构形式除了倒金字塔结构以外还有其他几种结构形式，如时间顺序式结构、对比式结构、提要式结构、问答式结构、积累兴趣式结构和散文式结构。

3. 消息的种类

（1）按照消息的政治性强弱划分，分为硬新闻和软新闻。

（2）按照事件在消息内容中的地位、比重划分，分为事件性新闻和非事件性新闻。

（3）按照报道的事实的单一性与综合性划分，分为单一性新闻和综合性新闻。

（4）按照新闻事实与对它的解释的比重划分，分为纯新闻和解释性新闻。

（5）按照消息的字数与篇幅划分，分为简明消息、短消息和长消息。

（6）按照消息所包含的事实呈现的状态划分，分为静态消息和动态消息。

（7）按照报道内容的不同划分，分为公报函告性消息、述评性消息、经验性消息和人物消息等。

二、通讯

1. 通讯的定义

通讯是运用叙述、描写、抒情、议论等多种手法，具体、生动、形象地反映新闻事件或典型人物的一种新闻报道形式。它是记叙文的一种，是报纸、广播电台、通讯社常用的文体。

2. 通讯的特点

（1）现实性。

通讯要求报道新近发生的有意义的事实，新时代涌现出来的新人、新事、新经验，紧密配合当前形势，为现实中心工作服务。

（2）形象性。

通讯常采用叙述、描写、抒情、议论相结合的手法，要求对人对事进行较为具体形象的描写，人物要具有音容笑貌，事情要有始末情节，以此来感染读者。

（3）评论性。

通讯一般采取夹叙夹议的手法，直接揭示事件的思想意义，并评说是非，议论色彩较浓，常常表现出强烈的政治倾向和流露出作者的爱憎感情。

3. 通讯的种类

（1）按照内容划分，通讯一般分为人物通讯、事件通讯、概貌通讯和工作通讯。

（2）按照形式划分，通讯分为一般记事通讯、访问记（专访、人物专访）、小故事、集纳、巡礼、纪实、见闻、特写、速写、侧记、散记和采访札记。

4. 通讯与消息的异同

通讯与消息都是新闻的主要文体，它们的共同点是都要求具有严格的真实性和及时性，其不同之处如下。

（1）选择范围不同。

消息选择范围广泛，可大可小。通讯要选择含量较大的真实典型材料。

（2）表述详略不同。

消息的内容表述简单概括。通讯的内容表述比较复杂详尽，讲究场面和细节描写。

（3）表达方式不同。

消息多用叙述，而通讯在叙述的基础上还要运用描写、议论、抒情手段。

（4）结构不同。

消息有固定的结构形式。通讯的结构与一般记叙文章相同，基本上按时间、逻辑及二者结合的顺序安排结构。

5. 通讯的写作

（1）选好典型，确立主题。

典型是通讯的筋骨，主题是通讯的灵魂。选好典型，确立主题对通讯来说十分重要。选择什么样的典型呢？要选择那些具有代表性、具有普遍意义、具有宣传价值和教育意义的人和事，选择那些在一定时期内人们所关注的问题。确立什么样的主题呢？要确立体现时代精神、表现时代风尚的主题，确立反映人物和事物、本质和规律的主题。

（2）写好人物。

写好人物是通讯写作的重要任务。不论是人物通讯还是事件通讯都要把人物写好。写人离不开事，因此，写人必写事，写人物自己所做的事实的事，写能揭示人物内心世界的事。写人物还要用人物自己的语言、行为、活动来表现人物。人物要写得有血有肉，有音容笑貌，有内心活动；写事要具体形象，有原委，有情节。

（3）安排好结构。

纵式结构是按时间顺序、事物发展的顺序或作者对报道事物认识发展的顺序来安排结构。在这种结构里，时间发展的顺序、情节展开的顺序、作者认识事物的顺序成为行文的线索。在采用这种结构时要详略得当、布局巧妙、富有变化，避免平铺直叙。

横式结构是指用空间变换或按照事物性质来安排材料的。这种结构概括面广，要注意不同空间的变换，恰当地安排通讯所涉及的各方面的问题。采用空间变换的方法组织结构时，要用地点的变化组织段落；按事物性质安排结构时，要围绕主题，并列地写出不同的几个侧面。

纵横结合式结构是以时间顺序为经，以空间变化为纬，把两者结合起来运用。采用这种形式，要以时空的变化组织结构。

三、新闻特写

1. 新闻特写的几种不同定义

新闻特写（Feature Story）是指截取新闻事实的横断面，即抓住富有典型意义的某个空间和时间，通过一个片断、一个场面、一个镜头，对事件或人物、景物做出形象化的报道的一种有现场感的生动活泼的新闻体裁。

新闻特写用类似电影"特写镜头"的手法来反映事实，是作者深入事件新闻现场采写的一种现场感较强、篇幅较短小精悍的新闻文体，侧重"再现"。往往用文学手法集中突出地描述某一重大事件的发生现场或某些重要和精彩的场面，生动形象地将所报道的事实再现在读者面前。

2. 新闻特写的种类

（1）事件特写，即摄取与再现重大事件的关键性场面。

（2）场面特写，即新闻事件中精彩场面的再现。

（3）人物特写，即再现人物的某种行为，绘声绘色，有强烈的动感。

（4）景物特写，即对于有特殊意义或有价值的罕见景物的描写。

（5）工作特写，即对于某一工作场面的生动再现。

（6）杂记性特写，即各种具有特写价值的新闻现场的生动再现。

四、新闻评论

新闻评论是社会各界对新近发生的新闻事件所发表的言论的总称。新闻和评论构成报纸的两大文体。

1. 新闻评论的特点

（1）与其他的评论一样，新闻评论由论点、论据和论证三要素组成，具有政策性、针对性和准确性。

（2）在有限的篇幅中，新闻评论主要靠独特的见解吸引读者。

（3）新闻评论立意新颖、论述精当、文采斐然。

（4）新闻评论主要面向广大的群众。

2. 新闻评论的种类

目前，我国对新闻评论的分类有以下几种情况。

（1）按照评论对象的内容划分，分为政治评论、军事评论、经济评论、社会评论、文教评论和国际评论。

（2）按照评论的性质功用划分，分为解说型评论、鼓舞型评论、批评型评论和论战型评论等。

（3）按照评论写作论述的角度划分，分为立论性评论、驳论性评论、阐述性评论、解释性评论和提示性评论。

（4）按照评论的形式划分，分为社论、编辑部文章、评论、本报评论员文章、短评、编后、编者按、思想评论、专栏评论、新闻述评、论文、漫谈、专论和杂感等。

五、网络新闻写作

1. 消息的结构

（1）标题。

① 单行题。

② 多行题。

● 引题（眉题、肩题）：交代背景。

● 主标题：概括主要新闻或消息。

● 副标题：补充说明主标题。

（2）导语。

导语一般是对事件或事件中心的概述。

（3）主体。

主体的作用是承接导语，扣住中心，对导语所概括事实作比较具体的叙述，是导语内容的具体化。

（4）背景。

背景是用来说明原因、条件、环境等。

（5）结语。

结语或小结，或指出事情发展方向等。

2. 网络新闻标题的制作

网络新闻标题和传统新闻标题其实没有太大的区别，最主要的区别在于网络新闻标题只能用实题，而传统新闻标题由于可以使用复合式标题的结构，也可以使用虚题。一般情况下，由于独特的超链接新闻呈现方式，网络新闻注定只能用一行实题作为新闻标题。其次，网络新闻标题可以有不同的版本。也就是说网络新闻的首页标题与二三级页面标题可能不一致。由于网络新闻的阅读是分层的，读者最先看到的只能是新闻标题，看不到导语和新闻的主体部分，所以，网络新闻标题的特点就在于：（1）概括新闻事实；（2）吸引读者点击；（3）起到导语作用。尤其"吸引读者点击"是网络新闻标题的最重要作用。下面就首页标题与二三级页面标题不同的特点加以说明。

下面的例子展示了新闻标题从首页到二三级页面的变化。

"NBA 火箭官方证实姚明左脚骨裂 季后赛提前结束"这是 2009 年 5 月 10 日新浪网首页的新闻标题（参见图 4-1）。

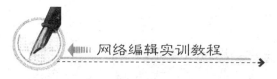

图 4-1 新浪网 NBA 火箭官方证实姚明左脚骨裂报道画面之一

点击这则新闻后，进入了"NBA_NIKE 新浪竞技风暴_新浪网"的二级页面（参见图 4-2）。

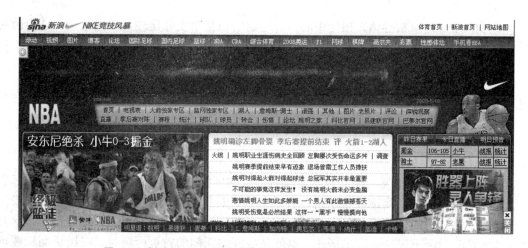

图 4-2 新浪网 NBA 火箭官方证实姚明左脚骨裂报道画面之二

我们可以看到新闻标题已经有了小的改变"姚明确诊左脚骨裂 季后赛提前结束"，点击这则标题就进入了三级页面（参见图 4-3）。

第4章 网络内容原创

图4-3 新浪网 NBA 火箭官方证实姚明左脚骨裂报道画面之三

新闻标题就改成了"姚明确诊左脚骨裂赛季结束 无需手术修养8到12周"。从上面这个例子中我们看到,新闻标题变化的目的显然是为了更好地说明新闻事实,让读者能够了解到更细致、更准确的新闻内容。这种变化体现了网络新闻标题写作的灵活性和自由度,传统新闻标题由于阅读的直接性,一般很少采用。

一般情况下,读者浏览网络新闻都是从标题开始的。开始只能看到标题,只有点击标题后才能看到导语以及正文部分。所以标题的重要性对于网络新闻来说绝对要超过导语的作用。

3. 网络新闻导语的写作

提炼和构思导语是把握和掌控新闻全篇的关键环节和第一步。

新闻正文通常由导语、主体和结尾组成,而导语是整个新闻中的核心环节。通常,新闻记者在采访之前、采访中间和采访之后头脑中始终在思考一个问题,即所采新闻的核心内容是什么,以及如何恰当地来表现它。而这种思索一旦成型并付诸文字,最先落实的部分往往就是新闻的开头——导语。导语完成了,新闻标题的拟定和新闻正文的写作也就比较顺畅了。

网络编辑阅看的新闻往往已经有了现成的导语。但是,这并不能代替编辑本人的思考、选取和提炼过程。网络编辑首先需要领会和把握新闻的内容,把看到的导语与自己心中拟写的导语加以比较。提炼和构思导语是把握和掌控新闻全篇的关键环节和第一步。

网络编辑在阅读来稿的同时就在审视和思考新闻的要点和表达的逻辑及用词。网络编辑如果发现某一稿件在内容和表达等方面都达到了比较好的水准，那么这一报道就可以通过了，可以进入刊发播出的程序。假如网络编辑发现稿件特别是导语不理想，而补充材料又基本凑手，那么他们就需要自己动手修改。

导语的修改是一项复杂的工作。导语虽然位居新闻报道开篇之首，但是它的形成往往是总揽全篇材料和内容之后概括和提炼的结果。网络编辑的这种概括、提炼的功夫和能力需要经过长期的积累，只有在敏锐的挑选和捕捉新闻的能力支持下才能写好导语，才能写好新闻报道。

新闻导语的写作在本质上强调直入主题，但是这并不是说所有的导语都只能是千篇一律的"开门见山"模式。所以，导语也有一些变化。在传统的纸介传媒上，新闻消息导语的写作可以有下列类型。

（1）叙述式导语（直述式）。

这种导语是直接把消息中最主要、最新鲜的事实简单直接地概括叙述出来，是最典型的"开门见山"式。

（2）描写式导语（渲染式）。

这种导语先进行概括性陈述营造背景，然后再进入对最新动态事实的报道。与描写式导语类似的还有点题式、故事式、比兴式等。它们大都是以不同的方式由"外"及"内"、由"表"及"里"地开头，然后把最新鲜的、最重要的新闻内容和盘托出。这类做法的得失利弊是需要根据具体情况进行分析、判断。这种导语的分寸感比较难掌握，网络编辑可以通过大量阅读导语和消息来慢慢体会。

（3）设问式导语。

这种导语形式是首先提出问题或者摆出困惑，引起受众的关注和兴趣，以激起他们继续阅读下文的欲望。下面的例子是以设问句为导语的开头："一架飞机能从宽仅 14.62 米的巴黎市中心的凯旋门门洞飞过吗？巴黎的英雄们正在做着他们的试验。"在这则实例中，读者首先读到的是一个未知结果的悬念，而且导语中"巴黎的英雄们"究竟是谁也颇费猜想。于是，读者只有接着往下读才能找到答案。设问模式的优点是有"悬念"，缺点是有点绕弯子。值得提醒的是，一旦弯子绕得太大，"悬念"又没有抓住人的话，结果有可能适得其反。

（4）引语式导语。

直接引语用作导语是传统媒介上常见的样式之一。在网络环境中使用时应该多加小心。有几点特别值得提出。首先，所用引语一定是加引号的、严格的直接引语，转述的间接引语已经等于改编，不属于这里讨论的问题。其次，所用引语应尽量挑选"掷地有声"的"点睛"之语，能起到一语胜千言之效，否则引语的使用反而给人笨拙的印象。再次，所用引语应该让受众很容易解读其语言含义，不要让人感到很费解。

（5）评论式导语（结论式）。

评论式导语是指从评论入手或把叙事和议论交织在一起，用夹叙夹议的方法对新闻事

第4章 网络内容原创

实进行简要评论的导语,又称评述式或议论式导语,是新闻导语中较常用的一种表述方式。评论式导语的具体表现形式常见的有:或是先叙述事实,然后进行议论;或先作评论,再写出评论的根据,即事实。

修改导语有时就是重新撰写导语。在下笔改写导语时,上述导语类型都可以纳入考虑的范围。具体采取何种类型或样式的导语并不是最关键的,最根本的是要根据新闻素材的实际情况来具体安排。在构思和改写过程中,经验不多的网络编辑新手可以从拟写叙述式导语入手,先采取平直的方式写出导语,然后再进行修改和加工,在工作中不断积累经验和提高传播表达的技能。

在审阅和编改新闻消息导语时,有若干经验性总结可供参考。

(1)要抓住和突出最主要的内容,不要主次不分,把一堆信息都塞进导语。

(2)遣词用语要直接准确,不要抽象含混、拖沓啰嗦。

(3)可强调内容、结果、现状、意义和特点,不要纠缠于过程或次要枝节。

(4)要注意信息来源的可靠性,对内容信息尽可能做多方核对,不要轻易认可或否定离奇或看似合理的内容。

(5)要有批评的审视意识,不要不加分析地接受新闻稿件内提供的内容和结论。

(6)要把事情和问题讲清楚、说明白,不要把自己都没有搞懂的或者和目标受众关系不大的内容或信息甩给读者。

(7)要注意客观平衡,不要直接进行主观评论。

(8)要注意审核语言的表达,不要出现常识、逻辑或用语上的错误。

(9)导语要短些、短些、再短些。

我们可以从以下几个角度改写并提炼导语:第一,通过对比的方式引发读者联想;第二,通过具体数字增加真实感;第三,直接引用新闻当事人的原话;第四,通过设问的方式吸引读者的好奇心。

案例 4-1

新闻标题:奥巴马独立日呼吁再振"美国精神"应对严峻挑战

导语:中国新闻网7月4日报道 美国总统奥巴马七月四日发表独立日献词,号召国民再次振奋两百三十多年前凝聚的"美国精神",以应对当前美国经济以及国家本身正面临的各种严峻挑战。

主体:奥巴马说,美国目前正面临前所未有的挑战——我们正在参与两场战争。同时我们也在抗击严重的衰退。我们长期拖延了旷日持久的问题:持续上升的医疗成本、学校设施的欠缺和对外国石油的依赖,导致问题日益恶化,使美国经济以及国家本身正面临着危难。

他说,迎接这些巨大的挑战要求每一位美国人付出巨大的努力,发扬为国效力和献身的精神。"我们应该牢记,我们作为一个国家取得这样的成就,是因为我们在变革的时期没有故步自封。我们取得这样的成就，是因为我们没有避难就易。正是因为如此，原来的十三个殖民地才能共建美利坚合众国。"

在献词中，奥巴马呼吁国民再次振奋两百三十三年前独立厅（Independence Hall）凝聚的精神。他说：唯有如此，这一代美国人才能在历史上留下自己的印记。唯有如此，我们才能最有效地把握当前的重要关头。

奥巴马说，美国人应该发挥先辈们的"顽强"精神，"创造"未来，而非"惧怕"未来。他说，今天，我们不仅纪念美国诞生的那一天，而且需要继承建国初期美国公民不屈不挠的精神。正是这种顽强的精神引一代又一代先驱者开拓西进之路，指引我们的祖祖辈辈，以坚韧不拔的毅力渡过了大萧条，战胜了专制暴政，建成全世界无可比拟的工业经济。

（作者：吴庆才）

【分析】这篇新闻发生的时间是2009年7月4日美国国庆日。奥巴马发表了重要的讲话。很多媒体的报道内容和这篇报道大同小异。而在当天还发生了一件和美国的国家利益息息相关的新闻，那就是朝鲜再次发射了7枚导弹。新闻神经敏感的人士都会立刻有一个感觉，那就是朝鲜选择在美国的独立日再次发射导弹绝不仅仅是巧合。这显然是对美国的一种暗示和挑衅。那么，如果网络编辑要想吸引读者，增加新闻的可读性，就可以把这两条新闻加以融合，反应在导语中就可以这样写：

美国总统奥巴马7月4日发表独立日献词，号召国民再次振奋两百三十多年前凝聚的"美国精神"，以应对当前美国经济以及国家本身正面临的各种严峻挑战。而在同日，朝鲜在位于江原道的导弹基地向东海方向发射了7枚导弹。

这样处理的好处是通过提供和主要新闻事实相关的新闻，能够让读者在阅读时有更多的想象空间，并且通过这种方式也可以巧妙地传达出作者或者本媒体不便公开的立场。

案例4-2

新闻标题：广西柳州连降暴雨　融水县城300名学生被洪水围困（新京报）

导语：7月5日报道　受连日持续暴雨影响，广西壮族自治区柳江水位不断上涨，据防汛专家预计，柳江柳州站将出现20年一遇的洪水。

主体：融水县城大部分被淹

自治区水文部门预测，柳江柳州站于7月4日23时出现89.5米左右的洪峰水位，超警戒水位7米，洪水重现期约为20年一遇。另据国家防汛抗旱总指挥部办公室分析，柳江柳州站可能出现89.9米的洪峰水位，为有实测资料以来历史第三大洪水。

记者从柳州融水苗族自治县防汛抗旱指挥部了解到，7月4日凌晨5时左右，融江融水站出现113.30米高水位，超过警戒水位6.70米，为10年来最高水位。

融水全县20个乡镇均不同程度受灾，县城受灾最为严重。县城城南区、城中区大部分被淹，城北区部分区域被淹，县城内主要街道交通中断，大部分店面被浸泡，城区居民多以竹筏、木船代步出行。全县受灾人口15万人，因灾损坏房屋1100户4950间，交通水利等基础设施受损严重。

灾情发生后，融水县于7月2日启动防洪救灾各种预案，目前抗洪救灾工作仍在全面进行中……

【分析】本篇新闻标题制作的还算不错，几种重要的新闻要素都具备了，但是导语的制作显得过于简单，没有特别具体的信息或新闻事实，这对于读者来说很难有吸引力。我们来看看新华网关于柳州洪水的相关报道。

新华网广西柳州7月5日电（记者周华） 记者从广西柳州市防汛抗旱指挥部获悉，柳江柳州水文站于5日2时迎来连日来最高89.64米的水位洪峰，超过警戒水位7.14米。随后水位平稳下降，至9时，柳江柳州水文站水位已下降至89.15米。至此，这次20年一遇的洪峰顺利通过柳州。

【分析】我们看到同样的新闻，如果用具体的数字表达能够让读者对新闻事实有更加细致而真切的了解，对于提高读者的阅读兴趣有很大的帮助。

案例4-3

新闻标题：23辆豪华跑车停在街头引发围观

导语：（华龙网-重庆晚报2009年7月5日01:37） "我长这么大，还从来没有一次看到这么多名贵的豪车。"昨天下午，市民许小姐逛街经过江北观音桥步行街远东百货，门前广场的一幕让她差点合不拢嘴：23台总价接近亿元的法拉利、玛莎拉蒂豪华跑车发动机低鸣，然后依次停放在她的面前。

主体：一群法拉利吸引市民

昨晚7时许，记者现场看到，23台法拉利、玛莎拉蒂轿车停放在远东百货门口的广场上，四周拉有禁止靠近的警戒线，有近10名龙湖北城天街的保安值守，禁止围观市民靠近触摸。

面对如此众多的名车，路过的市民都非常吃惊："这是在干啥子哟？怎么这么多豪车摆在一起呢？"由于部分车辆没悬挂车牌，有市民询问："是不是在搞展销哟？""这里最贵的车好多钱哟？"面对市民热情的询问和拍照，保安们不得不耐心解答，并维持秩序。听说现场最便宜的车都不低于200万，不少市民惊讶得合不拢嘴。记者看到，300多平方米的露天广场上，上百名市民将现场围得水泄不通。

记者看到，停放的23台豪车中共有5台每辆价值200万以上的玛莎拉蒂，其余的18辆全是价值300万以上的法拉利跑车，其中不乏市场价360万以上的法拉利F430、法拉利599GTB，卖价500多万元的法拉利Scuderia Spider16M，该车号称是目前全球最快的敞篷跑车……

【分析】这是典型的用新闻中的当事人的语言作为导语，这样做的好处是让导语显得生动、富有生活气息，似乎读者通过新闻当事人的语言就能够感同身受。试想，如果导语不这样写，换一种写法也行，但是出来的效果可能就没有原稿好。

案例 4-4

新闻标题：湖南张家界苦竹河被垃圾严重污染

导语：红网长沙7月4日讯（记者 张勇） 昨日，红网网友"半个碎瓶"在长沙社区发表了一篇题为《苦竹河！旅游开发让你很受伤》的帖子，以组图的形式记录了张家界市苦竹河景区河道出现大量生活垃圾的现状，引起了众多网友的关注和热议。作为国家4A级旅游风景区的张家界苦竹河景区，旅游开发缘何会出现如此硬伤？记者对此进行了一番探访。

主体：网友"半个碎瓶"在其帖子中共发布了8张相关图片，通过图片可以清楚地看到苦竹河景区河道水面上出现大量生活垃圾，由于最近连降暴雨，致使长期堆积的垃圾在河道中呈带状顺流而下，看上去让人感到恶心。"半个碎瓶"还发布了一张苦竹河在遭受生活垃圾污染前的照片，通过比对即可发现如今的苦竹河已经对不住"青山绿水"的宣传招牌了。原本风景秀丽的苦竹河为何会陷入环境污染的困境？"半个碎瓶"也给出了自己的分析："苦竹河河段成片的垃圾主要来自于澧水主干道，市区河道的垃圾顺流而下，致使垃圾积在了苦竹河的平湖段，据当地居民反映，由于挖沙的船只、游客在苦竹河上频繁作业和出入，苦竹河的水已经没有之前清澈了，一些地方甚至出现了浅滩。"

此帖一经发出得到了众网友的关注，短短的时间内就有跟帖20多条。网友们的态度以批判为主，认为景区开发不应以牺牲自然环境为代价，如今的苦竹河环境污染已经到了"触目惊心"的地步，如再不加以管理，苦竹河旅游后开发将陷入到更加尴尬的境地。还有网友对来此地旅游的游客素质提出了质疑，并发出了"为了保护这条母亲河，大家不要去苦竹河旅游"的倡议。

距张家界市城区5公里的苦竹河大峡谷风景区一向以秀丽的风景为游客所称道，距离茅岩河漂流上岸码头仅仅18公里，是国家4A级旅游风景区茅岩河九天洞景区的重要组成部分，年旅游吞吐量已经到达了60万人次。茅岩河九天洞景区由张家界西线旅游开发股份有限公司负责开发与经营，除了苦竹河大峡谷，该公司还负责经营着九天洞、苦竹寨和茅岩河漂流。记者随后联系了该公司的相关负责人，该负责人对苦竹河景区河道出现大量生活垃圾做出了解释："因为河水流经的上游峡谷平湖存在着未来得及妥善处理的垃圾，加上近期连降暴雨，才致使景区河道出现了大量的生活垃圾，但这只是暂时现象，平时我们都在河道安排有工作人员及时进行捞取和清理"，至于为何在景区会出现大量的生活垃圾，该负责人并没有给出正面的答复，只是称"将尽快处理河道的垃圾"。

大量的垃圾究竟从何而来？记者带着这个问题采访了居住在苦竹河两岸的居民。在苦竹河边生活了30多年的老陈见到如今河道里随处可见的"垃圾巨流"显得非常的痛心，"以前这里的水质非常好，水面也像镜子一样的，自从搞旅游开发了，我们这里的环境就渐渐变样了，"老陈无不叹息地说道："现在来这旅游的人多了，经济确实是带动了，但留下的垃圾却得不到妥善的处理，我们现在都不敢用河里的水做饭了"，据老陈介绍，虽然张家界西线旅游开发股份有限公司在平时都安排了河道清理员，但由于垃圾量实在太大，这些人做的工作也只是"扫扫台面"，这次因为暴雨致使河道出现大量的生活垃圾，

第 4 章 网络内容原创

很大一部分原因是公司对垃圾处理不妥当造成的。

记者通过调查发现,苦竹河河道出现大量生活垃圾的重要源头是来此地旅游的游客们所遗留下来的垃圾,加之旅游开发公司未加以妥善处理,才使得如今的苦竹河景区"很受伤"。作为我省 4A 级旅游风景区的苦竹河景区,将采取何种措施应对突然来袭的"垃圾巨流",还苦竹河以青山绿水?本网将继续关注此事。(作者:张勇)

【分析】这篇报道就是新闻记者采用设问式导语写成的。所谓设问,就是自问自答,也可以称作是悬念式的导语写作。新闻记者在导语部分就提出一个问题让读者思考,同时他要在下面主体部分自己来解答这个问题。

4.3 网络新闻专题策划

网络新闻专题是以集纳的方式围绕某个重大的新闻事件或事实,在一定的时间跨度内,运用新闻各种题材及背景材料,调用文字、图片、声音、视频和图像等多种表现形式进行连续的、全方位的、深入的报道和展示新闻主题前因后果来龙去脉的新闻报道样式。[①]

一、网络新闻专题的选题策划

网络新闻专题适合于表现各种重大的新闻题材。各种重大的新闻事件用网络新闻专题的形式来表达是网络新闻的强项,其效果往往优于一般性的网络新闻报道。同时和报纸的深度报道比,也表现出网络新闻专题自身的独特优势。

网络新闻的选题可以来自以下几个方向。

1. 重大突发事件

重大突发事件是所有媒体关注的焦点,但是能够形成全方位、立体式、多角度的报道的媒体并不多。网络新闻专题报道形式最适合报道这类新闻。这类新闻的报道思路可以是进程式报道,即随着事件的开始与不断变化的进程做全程追踪式的报道。也可以是前因式报道,即通过报道探求突发事件的起因、背景,以及其他的社会环境因素,让受众更深入地理解偶然事件中所包含的必然因素。[②]还可以是影响式报道,即全面分析事件给大众带来的影响。

2. 重大社会问题或现象

社会生活中有很多的社会问题或者现象都会引起大众的极大关注,如房价、股票、高考、医改和教育等。这些问题或者现象并不是重大的突发事件,但是会一直吸引大众的视线和注意。因为很多问题直接关系到大众生活的方方面面。大众需要对这些重大的问题或者现象有全面的解读。即使有些问题是热点,很多人很了解,仍然不可能像媒体那样非常

[①] 季巍. 浅析网络新闻专题的策划 [N]. 中华新闻报,2008.
[②] 彭兰. 网络新闻编辑教程 [M]. 武汉:武汉大学出版社,2007.

全面地了解到各种信息和资料。还有一些重大的问题,可能很多人只是了解冰山一角,对于冰山下面的复杂而深刻的背景并不了解。网络新闻专题的选题策划就是要挖掘这些问题或现象背后的深层原因,全面剖析并且呈现给大众。

做重大社会问题或现象的专题报道可以有不同的方法和策略,如可以采用纵向挖掘与横向展开的方法。纵向挖掘就是就是以时间的纵坐标为轴,通过分析重大社会问题或现象产生的原因、历史、背景等因素以及它的未来发展方向、趋势、可能性等因素,充分展示问题的纵身层面。横向展开就是不仅只纵向地关注问题的发展,还要以时间的横坐标为中心,横向的展开,向其他的地区、国家、社会或者同一个时间层面上去拓展问题或现象的相似性、差异性或广泛性。

另外一种方法是类似于报纸专题报道的同题组合,即将同一主题下不同侧面、不同着重点的多篇稿件形成一个稿群,聚集在一个主题下,如重要主题报告的分解稿件、重大新闻事件的多向解读等。

3. 可预知重大事件

可预知重大事件往往是大众都十分清楚、熟悉的一些重大事件或者纪念日等,如奥运会、建国 60 周年、世界杯、抗日战争胜利 60 周年等。由于大众对这些重大事件的发生时间、地点和内容与形式等都有一定的了解,对于这些事件公众的内心当中都会有自己的期待和展望。在策划这类选题时可以采用以下几种方法。

(1)全景式报道。

既然是大众都比较熟悉的重大事件,只做一般性的报道是难以满足读者对事件信息获取的内心期望值的。全景式的报道方式可以全方位、多角度、立体组合式的展示事件的多个角度、侧面、层次等。

(2)预测评论式报道。

这种方式是以预测事件的规模、形态、事件跨度以及评论事件所蕴涵的意义、影响、作用等角度进行的报道。

(3)同步式报道。

同步式报道就是随着事件的一步步进行、展开,从事件的前期、中期、后期等几个阶段以同步速度进行现场式的直播报道,每天不断更新事件的最新进展和变化,直到事件结束。这种报道尤其适合体育赛事的报道。

二、网络新闻专题的内容策划

1. 重大突发事件的内容策划

重大突发事件的报道策划必须具备以下几个关键要素。

(1)事件经过。

这是最重要的部分,首先要让读者通过事件经过的描述了解整个事件的发生经过。最好把事件中的各种细节展示给读者。

第 4 章 网络内容原创

(2) 当事人的态度。

重大突发事件往往涉及众多人物，关系众多人员的生命、财产安全，影响面巨大。所以在报道策划中能否在第一时间找到新闻的当事人，了解到各方的态度、立场、感想、判断，并在第一时间公布出来，这是衡量专题报道策划分量的重要指标。

(3) 时间线。

要有一条时间线把突发事件从头到尾串联起来。

(4) 示意图。

光通过文字有时很难说明一个重大事件的来龙去脉，而通过图片、图表、示意图来解释人物关系、空间位置、地理状态、利益纠葛、实力对比等要素则更加清晰、准确、易懂。

(5) 读者互动。

网络的最大优势就是互动方便，通过博客、留言、网友投票等互动方式，让更多的读者参与到对事件报道中来，让读者的参与成为报道的一部分。

(6) 专题组图。

以图片形式传达整个事件发生后不同媒体的图片报道。

网络新闻专题案例之一：法航空客 A330 客机坠毁

图 4-4 为新浪网 2009 年 6 月初"法航空客 A330 客机坠毁"专题报道的页首部分。

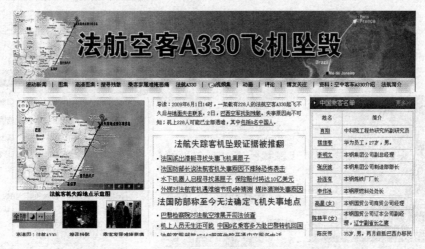

图 4-4　新浪网"法航空客 A330 客机坠毁"新闻专题画面之一

事件说明：2009 年 6 月 1 日 14 时，一架载有 228 人的法航空客 A330 起飞不久后与地面失去联系。机上 228 人全部遇难，其中包括 9 名中国人。

图 4-4 是 2009 年 6 月 5 日"法航空客 A330 客机坠毁"新闻专题的部分界面。新浪网在事件发生的当天（2009 年 6 月 1 日）就迅速制作出了新闻专题，内容之丰富、资料之翔实、速度之快捷，显示了新浪对于重大突发事件的快速报道能力。这是一起典型的重大突发事件。造成了非常惨痛的人员死亡，引起了全世界的高度关注。由于这起事件导致的死亡人数之多，涉及国家之多，飞机失事说法之多等原因，使得全世界人民都非常想得知

这起悲剧的细节和真相。尤其是在这起空难事件中还有9名中国乘客也不幸遇难，这就更进一步激起国人的关注之情。

从这个新闻专题的内容栏目看，从左至右有以下板块。

图片新闻　　　　　事发经过+重要新闻　　　　中国乘客名单

图4-5　新浪网"法航空客A330客机坠毁"新闻专题画面之二

视频报道　　　　　最新消息+坠毁原因　　　　乘客国籍

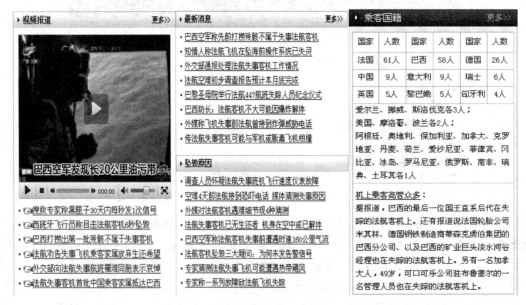

图4-6　新浪网"法航空客A330客机坠毁"新闻专题画面之三

第4章 网络内容原创

博友关注	救援进展	热线电话
▶ 博友关注　　　　更多>>	▶ 救援进展	▶ 热线电话
· 资深飞行员：法航飞机失事原因不简单	· 法航证实机上乘客已无生还可能性	法航：0800 800 812（从法国拨打）
· 亲历：法航失踪航线管理最混乱	· 法航失事客机搜救工作重点将转入打捞残骸	0800 8812020（从巴西拨打）
· 华为员工：我同事在法航失事飞机上	· 法航客机失事现场水温30℃左右利于生存	0033 157021055（其他国家拨打）
· 华为员工：为我们的大幅祺佳春祈祷	· 巴西军方增派更多军力搜寻法航失踪客机	中国外交部：010-65964097
· 姜海：飞机上有我熟悉的本钢领导	· 巴西证实找到法航失事客机残骸	驻法使馆：
· 本溪老乡：为法航客机上的本钢员工祈祷平安	· 三艘商船在发现飞机残骸海域未找到任何物品	使馆领事部：0033-153758924（刘秘书）
· 蓝蓝的天：为法航失踪客机上的乘客祈福	· 巴西确定法航失事飞机残骸 尚未发现幸存者	领事保护官员：0033-615742537（夜间）
· 华为同事亲属：希望奇迹发生	· 法国两艘深水潜艇前往大西洋搜寻法航客机	驻巴西使馆：0055-61-99720548
· 张敬伟：法航失事敲响全球航空安全警讯	· 法航失事客机搜救行动逾24小时未获任何进展	驻里约总领馆：0055-21-87625124
		驻圣保罗总领馆：0055-11-96589618

图 4-7　新浪网"法航空客 A330 客机坠毁"新闻专题画面之四

为失踪者祈福	事件细节	15年来法航意外事件
▶ 为失踪者祈福　　更多>>	▶ 事件细节	▶ 15年来法航意外事件　更多>>
登录：会员名/手机/　密码：　　□ 匿名	· 坠毁时间：北京时间2009年6月1日14时	· 1994年12月24日
	· 坠毁飞机：法国航空客A330	一架从阿尔及利亚飞往巴黎的法航8969号班机被劫持，3名乘客被杀害。
	· 载客人数：228人 载有9名中国人	· 2000年7月25日
	· 目的地：原定从巴西里约热内卢赴巴黎	法航4590号协和客机在巴黎起飞后不久坠毁，机上109人全部遇难。
	· 事件性质：已排除劫机可能	· 2005年8月2日
	· 可能坠毁地点：费尔南多-迪诺罗尼亚岛附近	法航358号班机在降落多伦多皮尔逊国际机场时无法停止，滑出跑道200多米，冲入高速公路旁的沟中。乘客全部生还。
	· 死亡人数：法航飞机坠海上228人可能全部遇难	
	· 坠毁原因：与天气情况和错误信息有关	
	· 萨科齐称法航班失踪的确切原因尚不明	
提交		

图 4-8　新浪网"法航空客 A330 客机坠毁"新闻专题画面之五

专题组图

图 4-9　新浪网"法航空客 A330 客机坠毁"新闻专题画面之六

动画：法航空客 A330 客机坠毁

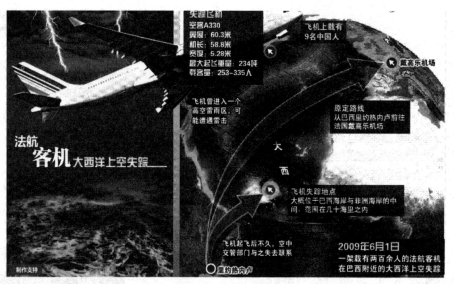

图 4-10　新浪网"法航空客 A330 客机坠毁"新闻专题画面之七

视频报道

图 4-11　新浪网"法航空客 A330 客机坠毁"新闻专题画面之八

空中客车 A330

图 4-12　新浪网"法航空客 A330 客机坠毁"新闻专题画面之九

近年全球重大空难一览

图 4-13　新浪网"法航空客 A330 客机坠毁"新闻专题画面之十

从以上新闻专题的每个栏目分析新浪网站策划思路。

图片新闻：图片的冲击力显然比文字的冲击力大，所以放在左上角的视觉中心（参见图 4-5）。

重要的文字新闻（事发经过、国际社会的反应与国内的反应）：通过交代事情的发生经过，让读者对事件有个完整的了解，此外分别提炼出一条涉及国际社会的重要新闻和涉及国内的重要新闻作为头条与次头条（参见图 4-5）。

事件结果：公布在事件中死亡的中国乘客名单引起国人的内心接近性阅读（参见图 4-5）。

视频报道：通过若干视频新闻来丰富与补充图片与文字新闻难以展现的新闻形态（参见图 4-6）。

最新消息+坠毁原因：体现专题的及时更新与深度挖掘事件出现的原因，吸引读者做进一步深入阅读（参见图 4-6）。

乘客国籍：让读者了解全体遇难者的国籍，深入展示新闻事件中的更多细节（参见图 4-6）。

博友关注：通过提取部分有代表性的博客文章，让读者了解更多的人对此事件的看法。让更多的人参与（参见图 4-7）。

救援进展：介绍巴西、法国双方搜救的进展情况（参见图 4-7）。

热线电话：为中国乘客的家属提供与事件相关方面的联系方式（参见图 4-7）。

为失踪者祈福：属于互动环节，让所有的网民自愿参与进来，表达自己的情感（参见图 4-8）。

事件细节：以关键词的形式展示事件细节（参见图4-8）。

15年来法航意外事件：纵向回溯与介绍失事飞机所属公司以前所发生的类似事故（参见图4-8）。

专题组图：通过组图形式全面展现事发后乘客家属的焦急与悲伤（参见图4-9）。

动画：法航空客A330客机坠毁：通过动画形式展示事发经过，起到事件示意图的作用（参见图4-10）。

视频报道：通过视频集锦的方式再次展示各方媒体的报道（参见图4-11）。

空中客车A330：属于背景资料的介绍（参见图4-12）。

近年全球重大空难一览：同类事件的展示（参见图4-13）。

从上述分析中，我们看到重大突发事件的报道是有规律可循的。按照重大突发事件构成的关键要素来策划内容，然后在内容上加以丰富，就能比较好得做好策划工作。

2. 重大社会问题或现象的内容策划

重大社会问题或现象的内容策划可以有两类策划思路：一类是服务导向型策划；另一类是思考导向型策划。

（1）服务导向型策划。

这类专题主要策划思路是通过大量、真实的统计数字、图表、数据等方式展示新闻事件或者问题出现后的结果与后果。通过指南、地图、专业知识、背景介绍和Flash示意图等方式为网民提供实用性的服务与帮助。当然也有一定数量的专家意见和评论，再加上网民参与与互动来增加专题内容的丰富性与可读性。

服务导向型内容策划需要具备的关键要素如下。

① 统计数据。

通过各种大量真实的数据反映问题或现象的后果或结果。

② 实用指南。

重大问题涉及面广，波及人群众多，影响人们的日常生活，可以制作相关实用指南、手册提供有效服务。

③ 专家评论。

专家与学者往往代表着某一方面的意见领袖，他们的意见与评论往往具有一定的权威性，对于相关问题提出的解决方案很可能是十分有效和及时的。

④ 示意图。

通过各种图表、图片、Flash等手段展示问题的或现象的原理。

⑤ 网民互动。

网络新闻专题案例之二：全球阻击甲型 H1N1 流感疫情

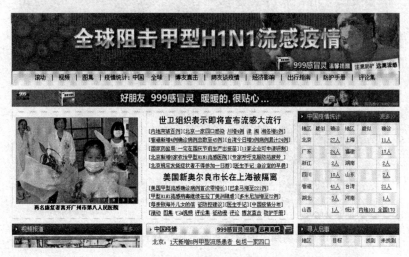

图 4-14　新浪网 "全球阻击甲型 H1N1 流感疫情" 新闻专题

事件说明： 2009 年 3 月底至 4 月中旬，墨西哥、美国等多国接连暴发甲型 H1N1 型流感（或称 H1N1 型猪流感）疫情，一百余人疑似因该型流感而导致死亡（参见图 4-14）。

（2）思考导向型策划。

这类策划的中心思路是通过融合对新闻事件的报道、分析、解读、预测，引起读者对事件深层次的思考。它的重点不在于就事论事，而在于以点带面、举一反三。通过对一件事情的分析，延伸出一类事件，并且预测、展望这类事件对未来的深远影响，以引发读者更多的思考。

思考导向型内容策划必须具备的关键要素如下。

① 问题或现象的提出。

交代问题或现象的始末缘由，让读者对问题或现象有个全面的认识。

② 专家或学者的评价。

各方专家的分析、预测、评价和展望，这时候专家或学者就成为一种独到的资源，谁能邀请到相关现象的权威人士发表意见，谁的评价就更有分量，专题也就更有分量。

③ 不同媒体的评价。

通过集纳不同媒体对于这类问题的评价、分析来展示问题的复杂性与对问题关注的广泛性，并以此吸引更多的读者。

④ 网民互动。

通过博客留言、留言板、网民投票和 Flash 等形式调动更多网民的参与。

⑤ 延伸阅读。

不仅要有相关问题的进一步背景分析，最好要有同类问题或现象的对比，不同的国家与地区同类现象的回顾与点评。

网络新闻专题案例之三：通用汽车正式申请破产保护

图 4-15　网易网"通用汽车正式申请破产保护"新闻专题

事件说明：美国最大汽车生产商——通用汽车公司于 2009 年 6 月 1 日正式申请破产保护，阿尔·科赫将担任首席重组官，预计通用汽车的重组时间将为 60 天至 90 天，新通用将获得美国政府 301 亿美元破产融资（参见图 4-15）。

3. 可预知重大事件的内容策划

可预知重大事件的内容策划的重点不在于详细地描述事件的来龙去脉，而是预测事件可能出现的结果或后果以及产生的深远影响。可预知重大事件的内容策划需要具备的构成要素包括：（1）回顾事件往年的情景；（2）报道事件前发生的新闻；（3）预测事件发生时的场景；（4）分析与预测事件对未来的影响。

网络新闻专题案例之四：中华人民共和国建国 60 周年

图 4-16　人民网"中华人民共和国建国 60 周年"新闻专题

事件说明：2009 年 10 月 1 日我们伟大的祖国迎来了她的 60 岁生日（参见图 4-16）。

三、网络新闻专题信息手段策划

网络新闻专题报道的构成要素包括：文字、图片、视频、音频、统计图、示意图、地图、Flash 和互动等。

1. 文字

文字是网络新闻中最重要的组成部分，即使在网络新闻专题中，文字也具有其他形式无法替代的作用。文字的作用主要表现在下面几个方面：

（1）及时、全面地报道新闻；
（2）进行深度分析；
（3）展开评论；
（4）提供背景资料与知识。

2. 图片

网络新闻专题中的图片形式有新闻照片、资料照片、采访对象的照片和报纸版面照片等。图片的作用是传达现场感、补充与解释新闻信息、调节阅读节奏、消除距离感和提供比较等。

3. 视频

视频是包含画面、声音、文字和图片等多手段并将之综合运用的信息手段。

视频材料的应用在专题中不宜太多，因为视频内容往往容量较大，会占用较大的空间，视频较多会影响专题打开的速度。

4. 音频

网络新闻专题中的音频素材主要包括：音频新闻、采访录音、录音历史资料、背景音响和音乐等。音频的主要作用是提供补充信息、渲染现场感、加强真实感和传达报道基调等。

5. 统计图

统计图是指运用 Excel 等电子表格软件生成的柱形图、直方图、扇形图等制作的统计图。统计图的主要作用是说明新闻事实、提供对比分析和解释新闻背景等。统计图的最大好处是把抽象、枯燥的数字和情况具体化、形象化。

6. 示意图

为了说明新闻事件中文字与图片等形式无法说明的复杂结构与关系，有些网络新闻专题有必要提供相关的示意图。示意图分成静态示意图和运用 Flash 技术制作的动态示意图两种。

7. 地图

网络编辑往往运用 Flash 技术将不同时间、不同来源的新闻内容或稿件进行有机的整合。

8. Flash

Flash 的主要作用是将相关素材整合到一起，形成专题中的小单元。有了 Flash，可以增加网络互动的形式，很多的示意图都可以用它制作。

9. 互动

互动的形式很多，Flash、受众调查、网民投票、评论和留言等形式都是增强专题与网民之间互动的主要手段。

4.4 视听语言基础知识

一、视听语言的种类及特点

1. 新闻图片

新闻图片是通过视觉手段来传达信息的新闻报道体裁，是新闻的一个重要组成部分。广义的新闻图片主要包括：新闻照片，是利用摄影技术制作完成的用于报道新近发生的事实的图片；新闻漫画，是一种在特定新闻报道载体上，运用夸张、幽默的绘画形象和构图语言，专门报道或评议国内外新闻发生的时事、社会问题的绘画形式；新闻图表，分为统计图、示意图和地图，是指综合运用文字、图形符号、照片、线条、数据、色彩等有机成分，可以传达、解释新闻信息的图表。而狭义的新闻图片则仅仅是指新闻照片。新闻照片是新闻形象的现场摄影纪实，是一种视觉新闻。[①]

新闻图片具有新闻性、形象性、真实性、直观性和瞬间性的特点。

2. 图表

图表是一种很好的将对象属性数据直观、形象地"可视化"的手段。网络新闻报道中图表的运用非常广泛。广义的图表包括表格、地图和示意图等。作为新闻事件的图示材料，图表具有显示时间的地理位置、当前形势和事件进展等作用。

3. 动画与三维动画

动画与三维动画是对静态图片的发展，除了具备图片的特点外，还具有更生动、更活泼和互动性更强的效果。动画与三维动画更容易抓住读者的视线，成为网页中希望强调的重点。

4. 视频

视频泛指将一系列的静态影像以电信号方式加以捕捉、记录、处理、储存、传送与重现的各种技术。

---

① 盛希贵. 新闻摄影教程［M］. 北京：中国人民大学出版社，2003.

5. 声音

声音是文字信息的一种有力的补充，同时对于视频也是一种重要的辅助手段，很多时候声音和影像是不分的。

二、多媒体新闻报道的一般要求

1. 新闻摄影的一般要求

新闻摄影的要求可以分为两类，第一是主题上的要求，第二是内部形式的要求。

从新闻摄影的主题来看，需要考虑的新闻性因素包括新闻性、真实性、直接性、及时性等特点。[①]

（1）主题上的要求。

① 新闻性。

新闻性即新闻记者确定的摄影报道的主题应是具有新闻价值的事物。新闻摄影报道应该最大限度地追求照片的希望信息量。

② 真实性。

真实性即意味着拍摄的事实是真实的，照片应符合事实或人物的本来面目。此外，新闻摄影最好是人物在特定环境中自然流露的瞬间形象，应该避免"导演"、"摆拍"的现象。

③ 直接性。

直接性即指所拍形象直接来自现实生活和新闻事件发生现场，直接呈现给受众，不经再创作或加工。

④ 及时性。

及时性即新闻摄影是对新近发生的事实的一种报道。

（2）内部形式上的要求。

① 具有瞬间的张力。

任何事物的发展都有一个过程，一张照片只能抓住这一过程中的某一瞬间。如果这个瞬间抓拍得好，人们就能透过它感受到事物的全貌和发展、演化的过程，从瞬间中感受到事物发展的连续性和情节性。在新闻摄影中，瞬间可以有以下几种。

- 瞬间的黄金点：捕捉的是欲就未达之势，表现的是感情欲露还含的微妙动人之处。
- 高潮瞬间：往往最惊心动魄和最有感染力。
- 高潮后的瞬间：常常孕育着事物内在意义的延伸，启发读者高潮后的回味和思考。
- 情节瞬间：摄取的是富于象征性的内容，需要读者加以想象来补充。

② 具有强烈的现场气氛。

好的新闻照片应该能将新闻事件发生现场和新闻人物活动现场的气氛加以如实记录，让人如临其境、如见其人、如闻其声。

③ 体现人物的情感与性格。

新闻记者应该将典型人物置于典型环境之中，用具体的、恰当的摄影语言表现人物的情感和性格。

---

① 盛希贵. 新闻摄影教程［M］. 北京：中国人民大学出版社，2003.

2. 广播电视新闻报道的一般要求

（1）从广播电视媒体的特点出发进行选题策划。

在选题策划时，网络编辑应该选用那些适合于用广播电视媒体来表达的内容。新闻记者应该做好先期的报道策划，如要事先了解拍摄现场、拍摄机位和拍摄素材等情况。

（2）处理好带机采访与脱机采访的关系。

所谓"带机采访"，即利用录音机、摄像机等进行拍摄采访，其目的是直接获得节目中所需要的素材。"脱机采访"即不需要机器进行的采访，它可作为带机采访的前期准备，或是完成外围的信息收集工作。在具体的采访过程中，这两者通常是相互补充的。

（3）尽可能多地捕捉鲜活、真实的原生形态信息。

广播电视媒体的优势在于现场性和直观性，在广播电视新闻采访中，网络编辑要尽量地捕捉那些原生态的信息，如具有鲜明个性的人物形象、富有特点的现场情景或生动真实的现场气氛等，这些信息能产生强烈的感染力。

（4）尽力实现内容与形式的完美统一。

广播电视新闻节目的制作比文字报道更多地涉及内容与形式的关系。画面的构图、组接，声音的剪辑等属于形式的东西。形式处理的好，可以为内容填色，反之，会为之减色。内容是第一位的，形式服务于内容，能够实现内容与形式的完美结合是最好的。

三、照片的拍摄

拍照的第一步就是要确定拍摄位置，不同的拍摄视点理所当然得到不同的图片，这里的不同除了画面效果以外，最最不同的还是体现在构图上。

关于构图，一般在摄影学上会涉及三个方面，一是拍摄距离，二是拍摄方向，三是拍摄高度。所谓拍摄距离，就是拍摄者离拍摄对象的距离。这种距离能在一定程度上影响到摄影构图（排除镜头推拉作用），与此同时，也就产生了景别的概念。

1. 景别的选取

相机与被摄体距离的不同使呈现出来的景物范围大小叫景别。我们一般把景别分为远景、全景、中景、近景和特写五大类，这五种景别的拍摄范围是逐渐减小的。

（1）远景。

远景一般表现广阔空间或开阔场面的画面。如果以成年人为尺度，由于人在画面中所占面积很小，基本上呈现为一个点状体。

远景视野深远、宽阔，主要表现地理环境、自然风貌和开阔的场景和场面。远景画面还可分为大远景和远景两类。

大远景主要用来表现辽阔、深远的背景和渺茫宏大的自然景观，像莽莽的群山、浩瀚的海洋和无垠的草原等。

远景的画面构图一般不用前景，而注重通过深远的景物和开阔的视野将观众的视线引向远方，要注意调动多种手段来表现空间深度和立体效果。所以，远景拍摄尽量不用顺光，而选择侧光或侧逆光以形成画面层次，显示空气透视效果，并注意画面远处的景物线条透视和影调明暗，避免画面的平板一块，单调乏味。

（2）全景。

全景一般表现人物全身形象或某一具体场景全貌的画面。全景画面能够完整地表现人物的形体动作，可以通过对人物形体动作的表现来反映人物内心情感和心理状态，可以通过特定环境和特定场景表现特定人物，环境对人物有说明、解释、烘托和陪衬的作用。

全景画面还具有某种"定位"作用，即确定被摄对象在实际空间中方位的作用。如拍摄一个小花园，加进一个所有景物均在画面中的全景镜头，可以使所有景色收于镜头之中，使它们之间的空间关系具体方位一目了然。

在拍摄全景时要注意各元素之间的调配关系，以防喧宾夺主。拍摄全景时，不仅要注意空间深度的表达和主体轮廓线条、形状的特征化反映，还应着重于环境的渲染和烘托。

（3）中景。

中景是主体大部分出现的画面，从人物来讲，中景是表现成年人膝盖以上部分或场景局部的画面，能使观众看清人物半身的形体动作和情绪交流。

中景的分切破坏了该物体完整形态和力的分布，而其内部结构线则相对清晰起来成为画面结构的主要线条。

在拍摄中景时场面调度要富于变化，构图要新颖优美。拍摄时，必须要注意抓取具有本质特征的现象、表情和动作，使人物和镜头都富于变化。特别是拍摄物体时，更需要摄像人员把握住物体内部最富表现力的结构线，用画面表现出一个最能反映物体总体特征的局部。

（4）近景。

近景是表现成年人胸部以上部分或物体局部的画面，它的内容更加集中到主体，画面包含的空间范围极其有限，主体所处的环境空间几乎被排除出画面以外。

近景是表现人物面部神态和情绪、刻画人物性格的主要景别，用它可以充分表现人物或物体富有意义的局部。近景可以细致地表现人物的精神和物体的主要特征。使用近景可以清楚地表现人物心理活动的面部表情和细微动作，容易产生交流。

在拍摄近景时，拍摄者要充分注意到画面形象的真实、生动和客观、科学。构图时，拍摄者应把主体安排在画面的结构中心，背景要力求简洁，避免庞杂无序的背景分散观众的视觉注意力。

（5）特写。

特写一般表现成年人肩部以上的头像或某些被摄对象细部的画面。通过特写，可以细致描写人的头部、眼睛、手部、身体上或服饰上的特殊标志、手持的特殊物件及细微的动作变化，以表现人物瞬间的表情和情绪，展现人物的生活背景和经历。

特写画面内容单一，可起到放大形象、强化内容、突出细节等作用，会给观众带来一种预期和探索用意的意味。

在拍摄特写画面时，构图力求饱满，对形象的处理宁大勿小，空间范围宁小勿空。另外，在拍摄时不要滥用特写，使用过于频繁或停留时间过长，反而导致观众降低了对特写形象的视觉和心理关注程度。

2. 角度与方位的选择

拍摄角度包括拍摄高度、拍摄方向和拍摄距离。拍摄高度分为平拍、俯拍和仰拍三种。拍摄方向分为正面角度、侧面角度、斜侧角度和背面角度等。拍摄距离是决定景别的元素之一。

（1）平摄。

平摄是指摄影（像）机与被摄对象处于同一水平线的一种拍摄角度。平摄一般可以分为正面、侧面和斜面三种。

① 正面拍摄。

镜头光轴与对象视平线（或中心点）一致，构成正面拍摄。正面拍摄的镜头优点是：画面显得端庄，构图具有对称美。用来拍摄气势宏伟的建筑物，给人以正面全貌的印象；拍摄人物，能比较真实地反映人物的正面形象。正面拍摄的缺点是：立体感差，因此常常借助场面调度，增加画面的纵深感。

② 侧面拍摄。

侧面拍摄是指从与对象视平线成直角的方向拍摄。侧面拍摄分为左侧和右侧。侧拍的特点有利于勾勒对象的侧面轮廓。

③ 斜面拍摄。

介于正面、侧面之间的拍摄角度为斜面拍摄。斜面拍摄能够在一个画面内同时表现对象的两个侧面，给人以鲜明的立体感。斜面拍摄是影视教材中最常见的拍摄角度。

（2）仰摄。

仰摄是指摄影（像）机从低处向上拍摄。仰摄适于拍摄高处的景物，能够使景物显得更加高大、雄伟。用镜头代表影视人物的视线，有时可以表示对象之间的高低位置。由于透视关系，仰摄使画面中水平线降低，前景和后景中的物体在高度上的对比因之发生变化，使处于前景的物体被突出、被夸大，从而获得特殊的艺术效果。影视教材中常用仰摄镜头，表示人们对英雄人物的歌颂，或对某种对象的敬畏。

仰摄的角度近似垂直，叫做大仰，一般表示人物的视点，以表现其晕眩、昏厥等精神状态。

（3）俯摄。

与仰摄相反，俯摄是指摄影（像）机由高处向下拍摄，给人以低头俯视的感觉。俯摄镜头视野开阔，用来表现浩大的场景，有其独到之处。

从高角度拍摄，画面中的水平线升高，周围的环境得到较充分的表现，而处于前景的物体投影在背景上，人感到它被压近地面，变得矮小而压抑。在影视片中用俯摄镜头表现反面人物的可憎渺小或展示人物的卑劣行径是极为常见的。

（4）顶摄。

顶摄是指摄影（像）机拍摄方向与地面垂直。用顶摄来拍摄某些杂技节目或歌舞演出有其独到之处。它可以从通常人们根本无法达到的角度把一些富有表现力的造型拍成构图精巧的画面。顶摄的作用还在于它改变了被摄对象的正常状态，把人与环境的空间位置变成线条清晰的平面图案,从而使画面具有某种情趣和美感。

(5)倒摄。

倒摄是指电影摄像机内胶片经过片门时,以反方向运转进行拍摄的方法。用这种方法摄取的物体运动过程,以正方向运转放映,可以获得与实际运动方向相反的效果。倒摄常用以拍摄惊险场面。在电视摄像中也常用倒摄方法。

(6)侧反拍摄。

侧反拍摄是指从被摄物的侧后方拍摄。这种拍摄方法中,人物几乎成为背影,面部呈现较少,可以产生奇妙的感觉。

3. 光线的选择

根据光线的照射方向可将拍摄分为顺光、侧光、逆光和顶光等几种。

(1)顺光。

顺光亦称"正面光",即光线投射方向跟摄像机拍摄方向一直的照明。顺光时,被摄体受到均匀的照明,景物的阴影被自身遮挡,影调比较柔和,能隐没被摄体表面的凹凸及褶皱,但处理不当会比较平淡。顺光照明不利于在画面中表现大气透视效果,表现空间立体效果也较差。在色调对比和反差上也不如侧光、侧逆光丰富。顺光的优势不但影调柔和,同时还能很好地体现景物固有的色彩效果,在进行光线处理时候,往往把较暗的顺光用作副光或者造型光。

(2)侧光。

光线投射方向与拍摄方向成 90 度左右照明,受侧光照明的物体有明显的阴暗面和投影,对景物的立体形状和质感有较强的表现力。侧光的缺点是往往形成一半明一半暗的过于折中的影调和层次,在大场面的景色中往往形成不均衡。这就要求在构图上考虑受光面景物和阴影在构图上的比例关系。

(3)逆光。

逆光亦称"背面光",来自被摄体后面的光线照明,由于从背面照明,只能照亮被摄体的轮廓,所以又称作轮廓光。逆光有正逆光、侧逆光和顶逆光三种形式。在逆光照明条件下,景物大部分处在阴影之中,只有被照明的景物轮廓使这一景物区别于另一种景物,因此层次分明,能很好地表现大气透视效果,在拍摄全景和远景中往往采用这种光线,使画面获得丰富的层次。

(4)顶光。

顶光是来自被摄体上方的光线照明。在顶光照明下,景物的水平面照度大于垂直面照度,景物的亮度间距大,缺乏中间层次。在顶光下拍摄人物会产生反常的、奇特的效果,如前额发亮,眼窝发黑、鼻影下垂,颧骨显得突出,两腮有阴影,不利于塑造人物形象的美感。如果用辅助光提高阴影亮度形成小光比也可获得较好的造型。在风光摄影中,拍摄位置恰当也可获得较好的影调效果。顶光有包括顺顶光、顶光和顶逆光,前两者的照明效果相似,后者与逆光效果相似。

4. 画幅安排

照片可有横画幅与竖画幅两种。

（1）横画幅。

横画幅是看上去最自然、用得最多的一种画幅形式，其原因是多方面的：一是先天性的，因为人的生理特点，人的两眼是水平的，眼睛的横视场角远大于纵视场角；其次，因为地平线是水平的，大多数东西都是在水平面上延伸，人们沿水平高度观察事物要比沿垂直高度观察事物更自然、更舒服。在横画幅中，水平线被强调，使画面有一种内在的稳定性，事物之间的横向联系、事物的横向排列、动体的水平运动可以得到突出表现，如宽阔的地平线、平静的海面和人物之间的交流等。横画幅还有利于表现高低起伏的节奏感，如桂林山水等。如果横画幅被加宽，则水平线的造型力将被更加强化。

（2）竖画幅。

竖画幅也是一种常用的画幅形式，它有利于表现垂直线特征明显的景物，往往显得其高大、挺拔、庄严等。在竖画幅中欣赏者的视线可以上下巡视，可以把画面中上下部分的内容联系起来。竖画幅还有利于表现平远的事物，它往往结合俯拍角度，展现事物在一个平面上的延伸，突出远近层次。如果竖画幅被加长，则可以增强其画面力度。

5. 摄影构图设计

从广义上说，摄影（像）构图贯穿着摄影（像）创作的整个构思和再现过程。从狭义上来说，摄影（像）构图是指摄影（像）画面的布局、结构而言。摄影（像）构图是以现实生活为基础，又以比现实生活更富有表现力和艺术感染力的表现手段，把客观对象有机地组织安排在画面里，使思想得到充分的表达。

摄影构图法则中，人们最熟悉的可能就是所谓的"三分法"了，即将画面纵横均分为三份，从而使画面被分割成为九个相等的方块，四条分割线上出现四个交叉点。通常摄影者就在这四点上选择一处作为趣味中心的最佳位置（参见图4-17）。

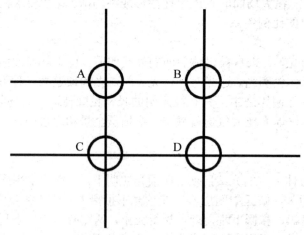

图4-17　构图三分法

摄影构图的基本要求就是构图所应注意的事项。初学者了解了这些基本常识可少走弯路，减少失误。

（1）画面简洁。

初学者总想把什么东西都拍到画面里，构图时易犯杂乱无章的毛病。胶片的画幅是有限的，容不得一点多余的东西。什么都想拍入的画面结果是什么都拍不好、说不清。因此，画面简洁就成了摄影构图的第一要求。

要求画面简洁的目的就是让画面精练、主体鲜明，清晰而透彻地表达主题思想。我们可用避开、舍弃和隐没三种方法表达与主题无关的东西。

① 避开。

避开就是在多余的物体进入画面的时候不急于按动快门，或改变拍摄时间，等待时机，或改变取景的方法，躲避其对画面的干扰。拍摄人物场景时，取景框里出现不必要的人是常有的事，在方便的时候可请对方离开，在不便声张的时候可等对方离开取景范围时再拍照。在户外拍摄人物，有时前景或背景会出现电线、电线杆之类的阻挡物。这些物体是固定的，不能像人那样随时移动，在这种情况下只得用改变取景位置的方法进行拍摄。

② 舍弃。

舍弃是指通过画面取舍、缩小取景范围或放大剪裁等方法妨碍主体形象表现的物体。画面内容的繁简在取景框里看得很清楚。发现多余之景时就会将其舍去，省得以后费事。拍摄会场一角，需相对突出一个或几个人时，可以将画面边缘部分的人或景物全部舍去，也可留一半，以缺损的形象衬托完整的形象。用缩小取景范围的方法也能把多余的物体舍去。

③ 隐没。

当出现在画面中间的杂乱物体无法取舍时，或用大光圈缩小景深使其隐没，也可以用某种物体遮挡，还可以采用对底片进行涂红（使其不透光、呈白色）或放大时进行局部减光等方法使其隐没。

（2）主次分明。

我们追求画面简洁的目的，就是在画面中突出主体，理出陪体，让画面层次分明，从而更具逻辑性。怎样才能让画面主次分明呢？我们可以从以下几个方面去努力。

① 在几类物体中突出一类物体。

如在山区拍照，我们的眼前可能会出现山、树、鸟等多种物体，这时如能重点突出某一物体，画面就会分出主次。再如城市的大街上有人、有汽车、有楼房……它们的体积可能相差悬殊，但只要我们有意识地突出某一部分，就能在画面中分清主次。有意识地突出某一部分，就是把该部分安排在画面某一引人注目的地方，并把镜头焦点也落在该部分上。采用这一方法，即使陪体形象在体积上超过了主体形象，也不会抢夺观赏者的视线。

② 在同类物体中突出主要物体。

有时我们需要把镜头专门对准水，有时需要把镜头专门对准森林，有时需要专门表现人，这样画面内全是同类物体，其外观没有大的差别。如何理出主次关系呢？此时如能着重刻画一个（适合于小场面）或几个物体（适合于较大场面），画面自然主次分明。

③ 在同一物体上突出某一个重点。

每一个物体都是由许多具体结构组成的，如一棵大树有树叶、树枝和树干，镜头只要相对靠近某一部位，使画面具有虚实、大小、远近之分，主次关系也就明确了。再如人脸长有眉毛、眼睛、鼻子和嘴巴等多种器官，利用明暗对比、虚实对比等方法也能理出一个

主次。对此，有一点不可轻视：在一个物体上所突出的重点应该是该物体最具形象特色、最具魅力的部位。否则，我们为之付出的努力也就失去了意义。

（3）内容完整。

追求画面简洁、结构紧凑、重点突出，意味着需要对场景进行适当的剪裁。这样就涉及如何裁的问题。对此，初学者易犯剪裁多、造成画面残缺的毛病。保持画面完整也是摄影构图所应把握的重要环节。

画面的完整性是一幅作品所应具备的基本素质。摄影构图的最高目标是画面完美，完整与完美是紧密联系在一起的。画面残缺不仅影响照片内容的完整性，而且还会损害主体形象，影响主题思想的表达。

什么样的画面才算完整呢？是不是把现场的东西全部摄入镜头画面才完整呢？如此取景画面固然完整，却不完美，并且又走进了主次不分、平庸乏味的误区。因此，摄影构图的完整是相对的。我们可根据拍摄的场面大小把握画面的完整性。

① 大场面。

大场面一般要用全景拍摄。此类画面容纳的物体多而小，只能保证重点区域形象完整，四周裁去一些景物不影响画面的大局。

② 一般场面。

一般场面多为中景画面。此类场面有一定的规模，同时也具有一定的重点。只要该重点形象完整，四周的景物裁去一些并不会造成画面的缺损。相反，还能使画面紧凑、重点突出。

③ 局部形象。

局部形象多为近景或特写画面，一般用来拍摄物体局部和人体某一部位。每一物体都是由若干个分体组成的。这时集中刻画某一个趣味点，舍弃无别的分体，人们并不觉缺少什么，因此它也是完整的。

四、视频的采集与编辑

1. 运动摄像运用

运动摄像就是利用摄像机在推、拉、摇、移、跟、甩等形式的运动中进行拍摄的方式，是突破画框边缘的局限、扩展画面视野的一种方法。

运动摄像符合人们观察事物的习惯，在表现固定景物较多的内容时运用运动镜头可以变固定景物为活动画面，增强画面的活力。

前面我们讲了视频处理的一些术语，如景别、拍摄角度和色彩的处理，下面我们来详细讨论"运动摄像"。

（1）推。

推是指使画面由大范围景别连续过渡的拍摄方法。推镜头一方面把主体从环境中分离出来，另一方面提醒观察者对主体或主体的某个细节特别注意。

（2）拉。

拉与推正好相反，它把被摄主体在画面由近至远、由局部到全体地展示出来，使得主体或主体的细节渐渐变小。拉镜头强调是主体与环境的关系。

（3）摇。

摇是指摄像机的位置不动，只作角度的变化，其方向可以是左右摇或上下摇，也可以是斜摇或旋转摇。摇的目的是对被摄主体的各部位逐一展示，或展示规模，或巡视环境等。其中最常见的摇是左右摇，在电视节目中经常使用。

（4）移。

移是"移动"的简称，是指摄像机沿水平作各方向移动并同时进行拍摄。移动拍摄要求较高，在实际拍摄中需要专用设备配合。移动拍摄可产生巡视或展示的视觉效果，如果被摄主体属于运动状态，使用移动拍摄可在画面上产生跟随的视觉效果。

（5）跟。

跟是指跟随拍摄，即摄像机始终跟随被摄主体进行拍摄，使运动的被摄主体始终在画面中。跟的作用是能更好地表现运动的物体。

（6）甩。

甩实际上是摇的一种，具体操作是在前一个画面结束时，镜头急骤地转向另一个方向。在摇的过程中，画面变得非常模糊，等镜头稳定时才出现一个新的画面。甩的作用是表现事物、时间和空间的急剧变化，造成人们心理的紧迫感。

运用运动摄像时，在运动的起点处与终点处要留有一段稳定时间，叫做起幅和落幅。同时还要注意运动速度对画面节奏造成的影响，不同的速度会造成完全不同的感觉。

慢速运动拍摄犹如从容叙述，给观众的感觉是一种悠然、自信和洒脱的抒情，也可以是一种庄严、肃穆和沉痛的情绪。急速运动适合表现明快、欢乐和兴奋的情绪，还可以产生强烈的震动感和爆发感。

在实际使用中，有时往往综合了几种形式，这在拍摄纪实类的题材中特别突出，因为真实时空的再现增加了现场感。

2. 镜头组接规律

（1）镜头的组接必须符合观众的思想方式和影视表现规律。

镜头的组接要符合生活的逻辑、思维的逻辑。不符合逻辑观众就看不懂。做影视节目要表达的主题与中心思想一定要明确，在这个基础上我们才能确定根据观众的心理要求，即思维逻辑选用哪些镜头，怎么样将它们组合在一起。

（2）景别的变化要采用"循序渐进"的方法。

一般来说，拍摄一个场面的时候，"景"的发展不宜过分剧烈，否则就不容易连接起来。相反，"景"的变化不大，同时拍摄角度变换亦不大，拍出的镜头也不容易组接。由于以上的原因我们在拍摄的时候"景"的发展变化需要采取循序渐进的方法。

（3）镜头组接中的拍摄方向和轴线规律。

主体物在进出画面时，我们拍摄需要注意拍摄的总方向，从轴线一侧拍，否则两个画面接在一起主体物就要"撞车"。

所谓的"轴线规律"，是指拍摄的画面是否有"跳轴"现象。在拍摄的时候，如果拍摄机的位置始终在主体运动轴线的同一侧，那么构成画面的运动方向、放置方向都是一致的，否则应是"跳轴"了，跳轴的画面除了特殊的需要以外是无法组接的。

（4）镜头组接要遵循"动从动"、"静接静"的规律。

如果画面中同一主体或不同主体的动作是连贯的，可以动作接动作，达到顺畅、简洁过渡的目的，我们简称为"动接动"。如果两个画面中的主体运动是不连贯的，或者它们中间有停顿时，那么这两个镜头的组接必须在前一个画面主体做完一个完整动作停下来后，接上一个从静止到开始的运动镜头，这就是"静接静"。"静接静"组接时，前一个镜头结尾停止的片刻叫"落幅"，后一镜头运动前静止的片刻叫做"起幅"，起幅与落幅的时间间隔大约为一二秒钟。运动镜头和固定镜头组接同样需要遵循这个规律。如果一个固定镜头要接一个摇镜头，则摇镜头开始要有"起幅"；相反，一个摇镜头接一个固定镜头，那么摇镜头要有"落幅"，否则画面就会给人一种跳动的视觉感。为了特殊效果，也有静接动或动接静的镜头。

（5）镜头组接的时间长度。

我们在拍摄影视节目的时候，每个镜头的停滞时间长短，首先是根据要表达内容的难易程度、观众的接受能力来决定，其次还要考虑画面构图等因素。如由于画面选择景物不同，包含在画面的内容也不同。远景、中景等镜头大的画面包含的内容较多，观众需要看清楚这些画面上的内容所需要的时间就相对长些，而对于近景、特写等镜头小的画面所包含的内容较少，观众只需要短时间即可看清，所以画面停留时间可短些。

另外，一幅或者一组画面中的其他因素也对画面长短起制约作用。如同一个画面亮度大的部分比亮度暗的部分能引起人们的注意。因此如果该幅画面要表现亮的部分时，长度应该短些，如果要表现暗部分的时候，则长度则应该长一些。在同一幅画面中，动的部分比静的部分先引起人们的视觉注意。因此如果重点要表现动的部分时，画面要短些；表现静的部分时，则画面持续长度应该稍微长一些。

（6）镜头组接的影调色彩的统一。

影调是指以黑的画面而言。黑的画面上的景物，不论原来是什么颜色，都是由许多深浅不同的黑白层次组成软硬不同的影调来表现的。对于彩色画面来说，除了一个影调问题还有一个色彩问题。无论是黑白画面还是彩色画面组接都应该保持影调色彩的一致性。如果把明暗或者色彩对比强烈的两个镜头组接在一起（除了特殊的需要外），就会使人感到生硬和不连贯，影响内容的通畅表达。

（7）镜头组接节奏。

影视节目的题材、样式、风格以及情节的环境气氛、人物的情绪、情节的起伏跌宕等是影视节目节奏的总依据。影片节奏除了通过演员的表演、镜头的转换和运动、音乐的配合、场景的时间空间变化等因素体现以外，还需要运用组接手段，严格掌握镜头的尺寸和数量。整理调整镜头顺序，删除多余的枝节才能完成。也可以说，组接节奏是教学片总节奏的最后一个组成部分。

处理影片节目的任何一个情节或一组画面都要从影片表达的内容出发来处理节奏问题。如果在一个宁静祥和的环境里用了快节奏的镜头转换，就会使观众觉得突兀跳跃，心理难以接受。然而在一些节奏强烈、激荡人心的场面中,就应该考虑种种冲击因素,使镜头的变化速率与青年观众的心理要求一致,以增强青年观众的激动情绪达到吸引和模仿的目的。

3. 镜头转场技巧

一部完整的影视作品由多个情节的段落所组成,而每一个情节的段落则由若干个蒙太奇镜头段落(或称蒙太奇句子)组成,每一个蒙太奇镜头段落又由一个或若干个镜头组成。场面的转换首先是镜头之间的转换,同时也包括蒙太奇镜头段落之间的转换和情节段落之间的转换。为了使影视作品内容的条理性更强、层次的发展更清晰,在场面与场面之间的转换中需要一定的手法。转场的方法多种多样,但通常可以分为两类:一种是用特技的手段作转场,另一种是用镜头的自然过渡作转场,前者也叫技巧转场,后者又叫无技巧转场。

技巧转场的方法一般用于电视片情节段落之间的转换,它强调的是心理的隔断性,目的是使观众有较明确的段落感觉。由于电子特技机、非线性编辑系统的发展,特技转换的手法有数百种之多,但归纳起来不外乎以下几种形式。

(1)淡出与淡入。

淡出是指上一段落最后一个镜头的画面逐渐隐去直至黑场,淡入是指下一段落第一个镜头的画面逐渐显现直至正常的亮度。淡出与淡入画面的长度一般各为2秒,但实际编辑时应根据电视片的情节、情绪和节奏的要求来决定。有些影片中淡出与淡入之间还有一段黑场,给人一种间歇感,适用于自然段落的转换。

(2)扫换。

扫换也称划像,可分为划出与划入。前一画面从某一方向退出荧屏称为划出,下一个画面从某一方向进入荧屏称为划入。划出与划入的形式多种多样,根据画面进、出荧屏的方向不同,可分为横划、竖划和对角线划等。扫换一般用于两个内容、意义差别较大的段落转换时。

(3)叠化。

叠化是指前一个镜头的画面与后一个镜头的画面相叠加,前一个镜头的画面逐渐隐去,后一个镜头的画面逐渐显现的过程。在电视编辑中,叠化主要有以下几种功能:一是用于时间的转换,表示时间的消逝;二是用于空间的转换,表示空间已发生变化;三是用叠化表现梦境、想象、回忆等插叙、回叙场合;四是表现景物变幻莫测、琳琅满目、目不暇接。

(4)翻页。

翻页是指第一个画面像翻书一样翻过去,第二个画面随之显露出来。现在由于三维特技效果的发展,翻页已不再是某一单纯的模式。

(5)停帧。

前一段落结尾画面的最后一帧作停帧处理,使人产生视觉的停顿,接着出现下一个画面,这比较适合于不同主题段落间的转换。

(6)运用空镜头。

运用空镜头转场的方式在影视作品中经常看到,特别是早一些的电影中,当某一位英雄人物壮烈牺牲之后，经常接转苍松翠柏、高山大海等空镜头，主要是为了让观众在情绪发展到高潮之后能够回味作品的情节和意境。空镜头画面转场可以增加作品的艺术感染力。

除以上常见的转场方法，技巧转场还有正负像互换、焦点虚实变化等其他一些方式。

4. 蒙太奇

蒙太奇是文学、音乐和美术的组合体的音译，原为建筑学术语，意为构成、装配。现在是影视电影创作的主要叙述手段和表现手段之一。一般包括画面剪辑和画面合成两方面。画面剪辑是指由许多画面或图样并列或叠化而成的一个统一图画作品，画面合成是指制作这种组合方式的艺术或过程。

简要地说，蒙太奇就是根据影片所要表达的内容和观众的心理顺序，将一部影片分别拍摄成许多镜头，然后再按照原定的构思组接起来。概括而言，蒙太奇就是把分切的镜头组接起来的手段。由此可知，蒙太奇就是将摄像机拍摄下来的镜头，按照生活逻辑、推理顺序、作者的观点倾向及其美学原则联结起来的手段。

人们总结出两类蒙太奇模式，它们分别是叙述蒙太奇和表现蒙太奇。

（1）叙述蒙太奇。

叙述蒙太奇是按照事物的发展规律、内在联系、时间顺序把不同的镜头连接在一起，叙述一个情节，展示一系列事件的剪接方法。叙述蒙太奇又可分为线索式蒙太奇、平行式蒙太奇、积累式蒙太奇、复现式蒙太奇、插叙与倒叙蒙太奇等几种。

（2）表现蒙太奇。

表现蒙太奇又称"列蒙太奇"，是根据画面的内在联系，通过画面与画面以及画面与声音之间的变化与冲击，造成单个画面本身无法产生的概念与寓意，激发观众联想。表现蒙太奇细分为联想式蒙太奇、隐喻式蒙太奇、对比式蒙太奇、错觉式蒙太奇和抒情式蒙太奇等几种。

五、声音运用的基本规律

1. 音视频节目中的声音运用

一般音视频节目中的声音分为人声、解说、音响和音乐四个部分。

（1）人声。

人声是指画面中出现的人物所发出的声音，分为对白、独白、和心声等几种形式。

① 对白。

对白也称对话，是指节目中人物相互之间的交谈。对白在人声中占相当的比重，再与人物的表情、动作、音响或音乐配合，使画面的含义突出，外部动作得到扩充，内部动作得到发展。

② 独白。

独白是节目中人物潜在心理活动的表述，它只能采用第一人称。独白常用于人物幻想、回忆或披露自己心中鲜为人知的秘密，往往起到深化人物思想和情感的作用。

③ 心声。

心声是以画外音形式出现的人物内心活动的自白。心声可以在人物处于运动或静止状态默默思考时使用，或者在出现人物特写时使用。心声即可以披露人物发自肺腑的声音，也可以表达人物对往昔的回忆或对未来的憧憬。心声作为人物内心的轨迹，不管是直露的还是含蓄的，都将使画面的表现力丰富厚重，使画面中形象的含糊含义趋于清晰和明朗。运用心声时，应对音调和音量有所控制。情要浓，给观众以情绪上的感染；音要轻，给观众以回味和思索的余地；字要重，给人以真实可信的感觉。

（2）解说。

解说一般采用解说人不出现在画面中的旁白形式，它所起的作用是：强化画面信息；补充说明画面；串联内容、转场；表达某种情绪。解说与画面的配合关系分为声画同步、解说先于画面、解说后于画面三种。

（3）音响。

音响是指与画面相配合的除人声、解说和音乐以外的声音。音响的作用有助于揭示事物的本质，增加画面的真实感，扩大画面的表现力。音响只能给人以听觉上的感受，只能反映事物的一部分特点，因此它所反映的事物往往是不清晰、不准确的。

音响在运用上可采用将前一镜头的效果延伸到后一个镜头的延伸法，也可以采用画面上未见发声体而先闻其声的预示法，还可以采用强化、夸张某种音响的渲染法，以及不同音响效果的交替混合法。

（4）音乐。

音乐具有丰富的表现功能，是视频节目中不可缺少的重要元素。在视频节目中，音乐不再属于纯音乐范畴，而成了一种既适应画面内容需要，又保留了自身某些特征与规律的影视音乐。音乐的主要作用是作衬底音乐、段落划分和烘托气氛。

在配乐的过程中，要注意不要只追求音乐的完整、旋律的优美，而游离于主体之外、分散注意力。格调要和谐，调式、风格差别较大的乐曲不要混杂地用在一起。同时也不要从头到尾反复用一首曲子。不要使用观众广为熟悉的音乐。音乐应与解说、音响在情绪上相配合。音乐不宜太多太满。

2. 新闻报道中的声音运用

（1）音响素材。

从新闻报道的角度，可以将声音分为以下几类。

① 新闻事件的实况音响。

新闻事件的实况音响也称主体音响或典型音响，它们与报道主题直接相关，合理地运用可给人强烈的真实感与现场感。

② 新闻事件中的人物访谈。

这类音响素材的采集在新闻记者的控制下进行，可有效地实现新闻记者的传播意图。

③ 新闻现场的环境音响。

新闻现场的环境音响运用得当可以很好地营造现场气氛，让听众身临其境。

④ 音响资料。

音响资料即以前采集的与本新闻报道相关的声音素材。它往往用于提供新闻的背景材料，丰富报道内容。

⑤ 音乐。

在某些报道中，可以适当地采用音乐作为背景，以起到渲染气氛、烘托主题的目的。但是音乐不能作为音响报道的主角。

（2）音响报道。

就是将以上不同类型的印象素材与新闻稿结合起来形成含有音响的新闻报道。音响报道的类型分为以下几种。

① 录音新闻。

这是一种比较简短，时间性很强，利用现场音响进行报道的广播形式。录音新闻应该具备广播新闻所具备的一切要求。报道的事实必须具有新闻性，必须具有音响场面。

录音新闻由文字新闻演变而来，它要求简短、精悍、迅速、及时。结构上同文字新闻差不多，一般也有导语、主题、结尾，背景材料可有可无。这种形式宜于报道各种重要会议的开幕、闭幕，或重要工程开始和完成的消息；工农业生产和其他各条战线的新成就；国家或民族间的活动等。

录音新闻是由音响和文字两部分共同来表现主题的。因而，除了一般新闻稿件写作的基本要求之外，还必须注意文字和音响之间的配合。

② 现场报道。

现场报道是报道的一种，是指在新闻现场运用实况音响和现场解说描述新闻事实和现场情景的报道形式。它以再现事物及其现场的瞬间状态和情景为主要表现目标，以典型的、富于表现力的现场音响为必要手段，以现场的即时解说、述评为贯穿始终的主线。录音现场报道多用于报道重大的预发性事件或活动，一般在现场采录、解说，经过加工、合成后播出，具有高度的时效性和强烈的现场感。

③ 录音专访。

录音专访是以新闻记者对某个人物、事件或问题进行专题访问的一种音响报道形式。录音专访比一般报道要详细而生动。

音响报道还有录音通讯、录音特写和录音评论等形式。

3. 声音采集与制作的质量要求

（1）达到一定的响度要求。

（2）有效控制噪音。

（3）声音保真度高。

（4）具有真实感。

（5）恰当地进行混合处理。

（6）声画对位、衔接自然。

第4章 网络内容原创

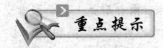

本章内容的重要性不言而喻。网络编辑的主要工作内容就是内容编辑、原创和内容策划。这些工作做得好坏是衡量一个网络编辑工作能力的主要指标。所以这部分的训练就变得非常重要。从备考助理网络编辑师的角度,重点要放在标题的制作、导语的写作、稿件的整合和内容的修改等几个方面。网络新闻专题策划这部分的内容主要是为了给将来开展网络编辑员国家职业资格鉴定考试做准备。但是作为三级的考试考生最好也能仔细阅读并且做适当的相关训练,因为从网络编辑工作的实际出发,这部分内容对于提高网络编辑员的策划、整合与组织能力有很大的帮助。

一、单选题

1. 新闻述评是一种有述有评、评述相间的报道形式,可归类为(　　)。
A. 特写　　　　B. 评论　　　　C. 消息　　　　D. 通讯

解析:这道题的考点在于对新闻述评的归类上,考生对于新闻述评接触的不多,往往会根据字面理解,既然是述评,那就应该是评论的一种。其实,新闻述评是一类特殊的消息。正确答案为选项C。

2. 请看导语:

要不了三个月,杭州居民须做的第一件事将是把家庭密码输在一个电子计算机大小的智能终端操作屏上,以告诉智能终端主人回来了。否则,30秒钟后,智能终端将立即向警方报告,有人非法闯入他人家庭。

杭州有线网络工程负责人向记者这样描述了杭州人将要过的一种生活片断……杭州,将成为中国第一个真正意义上的e城市。

上述导语属于(　　)。
A. 评论式导语　　　　　　　B. 结论式导语
C. 叙述式导语　　　　　　　D. 描写式导语

解析:这道题我们可以采用排除法。仔细阅读题干,我们发现这则导语并没有展开评论,也没有下什么结论。所以可以排除选项A和选项B。叙述式导语的特点是直接对新闻事实中最重要、最新鲜的内容进行摘要或归纳,而这则导语也不是,所以选项C也不对。最后只剩下选项D了,也就是描写式导语。正确答案为选项D。

二、多选题

1. 在新闻摄影中,一张好新闻照片应具有瞬间的张力,这里的"瞬间"包括(　　)。
A. 瞬间的黄金点　　　　　　B. 高潮瞬间

C. 高潮后的瞬间　　　　　　　D. 情节瞬间

解析：这道题属于新闻摄影的基本要求中的内部形式上的要求。内部形式上的要求有三个方面，其中第一个就是瞬间的张力。新闻摄影的瞬间包括瞬间的黄金点、高潮瞬间、高潮后的瞬间和情节瞬间。所以这道题的答案很明显就是全选。正确答案为选项 ABCD。

2. 面对面采访是一种人际交流，除语言符号外，采访交流还可借助非语言符号，它包括（　　）。

A. 表情　　　B. 肢体语言　　　C. 服饰　　　D. 空间距离

解析：这道题考察的是面对面采访的非语言符号问题。非语言符号包括很多种，如表情、肢体语言、服饰、空间距离、环境陈设布置、图形标志、人体距离、时间调节和艺术等。正确答案为选项 ABCD。

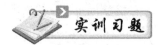

一、单选题

1. 提出"新闻是新近发生的事实的报道"的是（　　）。
A. 约翰·博加特　　　　　　B. 黄远生
C. 陆定一　　　　　　　　　D. 邵飘萍

2. 在采访对象不知情的情况下，通过偷拍、偷录等记录方式，或者隐瞒新闻记者的身份以体验的方式进行的采访是（　　）。
A. 面对面采访　　　　　　　B. 电话采访
C. 体验采访　　　　　　　　D. 隐性采访

3. 新闻价值中新闻事件参与者及其业绩的知名程度，属于（　　）。
A. 时新性　　　　　　　　　B. 接近性
C. 重要性　　　　　　　　　D. 显著性

4. 以事实的重要性程度或受众关心程度依次递减的次序，先主后次地安排消息中各项事实内容，这种消息的结构式（　　）。
A. 倒金字塔结构　　　　　　B. 时间顺序式结构
C. 对比式结构　　　　　　　D. 提要式结构

5. 下列属于消息标题的是（　　）。
A. 快女的黑幕流言
B. 对杰克逊搞个人崇拜，荒唐
C. 教育部称今年全国高校毕业生就业率达68%
D. 人人爱哈佛是教育的耻辱

6. 只抓取新闻事件中富有特征的片断，加以浓重的渲染，这类新闻体裁属于（　　）。
A. 新闻通讯　　　　　　　　B. 新闻特写
C. 新闻花絮　　　　　　　　D. 新闻述评

7. 不同的景别会引起观众不同的心理反应,侧重于揭示人物内心世界的景别是（　　）。
   A. 全景　　　　B. 中景　　　　C. 特写　　　　D. 近景

8. 将主体置于画面的视觉中心,常采用（　　）。
   A. 二分法　　　B. 三分法　　　C. 六分法　　　D. 九分法

9. 光线投射方向与拍摄方向成 90 度左右照明,属于（　　）。
   A. 顺光　　　　B. 侧光　　　　C. 逆光　　　　D. 顶光

10. 国家工商总局昨天正式对外发布《网络商品交易及有关服务行为管理暂行办法》（全文），将于 7 月 1 日起施行。根据办法，通过网络从事商品交易及有关服务行为的自然人，应当向提供网络交易平台服务的经营者提出申请，提交其姓名和地址等真实身份信息。上述导语属于（　　）。
    A. 叙述式导语　　　　　　　　B. 结论式导语
    C. 评论式导语　　　　　　　　D. 描写式导语

二、多选题

1. 如何选择好的新闻角度（　　）。
   A. 突出重点　　B. 旧中觅新　　C. 由近及远
   D. 以小见大　　E. 虚中觅实

2. 叙事性蒙太奇都包括（　　）。
   A. 线索式蒙太奇　　　　　　　B. 平行式蒙太奇
   C. 积累式蒙太奇　　　　　　　D. 复现式蒙太奇

3. 一般音频节目中的声音通常包括（　　）。
   A. 人声　　　　B. 解说　　　　C. 音响　　　　D. 音乐

4. 运动摄像,就是利用摄像机在（　　）等形式的运动中进行拍摄的方式。
   A. 推与拉　　　B. 摇与移　　　C. 跟　　　　　D. 甩

5. 照片可有两种画幅,分别是（　　）。
   A. 高画幅　　　B. 横画幅　　　C. 长画幅　　　D. 竖画幅

6. 按内容分,通讯一般分为（　　）几种。
   A. 人物通讯　　　　　　　　　B. 事件通讯
   C. 概貌通讯　　　　　　　　　D. 工作通讯

7. 按评论写作论述的角度分类,有（　　）几种类型。
   A. 立论性评论　B. 驳论性评论　C. 阐述性评论
   D. 解释性评论　E. 提示性评论

8. 人声是指画面中出现的人物所发出的声音,分为（　　）几种形式。
   A. 对白　　　　B. 独白　　　　C. 心声　　　　D. 旁白

第5章

网络互动管理

 本章导读

1. 网络互动主要有启动式、增值式、参与式、提升式和资源式五种方式。
2. 电子公告管理主要包括对参与互动的网民的管理和对互动内容的管理两个方面。
3. 网络论坛的三个主要作用：(1) 网民意见表达的主要渠道之一；(2) 网络论坛提供了汇聚个体意见的方式；(3) 网络论坛是重要的人际交流场合。
4. 网络受众调查是网站了解网民的基本渠道，也为受众提供表达自身要求的渠道，同时也便于网站了解受众意见与态度。
5. 网络受众调查属于非全面调查。间接调查是网络受众调查最主要的方式，其中最常用的具体方法是问卷调查。调查问卷包括封闭式和开放式两种回答方式。
6. 问卷的常见四类问题包括：背景方面的问题，事实或行为方面的问题，观念、态度、情感方面的问题和检验性问题。

第5章 网络互动管理

5.1 网络互动概述

一、网络互动的含义与意义

根据美国传播学家拉斯韦尔提出的"5W"过程模式，传播过程是由传播者、传播内容、传播渠道、受众和传播效果五个要素和环节组成的。其中，传播者与受众处在传播过程的两端。

传统媒体时代的传播者与受众地位并不平等，传播者总是处于信息传播的主导地位，而受众则处于被动地位，通常只能被动接受信息。但进入网络时代，网络媒体打破了传播信息单向传输的局面，受众对信息的传播有了更多的参与，传播者与受众之间的互动也随之增强。

网络互动是指网民与网站之间的交流，也指网民和网民之间的沟通。对于传播者和受众来说，网络互动的意义主要体现在以下几个方面。

（1）信息的传播者与受众之间的交流更加容易。如受众可以对新闻进行在线评论，使传播者及时了解受众的反应。

（2）受众参与新闻传播的可能性大大增强。如受众在网络论坛上的发帖可以为传播者提供新闻线索或告知新闻事实。

（3）受众与受众之间的交流也得以增强。受众之间的交流一方面有利于实现信息的多级传播，另一方面也有利于巩固受众与网站之间的关系。

二、网络互动的方式与形式

网民参与网络互动的方式，主要有以下五种。

1. 启动式互动

启动式互动即网民向网站提供新闻线索，成为新闻媒体的重要稿源。网民在网络论坛中的发帖经常会给网络编辑带来重要的新闻线索，甚至某些网站专门设立了新闻线索论坛，方便网民提供新闻线索。

2. 增值式互动

增值式互动即网民转发帖子。网民可通过电子邮件或论坛向其他的人推荐自己感兴趣的新闻。这类互动方式使得新闻的传播范围更广，从而实现新闻的增值。

3. 参与式互动

参与式互动即受众参与新闻的形成之中。最典型的形式是网民与新闻当事人在网络聊天室中进行的讨论，这种讨论本身就可能是新闻的产生过程。如新浪网的嘉宾聊天室通常邀请嘉宾与网民进行在线聊天，聊天内容成为重要的新闻素材。

4. 提升式互动

提升式互动即网民对某一事件或新闻的意见反响可提升事件或新闻的关注度，也有助于将新闻的影响扩大到网络之外。网民参与论坛讨论、参与受众调查等是网民产生意见反响的主要方式。

5. 资源式互动

资源式互动即网民通过参与网络调查，为新闻报道提供素材或依据。如网络新闻"网上调查：八成网民表示无意购买雀巢奶粉"就是根据某网站财经频道开展的"雀巢奶粉含碘超标事件调查"的投票结果完成的。

常见的网络互动手段包括电子邮件、留言板、聊天室、网络论坛、博客和即时通信工具等。在2000年发布的《互联网电子公告服务管理规定》中，将留言板、聊天室和网络论坛统称为"电子公告服务"。

三、网络互动的一般原则

对网站而言，互动管理是网站管理的重要组成部分。既要充分维护网民的能动性，又要使网络互动向着健康有序的方向发展。因此，在网络管理的实践中，互动管理应遵循一些基本原则。

1. 张弛有道，松紧适当

过于严格的互动管理容易降低网民参与互动的积极性，但过于松散的管理也会导致互动的混乱，从而影响网站的长远发展。因此，要把握好互动管理中"松"与"紧"的尺度。

2. 审时度势，灵活把握

网站管理人员在不同的时期和不同的形势下应有不同的管理重点，从而采取相应的管理策略。

3. 制度化管理与人性化管理相结合

在互动管理的实践中，网站管理人员还需要在遵循基本管理制度的基础上，根据具体的环境和对象提供人性化的服务，从而形成网站良好的人际互动氛围。

网络互动既包括网民与网站之间的交流，也包括网民彼此之间的沟通。目前常见的网络互动手段主要包括电子邮件、留言板、聊天室、网络论坛和博客等。

5.2 网民邮件管理

电子邮件是网站发展早期网民参与互动的常见手段之一，属于一种非实时交流。网站对网民邮件管理主要包括以下三个方面。

第5章 网络互动管理

一、邮件的分类处理

不同的网民向网站发送邮件的目的各不相同，因而需要网络编辑对邮件进行分类，以便及时转发给相关部门。

网民向网站发送电子邮件的目的通常包括对网站的意见或建议、对某事件的个人看法和提供新闻线索等。

二、邮件内容审核

网民发给网站的邮件很多不会发布上网，但有时部分邮件也需要发布到网上。这时就需要网络编辑对邮件的内容进行认真审核，包括对邮件的事实、观点、知识和文字等方面的检查与修改。

三、邮件发布管理

邮件发布管理主要是指发布形式与发布方式的管理。对于打算发布上网的网民邮件，网络编辑可根据其内容和网站自身需要采取不同的发布方式，如原文发表、摘要发表和多篇邮件整合发表等。

5.3 电子公告服务管理

电子公告服务是指在互联网上以电子布告牌、电子白板、电子论坛、网络聊天室和留言板等交互形式为上网用户提供信息发布条件的行为。

电子公告服务管理主要包括对参与互动的网民的管理和对互动内容的管理两个方面。

一、网民管理

对网民的管理主要涉及身份管理和参与资格的管理。

1. 身份管理

网民参与互动中的身份管理是各种形式的网络互动都可能涉及的。由于自身功能定位的差异，不同的电子公告服务对网民的身份管理也有区别。

（1）聊天室通常不强求参与聊天的网民有明确的身份，匿名也可以进入聊天室交流。这是由于聊天室的主要功能是人际交流，也是让网民自由交流、放松心情的空间，因此聊天室的管理通常相对比较宽松。

（2）留言板和网络论坛通常要求网民发布信息时有明确的身份。如规定只有注册用户才能发帖。这是由于留言板和网络论坛中发布的信息影响面广且持续性长，对信息的真实性和正确性要求更高，因而需要对网民的身份进行限制。

2. 参与资格管理

参与资格管理指对网民在网站参与一定的互动活动之后，网站对其参与的活动进行记录，进行相关的资格管理。如没有劣迹记录的网民，网站可长期维持其参与资格。而对于发布过违规内容的网民，网站管理人员可根据其行为的性质与影响程度采取短期或长期禁止其发布内容的措施。

二、内容管理

1. 内容发布方式的确定

电子公告服务的内容发布方式既受到技术因素与外在环境的制约，同时也影响着网民互动的具体方式与程度。电子公告服务的内容发布方式包括：

（1）来访者可以留言，他人可以查看留言，但不能直接对某一留言进行回复；

（2）来访者可以留言，他人也可以随意回复。

内容发布方式通常与网民的身份管理相联系。有些系统只有注册用户才能发布信息，有些系统则对全体来访者公开。

2. 内容呈现方式的确定

电子公告服务主要采用以下几种呈现方式。

（1）按内容的发布时间排列。

通常电子公告服务的内容按照发布时间自动排列。

（2）按内容的性质或主题排列。

许多电子公告服务系统会根据内容的性质或主题划分为多个类别；一个主帖的跟帖由于主题相同也会集中排列在一起。

（3）按内容的点击率排列。

按内容的点击率排列能突出关注度比较高的热帖。

（4）按内容的发布者分类排列。

这是为了鼓励、扶植或巩固某些作者，网站专门为他们制作个人专辑。

（5）按内容的长短排列。

为了鼓励高质量的创作，某些网站将长帖和短帖分开排列。

除以上排列方式外，较为成熟的电子公告服务系统还可以提供灵活多样的内容搜索，如根据发布时间、发布者姓名和内容标题等进行查找。

3. 内容审核与处理

内容审核是互动管理的一个重要方面，它直接影响网站内容的质量，也关系到网站的形象与声誉。内容审核的主要依据是国家法律、法规，包括宪法和其他相关的法律、法规，如 2000 年 11 月原信息产业部颁布的《互联网电子公告服务管理规定》。

在进行内容审核时，根据文章的内容性质不同，网站管理人员审核的重点也有所不同：

（1）提供新闻线索或告知新闻事实的文章，应主要审核其内容的真实性和时效性；

（2）以观点为主的文章，应审核其是否涉及国家相关的政策规定禁载的内容。

在审核方式上，网站对电子公告服务系统的内容主要有事前审核与事后审核两种方式。

事前审核是内容发布前就由网站管理人员进行审核禁止不符合要求的内容发布出来。许多重要的论坛是采用事前审核的方式。

事后审核是在内容发布后再进行处理，一旦发现不适合的内容则进行删帖等措施。

第5章 网络互动管理

在实践中，事前审核与事后审核这两种方式经常配合使用。

根据我国《互联网电子公告服务管理规定》，聊天室、留言板和网络论坛统称为"电子公告服务"。其中，网络论坛是一种最常用的网络服务。

三、聊天室管理

聊天室是一个虚拟的网上空间，网民可根据自己的兴趣找到合适的聊天室。为了不影响网站的人气，通常聊天室的管理相对比较宽容，如不强制要求网民有明确的身份，网民可以匿名参与互动。

聊天室管理主要在于对信息内容发布的规范，即对聊天室言论内容、昵称和签名档等各种形式的内容管理。

如腾讯QQ聊天室对用户发布的信息内容规定，不得出现下列任意一种或几种情况，否则QQ聊天室管理人员有权不通知用户直接对用户实施禁言、禁止进入聊天室、禁闭、封IP等措施，并保留将有关电子信息证据提交国家司法机关的权利。

这些情况包括：

（1）反对宪法所确定的基本原则的；
（2）危害国家安全，泄露国家秘密，颠覆国家政权，破坏国家统一的；
（3）损害国家荣誉和利益的；
（4）煽动民族仇恨、民族歧视，破坏民族团结的；
（5）破坏国家宗教政策，宣扬邪教和封建迷信的；
（6）散布谣言，扰乱社会秩序，破坏社会稳定的；
（7）散布淫秽、色情、赌博、暴力、凶杀、恐怖或者教唆犯罪的；
（8）侮辱或者诽谤他人，侵害他人合法权益的。

四、留言板管理

传统意义上的留言板指的是一种可以用来记录、展示文字信息的载体，一般以黑板、木板为载体。而现如今的留言板指的是网络留言板，又称留言簿或留言本，是目前网站中使用较广泛的一种与网民沟通、交流的方式。通过留言板，网站可收集来自网民的意见或需求信息，并可做出相应的回复，从而实现网站与网民之间及不同网民之间的交流与沟通。网站管理人员可以通过发布、删除留言等操作来进行留言板的管理。

以下是百灵网网站留言板管理规则。

百灵网站留言板管理规则

（一）不得发布含有以下信息的言论：
1. 反对宪法所确定的基本原则的；
2. 危害国家安全，泄露国家秘密，颠覆国家政权，破坏国家统一的；
3. 损害国家荣誉和利益的；

4. 煽动民族仇恨、民族歧视，破坏民族团结的；
5. 破坏国家宗教政策，宣扬邪教和封建迷信的；
6. 散布谣言，扰乱社会秩序，破坏社会稳定的；
7. 散布淫秽、色情、赌博、暴力、凶杀、恐怖或者教唆犯罪的；
8. 侮辱或者诽谤他人，侵害他人合法权益的；
9. 含有法律、行政法规禁止的其他内容的；

（二）请勿传播未经公开报道、未经证实的消息，亲身经历者请注明。

（三）请注意使用文明用语，任何人不得以任何原因对任何一位网友或其他组织及个人进行人身攻击、谩骂、诋毁。

（四）不得在留言板从事非法的商业活动。未经我们同意，请勿张贴任何形式的广告。

（五）请勿在留言中（标题和内容）加入各种奇形怪状的符号。

（六）建议使用真实姓名，不方便使用时，请注意：

1. 请勿以党和国家领导人或其他名人的真实姓名、字、号、艺名、笔名作自己的名称；
2. 请勿以国家组织机构或其他组织机构的名称作名称；
3. 请勿使用与其他网友相同、相仿的名称作名称；
4. 请勿使用不文明、不健康的名称；
5. 请勿使用易产生歧义、引起他人误解的名称；

（七）请勿恶意、无聊留言灌水。

（八）请勿多次发表重复内容的留言或评论。

（九）百灵网拥有管理笔名和留言的一切权利：

1. 在您填写姓名、信箱和留言时如出现上述本网站所禁止的行为，管理人员有权直接删除，严重者将依照有关规定做封闭 IP 地址等相应处罚；
2. 您在百灵网留言板发表的言论，百灵网有权在网站内转载或引用。

（十）网站留言板仅提供网友发表对网站内容提出的留言，对公司其他相关业务的留言请到公司留言板发表。

由于网络论坛管理的内容较为繁复，本书将网络论坛管理内容列为单独的内容来做介绍。

5.4 网络论坛管理

一、网络论坛概述

1. 网络论坛的定义和作用

网络论坛也称 BBS（Bulletin Board System）或者电子公告板，是一种电子信息服务系统。它向用户提供了一块公共电子白板，每个用户都可以在上面发布信息或提出看法。早期的网络论坛由教育机构或研究机构管理，现在多数网站上都建立了自己的网络论坛系统,供网民通过网络来结交更多的朋友,表达自己的想法。网络论坛的交流方式以 Web 和 FTP 为主。

在各类网络互动形式中,网络论坛是一个重要的组成部分。网络论坛的作用主要包括以下几个方面。

(1) 网络论坛是网民意见表达的主要渠道之一。

(2) 网络论坛提供了汇聚个体意见的方式。

(3) 网络论坛是重要的人际交流场合。尽管是虚拟的互动空间,但仍然为网民提供了真实的交流空间,人们可以在这个信息平台上进行各类信息的交流。

2. 网络论坛的特点

网络论坛是网络互动的重要形式之一,其主要特点如下。

(1) 互动性。

网络论坛中并存着一对一、一对多、多对多和多对一的传播方式,多元化的互动方式是网络论坛的一个显著特点。

(2) 快捷性。

网络论坛中的文章发布后有时会很快得到反馈,从而开展讨论。

(3) 匿名性。

网民在网络论坛中经常使用昵称甚至匿名身份参与网络论坛活动,这给网民的信息交流带来了更大的自由度。但由于网民匿名参与互动带来了虚假信息泛滥的问题。

(4) 游移话题。

尽管网络论坛通常会为栏目设置一定的相关主题,但由于网络媒体固有的开放性和自由性,网站管理人员不能完全控制话题的讨论,导致了网络论坛讨论中偏离话题、讨论漫无边际等现象的存在。

(5) 观点纷杂。

由于网民自身的年龄、教育水平、地域和社会身份的差异导致了网络论坛中意见观点的多元化,从而造成了网络论坛观点纷杂的局面。

3. 网络论坛的分类

网络论坛可以从不同的角度进行分类。

(1) 按网络论坛的维系点分类。

维系点是网络论坛凝聚网民、积累人气的纽带,如果失去维系点,网络论坛的生存将受到重大影响。按照维系点的不同,网络论坛可以分为以下几种。

① 以传统关系维系的网络论坛。

这类网络论坛源于现实社会生活中已存在的关系,参与互动的网民通常以真实身份进行交流,最典型的是以同学关系为纽带的校友录。如搜狐网的校友录就属于此类网络论坛。

② 以思想观念或兴趣爱好维系的网络论坛。

这类网络论坛是以思想与观点的交流为目的,不受传统关系的约束。如人民网的"强国论坛"主要讨论政治、经济、军事和外交等有关国家兴盛的话题;新华网的"发展论坛"

则主要偏重讨论社会性话题，如著名网文《深圳，你被谁抛弃》即首发于该论坛；天涯社区的"关天茶舍"则关注学术、思想讨论。

③ 以产品维系的网络论坛。

这类网络论坛里的成员都是对某类产品或某个品牌的产品感兴趣。如"汽车论坛"是以汽车这一类产品来维系的，"索尼论坛"则是以索尼这一品牌的系列产品来维系。

④ 以人物维系的网络论坛。

这类网络论坛通常是由某个著名历史人物或当今公众人物的"粉丝"组成的论坛。如某位流行歌手的追星族组成的网络论坛。

（2）按网络论坛的设置时间分类。

① 长期性网络论坛。

大多数网络论坛都具有时间上的延续性。如国内的西祠胡同、天涯社区和猫扑网等著名网络论坛都已有 10 年以上的历史。

② 临时性网络论坛。

这类网络论坛是根据外界形势的需要设置的，如针对某个新闻事件设立的网络论坛，在事件过后网络论坛就自然消失了。有时这类网络论坛也会不断地随着新的新闻事件的出现而转化。

（3）按网络论坛的管理方式分类。

① 有限制式网络论坛。

一般较为稳定和小型的网络论坛采用此类管理方式，要求所有的发言者都必须是注册用户。此外，某些网络论坛中的用户注册还需要经过论坛管理人员一定的审核。

② 半限制式网络论坛。

这类网络论坛既提供身份注册，也允许没有身份的用户发言，但所有非注册用户都统称为"过客"。对于注册用户来说，其发言的情形与限制式网络论坛类似。而对于以"过客"身份发言的人来说，则等于没有限制。

③ 无限制式网络论坛。

这类网络论坛允许自由发言，发言者可随时为自己选择代号或者完全匿名发言。

二、网络论坛的管理规则与管理者

网络论坛的管理主要包括管理规则的确定、成员管理、内容管理和论题的管理。

1. 网络论坛管理的管理规则

通常每个网络论坛都有自己的管理规则。各个网络论坛的管理规则之间既有共通之处，即要遵守国家关于互联网管理的相关法律法规，也有本论坛的具体规则。在制定管理规则时，应当考虑管理规则需兼具规范性与可操作性以便于网络论坛的管理者和成员遵守。

一般来说，网络论坛的管理规则包括以下内容。

（1）对帖子内容的限制。

（2）对成员身份标识的管理原则。如对用户名、用户头像和签名档的管理等。

第5章 网络互动管理

（3）版权声明。即解释说明网络论坛对网站中的相关内容拥有知识产权，未经许可，任何人不得擅自使用。

2. 网络论坛的管理者及其素质要求

网络论坛的管理规则一方面需要成员的遵守，另一方面也离不开管理者的执行。在网络论坛中，主持人或版主是主要的管理者。同时，主持人或版主也是网络论坛这个群体的象征。版主可由网站工作人员担任，也可由热心的、有号召力的网民担任。

一个优秀的网络论坛的产生是很多人共同努力付出的成果。但毫无疑问，在每个网络论坛中，版主都扮演了相当重要的角色。

目前国内网络论坛的版主主要有两类：一类是版主只充当管理者和协调者的角色，除必要的交流外一般不参与发帖、讨论；另一类是版主除了承担管理任务外还参与讨论，有时甚至是网络论坛的主要作者之一。

网络论坛版主的知识水平、人格魅力、责任感在网络论坛发展的各个阶段有极为重要的作用。某种程度上版主的个人能力、管理水平决定了网络论坛是兴旺、生机勃勃还是衰落、死气沉沉，决定了这个论坛的风格。作为网络论坛最基层、最直接的管理者，版主的个人能力与管理的有效性对于网络论坛的兴衰起着关键性的作用。

因此，版主应当具备的素质包括以下几个方面。

（1）较高的理论政策水平。

版主直接决定着网络论坛内容的质量，必须具备较高的理论政策水平，掌握好放帖、扣帖和删帖的尺度。通常版主都会按照版规处理问题。但版规仅是一个大框架，并没有给版主更多操作上的指导。因此，版主自身对法律常识、政策理论的了解和把握对于网络论坛的言论尺度有很大的影响。这也必然影响到网络论坛的创新力和凝聚力。

（2）过硬的文字水平。

网络论坛最主要的交流方式是文字，文字表达能力的高低是衡量人的网络交际能力高低的重要因素。因此，如果版主没有过硬的文字表达能力将无法建立自己的威望，得到版友的认同，难以进行管理工作。

（3）组织、推动讨论的能力。

版主组织讨论内容明确、有现实意义的、有讨论余地的话题有助于促进网络论坛的兴旺。

（4）人际协调能力。

与现实团体一样，网络论坛中也存在各种矛盾和纠纷，版主应有较强的人际协调能力和人际沟通能力，通过有效的沟通实现网络论坛与社区之间、版主之间、版主与网友之间的信息交流。

三、网络论坛成员的管理

1. 成员的地位与分类

ID 是 Identity 的缩写，即身份标识，是网络论坛成员的标识。网民在网络论坛中注册

ID 后才算是拥有了明确的身份，成为网络论坛的成员。网络论坛成员是网络论坛真正的主角，是网络论坛存在的价值与意义。因此，网络论坛的管理者必须正确认识网络论坛成员的地位，不仅要实施必要的管理，也要为网络论坛成员提供好的服务。

网络论坛的成员可分为以下四种。

（1）追求成就者。

这类成员的动机是为了满足某种成就感，如获取地位名声或引起他人的关注等。

（2）探索者。

这类成员不太看重获取，而喜欢探索环境，以知晓各类秘闻、阅读技巧、新颖书籍，把握群体构成为乐。

（3）社交活动者。

这类成员加入网络论坛的动机为开展社交，比较注重交流的对象而非交流的内容。

（4）恶作剧者。

这类成员是网络论坛里的极少数人，他们以调侃、骚扰、制造论坛为乐。

2. 管理内容

对网络论坛成员的管理主要可概括为身份的管理与参与资格的管理两个方面。

（1）成员注册。

网络论坛通常要求网民参与互动时有具体的身份，需要在网站注册以获取用户名即 ID。不同的网络论坛对成员注册的开放程度是有差异的，大部分网络论坛的成员注册是开放式的，而某些网络论坛的注册是封闭式或半封闭式，仅限特定的用户可以申请。如一些大学的校园论坛仅限校内用户可以申请注册，而校外用户仅能浏览内容但不能申请注册。

（2）网络论坛参与方式。

不同的网络论坛对于参与方式有不同的限制，有些网络论坛要求必须先注册才能发言，有些则没有限制，允许匿名发言。

（3）警告。

这与帖子管理是相关联的。对发布不健康、不文明、含有歧视性或不符合本论坛宗旨等内容的网友，网络论坛管理者需要及时对其进行提示、警告。

（4）封杀与解禁。

对于严重违反网络论坛管理规则的成员，网络论坛的管理者可以封杀其注册的 ID，使其无法发言。如果该成员没有继续违规的行为，通常会在一段时间后对其 ID 解禁。

四、网络论坛内容管理

网络论坛内容管理的方式包括帖子管理、签名档管理和短消息管理等。其中最主要的方式是帖子管理。论坛帖子管理主要包括扣帖、删帖、分级和扶持等热帖方式。

1. 扣帖

对于不适合发表的帖子，网站管理者在帖子发布前进行扣发，使其不能发布在论坛上。扣帖是一种常见的帖子管理方式。

2. 删帖

对于内容或形式上不符合规定但已经发布的帖子，网络论坛管理者会进行删除。

3. 分级

对于质量或长度不同的帖子，网络论坛管理者可进行区分。如对于质量较高、值得一读的帖子，版主可将其列为精华或文摘，以方便其他的成员阅读。

4. 扶持热帖

对于价值较高的帖子，网络论坛管理者可将其放在显著位置，如置顶或首页显示等。

网络论坛帖子管理的主要判断依据包括国家的相关法律法规，即《互联网信息服务管理办法》、《互联网新闻信息服务管理规定》、《互联网电子公告服务管理规定》和《中华人民共和国计算机信息网络国际联网管理暂行规定》等。同时，还应遵循各网站自行拟定的管理条例。

五、网络论坛论题的管理

好的网络论坛论题不仅能快速引发网民热议，提升论坛人气，同时也能帮助网站了解网络舆论的走向。

网络论坛管理者应尽量选择以下类型的论题。

1. 具体明确

只有内容具体、观点明确的网络论坛才能让网民能很快就网络论坛展开讨论。

2. 有较强的现实意义

通常来说，与现实生活和当前事实紧密相关的网络论坛更能引起网民的讨论兴趣。

3. 有讨论的余地

即论题本身还没有明确的结论，或者在某些方面存在争议，同时论题不能太深奥，能让多数人参与讨论而不会陷入曲高和寡的窘境。

六、网络论坛的发展策略

网络论坛成员的参与程度、帖子的数量和质量都与网站的发展密切相关。网络论坛能否吸引成员参与讨论、网上或网下活动都关系网络论坛的生存。因此，网络论坛的管理者必须要采取措施促进网络论坛发展，具体策略包括以下几个方面。

1. 促进网络论坛的开放性

与传统媒体相比，网络论坛的最大吸引力在于人人都能畅所欲言，形成百家争鸣的氛围，而非仅有一家之言。

2. 采取激励措施

积分制是当前许多网络论坛常用的激励方法,即根据帖子的阅读次数和回帖数给予帖子的作者一定的积分,而积分又关系到论坛某些功能的使用或者成员权限的设定。

3. 体现人情味

在重要的节日为成员送上电子贺卡或其他形式的祝福,使成员对论坛产生情感上的依恋。

5.5 博客管理

"博客"一词是从英文单词Blog音译而来。Blog是Weblog的简称,即在网络上发布和阅读的流水记录,通常称为"网络日志"。简言之,博客就是以网络作为载体,简易迅速便捷地发布自己的心得,及时、有效、轻松地与他人进行交流,再集丰富多彩的个性化展示于一体的综合性平台。

作为互联网平台上的个人信息交流中心,博客是继电子邮件、网络论坛、即时通信后出现的第四种网络互动方式。据相关调研机构最新的数据显示,截至2009年上半年,中国网民已经突破3.2亿,拥有博客的网民比例达到一半以上。

博客更为突出地体现了网络的信息共享功能,其意义体现在信息化生活空间、实现社会自我以及扩大社交范围等方面。

在对网络博客进行管理时需注意以下事项。

一、以博客作者为中心

以博客作者为中心即网络编辑在对博客内容进行编辑时,应尽量保留作者原有的文字风格和内容。

二、重视博客作者的体验

重视博客作者的体验即网络编辑不能依据自己的主观意愿来修改博客作者的观点和看法。

三、尽量激发普通博客作者的写作兴趣和阅读兴趣

尽量激发普通博客作者的写作兴趣和阅读兴趣即一方面通过在博客首页的内容提示引起一般网民的兴趣,另一方面提供便捷的博客编辑写作以及扩展服务。如新浪、网易、腾讯等网站的博客频道都相继推出了手机博客的服务,博客作者可以轻松地通过手机上网来更新自己的博客内容。

5.6 即时通信管理

即时通信工具是目前使用最为普遍的网络应用服务之一。早期的即时通信工具仅具备

第5章 网络互动管理

简单的聊天功能，而今天已集视频、邮箱、游戏、音乐文件传输、博客等多功能于一身。目前，国内较为流行的即时通信工具包括腾讯 QQ、微软 MSN、雅虎通和 TOM-Skype 等。

即时通信工具的价值体现在娱乐和商用两方面，主流的应用包括个人即时通信与商务即时通信。个人即时通信主要是以个人用户使用为主，重在聊天、交友和娱乐，如腾讯 QQ、雅虎通、网易 POPO 和新浪 UC 等。这类工具以软件免费使用为辅、增值收费为主。而商务即时通信以买卖关系为主，主要功能是寻找客户资源或便于商务联系，以低成本实现商务交流或工作交流，尤其对开展电子商务的中小企业帮助较大，如阿里旺旺贸易通、阿里旺旺淘宝版、慧聪 TM。

但这种功能的划分并非绝对的，如尽管腾讯 QQ 属于典型的个人即时通信工具，但由于其目前占据了国内 70%以上的即时通信份额，拥有大量的用户群，使得一些企业为了方便客户，直接使用腾讯 QQ 开展电子商务活动，如网络客服、网络销售等。

5.7 网络受众调查

一、网络受众调查的意义与方式

1. 网络受众调查的意义

除了网络互动外，网络受众调查是也是网络媒体了解受众、增强交流的重要方式。目前，无论是传统媒体，还是网络媒体，都在越来越多地利用网络受众调查这一手段。对于网站而言，网络受众调查的意义体现在以下几个方面。

（1）网络受众调查是网站了解网民的基本渠道。

通过网络受众调查的结果，网站可以清楚地了解网站的成员构成、上网习惯和访问兴趣等，从而为网站的下一步发展战略提供依据。如网站改版之前可以通过网络受众调查来更好地明确网站的定位，了解受众的需求及网上活动习惯。

（2）网络受众调查为受众提供表达自身要求的渠道。

网络受众调查中对受众访问兴趣的调查实际上为受众提供了一个表达自身兴趣、偏好的渠道。如当前网站的受众对哪些方面的内容感兴趣，对哪些新闻事件感兴趣，这些都可以在受众调查中得到体现。

（3）便于了解受众的意见与态度。

尤其在重大新闻事件发生时，通过网络受众调查，媒体能够迅速了解受众对时间的观点和态度，以便更好地了解社会舆论的走向，从而适时调整自己的传播策略。

（4）网络受众调查也是一种新闻报道手段。

网络受众调查中的数据经常被引入新闻报道中，如我国 20 世纪 90 年代开始兴起的"精确新闻"就是运用调查手段来报道、分析新闻事件。

网络受众调查在一定程度上也可以烘托气氛，使受众更关注新闻报道。网络为开展网络受众调查提供了一定的便利条件，但是由于网络自身因素的影响，网络受众调查目前还没有完全达到科学、有效，很多调查程序还需要进一步改进。

153

此外，网民参与网络受众调查会受到很多因素的影响或干扰，如问卷的投放位置、调查方式等，因此，网络受众调查并不总是能够准确反映网民的意见与态度。既重视网络受众调查的作用，但又不盲目夸大它的作用才是科学的态度。

2. 网络受众调查的方式

网络受众调查是社会调查中的一种。因此，社会调查的各种方式都可运用于网络受众调查。

（1）从大的方面进行分类。

① 直接调查。

直接调查是调查者直接接触调查对象所做的调查，如实地观察、口头访问和实验调查等。

② 间接调查。

间接调查是通过某种中介间接地对调查对象进行的调查，如问卷调查、文献资料调查和邮件调查等。

间接调查是网络受众调查最主要的方式，其中最常用的具体方法是问卷调查，并且主要是通过网页来发放问卷的。在这种情况下，问卷发放的位置直接决定了调查问卷所涉及的调查对象。这样的方式虽然操作起来简便，但从调查的范围及调查对象的代表性方面看是有一定缺陷的。如果在程序上出现偏差的话会对调查质量产生重大影响。因此，在采用这类问卷调查时要特别注意调查的实施环节。

（2）从调查对象的范围进行分类。

① 全面调查。

全面调查是对调查对象总体的全部单位所进行的调查。

② 非全面调查。

非全面调查是对调查对象总体的一部分所进行的调查，如抽样调查、典型调查和重点调查等。

从调查对象来看，网络受众调查通常是由受众自主选择参与的，无法囊括所有的调查对象，因此属于非全面调查。

二、网络受众调查的内容

所谓网络受众调查，是指以互联网为平台对受众开展的社会调查。网络受众调查可以充分借助网络自身的传播优势，许多的调查活动可以直接在网络上进行，这是其他传统的社会调查、商业调查所不具备的优势。

网络受众调查在实质上仍然是一种社会调查，因此其调查内容与传统的受众调查一样可分为受众情况调查和受众意见调查两类。网络受众调查有不同的目的，网站应在不同的时期为不同的目的开展不同内容的调查。

1. 受众情况调查

受众情况调查是为了了解受众的情况而开展的调查，调查项目包括以下几个方面。

（1）本网站网民的构成情况，如年龄分布状况、职业分布状况、文化水平分布状况等。

（2）网民上网的行为特点，如上网时间、上网地点、上网费用等。

（3）网民对本网站的内容与服务的意见，如网民最喜欢的频道或栏目、网民最不满意的频道或栏目、网民最满意或最不满意的服务等。

除了网站可以进行这样的网民调查外，网站里的某一频道或某一栏目也可以针对自己的受众开展类似的调查，只是规模小些，受众对象更明确，因此，在设计调查项目时也可以更具体、更有针对性。

图 5-1 为人民网传媒频道所做的一次受众调查。

人民网-传媒频道网络受众调查

非常欢迎您参与我们的调查！本次调查为有奖调查，调查问卷共包括19个问题，请您根据每个问题的要求选择最符合您实际情况的答案。

为了便于我们通知您关于这次调查的抽奖结果，请填写您的姓名和联系方式，非常感谢您！此调查由慧聪邓白氏研究提供支持。

姓名： 电话： 手机：

第一部分

1、您一般在以下哪个时间段浏览人民网传媒频道获取相关信息？（单选）

○8：00以前 ○8：00-12：00 ○12：00-16：00 ○16：00-20：00 ○20：00以后 ○一天中我会多次登陆浏览

2、您上人民网传媒频道的主要目的是？（可多选）

□搜集传媒动态新闻 □阅读传媒专家文章 □发表传媒信息 □参加传媒沙龙/活动 □搜集传媒相关书籍/数据/信息 □其他

3-1、您经常关注的栏目是？（可多选）

□电视 □网络 □报纸 □期刊 □广播 □电影 □新媒体 □广告 □出版 □传媒人物 □传媒图片 □传媒E站 □频道合作 □网络直播间 □传媒沙龙 □新闻法规 □传媒书库 □传媒院校 □主持人资料库 □传媒数据 □传媒专家库

3-2、其中您最满意的是?

○电视 ○网络 ○报纸 ○期刊 ○广播 ○电影 ○新媒体 ○广告 ○出版 ○传媒人物 ○传媒图片 ○传媒E站 ○频道合作 ○网络直播间 ○传媒沙龙 ○新闻法规 ○传媒书库 ○传媒院校 ○主持人资料库 ○传媒数据 ○传媒专家库

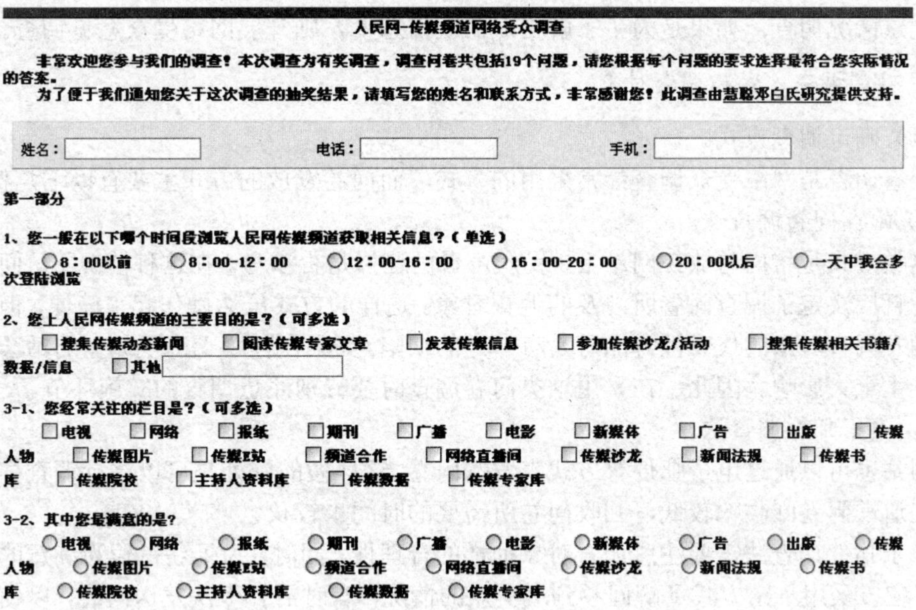

图 5-1 人民网传媒频道受众调查

2. 受众意见调查

受众意见调查是网站为了解受众对某个社会问题或新闻时间的意见而开展的调查，通常是基于以下四种情况开展受众意见调查。

（1）重大的或突发的新闻事件发生。

重大的或突发的新闻事件发生时网站通过网络受众调查能够更好地了解受众的观点，为进一步的报道提供参考。

（2）针对当前社会热点。

通过网络受众调查将潜在的、分散的社会意见与态度揭示出来。

（3）了解网民的关注点。

网民关注的热点与现实社会的热点话题有时会出现偏差，对这些问题进行的调查有助于了解网络虚拟空间的特殊性。

（4）当前的时局。

有些话题本来没有调查的必要性，但由于时局的原因，这种调查就有了特殊的意义。如在四川汶川"5·12"大地震后，调查人们对避震常识的了解情况就有了一定的现实意义。

三、网络受众调查的基本程序

1. 明确调查目的

明确调查目的是调查问卷设计的前提和基础。网络受众调查有不同的目的，网站应在不同的时期为不同的目的开展不同内容的调查。如果是为了了解网络受众的基本情况，则开展受众情况调查；如果是为了了解受众的观点态度，则开展网络受众意见调查。

2. 确定调查方式与调查对象

（1）确定调查方式。

问卷调查是网络受众调查经常采用的方式，而问卷发放的方式主要有以下几种情况。

① 站点问卷调查法。

这类方式是将问卷放在网站上，受众可自由选择是否参与。在这种情况下，问卷发放的位置直接决定了调查问卷所涉及的调查对象。这样的方式虽然操作起来简便，但从调查的范围及调查对象的代表性方面看是有一定的缺陷。如果在程序上出现偏差的话会对调查质量产生重大影响。因此，在采用这类问卷调查时要特别注意调查的实施环节。

② 电子邮件调查法。

网站也可以通过电子邮件等方式来发送问卷，这样做的好处是可以进行调查样本的选择，但通常问卷回收率较低，回收问卷所需要的时间也较长。

电子邮件调查法需要注意调查对象抽样的合理性。同时，为了获得较为满意的问卷回收率，应该采用一定方式了解问卷到达受众的情况，有时需要多次发送问卷，以使更多的人参与。

除了站点问卷调查法和电子邮件调查法外，也可采用弹窗式调查和网络深层访谈开展网络受众调查。

（2）确定调查方式后要确定调查对象。

问卷调查需要通过抽样的方法来选取调查对象，即从研究对象的总体中抽取一部分单位作为样本进行调查，并由此推断总体的特征。抽样调查虽然是非全面调查，但它的目的却在于取得反映总体情况的信息资料，因而，也可起到全面调查的作用。

抽样方法可大致分为随机抽样和非随机抽样两类。

① 随机抽样。

随机抽样是指调查样本是按随机的原则抽取的，在总体中每一个单位被抽取的机会是均等的，因此，能够保证被抽中的个体在总体中的均匀分布，不致出现倾向性误差，代表性强。这种抽样方法简单，误差分析较容易，但是需要样本容量较多，适用于各个体之间差异较小的情况。

② 非随机抽样。

非随机抽样是指抽样时不是遵循随机原则，而是按照研究人员的主观经验或其他条件来抽取样本的一种抽样方法。这类抽样方法找出的样本是由调研者凭经验主观选定的，要求调查人员有丰富的调查经验，具有主观性，所以调研结果误差较大，很难正确地反映总体情况和实际情况。

3. 设计问卷

根据具体的调查选题来进行科学的问卷设计是调查顺利实施的一个重要环节。

（1）问卷的结构设计。

一个完整的问卷一般包括前言、主体和结语三个部分。

前言是对调查的目的及有关事项的说明。其主要作用是引起被调查者的重视和兴趣，争取他们的合作与支持。

主体包括调查的问题、回答的方式及说明等内容。

结语是几句简短的话，可以对被调查对象表示感谢，也可以顺便征询被调查对象对问卷设计及调查本身的意见。结语部分也可以没有。

（2）问卷的内容设计。

问卷设计的问题大体有以下四类。

① 背景方面的问题，主要是被调查对象的个人情况。

② 事实或行为方面的问题，包括已经发生和正在发生的各种客观情况等。

③ 观念、态度、情感方面的问题。

④ 检验性问题，即将一个问题分成两组，使之出现在问卷中的不同地方，以检验回答的真实与否。

在设计问题时要注意：内容具体，不要笼统抽象；要单一，而不是将两个或两个以上的问题合在一起；用词要通俗，避免生僻词语、专业术语；用词要准确，不要使用模棱两可、含混不清或有歧义的词；提问的态度要客观，不要使用有诱导性或倾向性的词。

在问题的组织结构上，可以采取以下方法：按照问题的性质或类别排列；按照问题的复杂程度或困难程度排列；按照问题涉及的时间顺序排列。无论哪种方式，都要注意问题排列的逻辑严密性。

（3）问卷的回答方式。

问卷提供给被调查对象的回答有封闭式和开放式两种。

① 封闭式。

封闭式是指将问题的一切可能答案或几种主要的答案都列出，由被调查对象从中选取一项或几项。这种方式的好处是有利于被调查者正确理解问题和回答问题，节约回答时间，提高问卷的回复率和有效率，也便于回收问卷后对结果进行统计与定量分析，有利于询问一些敏感问题。但是这种方式通常设计起来较困难，回答方式机械，也不容易保证调查质量。

② 开放式。

开放式是指对问题不提供具体答案，由被调查对象自由填写。这种方式灵活性大、适应性强，但是回答的标准化程度低，在问卷的回复率和有效率方面也可能不够理想。

（4）问卷的形式。

网站在进行问卷调查时常采用以下两种问卷形式。

① 完整问卷调查。

这类调查采用较为规范的问卷形式，内容较全面完整，包含了各类问题，提问的方式也比较多样，这一形式的问卷多用于了解网民状况这一用途。这类问卷调查可以获得参与调查者的背景信息，有助于使得到的结果更客观、更可靠，也有助于对调查信息作进一步分析。但是，由于程序上较复杂，网民参与调查耗费的时间较长，通常能吸引到的网民不多。

以下为新浪网房产频道开展的"京西南置业人群购房意向调查"的问卷。

1. 您未来置业时，会否考虑房山板块？
 ○ 会
 ○ 否

2. 您认为，房山最吸引您的特点是什么？
 ○ 巨大的价值增长空间，抗跌性强
 ○ 经济快速发展，是京西南的后花园，明天会更好
 ○ 房子性价比突出
 ○ 环境优良，自然资源丰富

3. 您考虑在房山置业的最终目的是什么
 ○ 自住，用作第一居所
 ○ 投资，看好未来增值空间
 ○ 自住投资兼顾
 ○ 用作父母养老
 ○ 储蓄，抵御通胀

4. 房山现有在售楼盘中，您更倾向于购买哪个楼盘？为什么？
 ○ 天恒乐活城，产品丰富，性价比最好
 ○ 加州水郡，大盘形象
 ○ 瑞雪春堂，户型面积适中
 ○ 绿城百合，绿化环境好

5. 相对于大兴、亦庄、通州等区域，您认为目前房山6413元/平方米的房屋均价是否偏低？
 ○ 非常低，未来增值空间巨大
 ○ 比较合理，未来走势平稳

○ 总体平均价格偏高，还需看具体楼盘的产品和价格

6. 您认为房山楼市未来什么产品的增值空间有多大？
○ 叠拼别墅
○ 经济型别墅
○ 花园洋房
○ 高层公寓

7. 您的年龄是：
○ 40岁以上
○ 30～40岁
○ 30岁以下

② 投票式调查。

这是一种较为简单的问卷，一般这类问卷只设一个调查的问题，在一个问题下列出若干个问题的备选答案，网民可以用单选或多选的方式来参与调查。这种调查方式通常也称为"投票"。这种调查方式一般快速简单，网民参与的积极性较高。但是调查效果有时并不能完全真实地反映受众的意见。

以下为新浪网新闻中心开展的"你认为烟草产品使用中南海商标是否会误导消费者？"调查的投票式问卷。

> 你认为烟草产品使用中南海商标是否会误导消费者？[查看原文]
○ 会。企业打出中南海商标，会使人误以为政府向公众推荐烟草制品。
○ 不会。很多驰名商标都是以当地名胜或者地标为名，谈不上误导消费者。
○ 说不清。

> 你是否赞同撤销中南海卷烟商标？
○ 赞同。
○ 反对。
○ 无所谓。

[提交]　[查看]

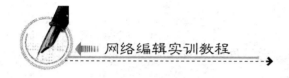

4. 实施调查

实施调查是指将调查问卷放到网络服务器上并引导调查对象参与调查的过程。

（1）调查问卷的发放位置。

虽然目前在网站投放问卷还很难保证网站可以主动地进行样本选择，但是问卷发放的位置在一定程度上决定了调查样本的选取。调查问卷方法的发放位置通常有以下三类：

① 网站首页；

② 频道或栏目首页；

③ 网站的论坛中。

如果是通过电子邮件发放问卷，那么就需要注意调查对象抽样的合理性。同时，为了获得较为满意的问卷回收率，应该采用一定的方式了解问卷到达受众的情况，有时需要多次发送问卷，以使更多的人参与进来。

（2）受众参与调查的方式。

常见的受众参与调查的方式及问卷调查结果的显示方式有以下两类：

① 受众必须先参与调查，才能看到别人的调查结果。这种方式的好处是可以迫使更多的人参与调查，在他们参与调查之前也不会受到他人意见的影响。但是这种方式也可能使很多的网民对调查失去兴趣，也可能使一些人单纯为了看到结果而随便投票，也可能导致一人多次投票，从而使投票结果出现偏差。

② 不需参与调查可以直接看到结果。这样受众可以更好地看到调查的整个进展，但也容易使受众受到他人意见的影响。

5. 调查数据的处理

数据处理即利用回收的问卷来进行加工处理，获得调查所需要的结果。通常可以利用相关计算机软件，如 Excel、SPSS 来进行数据的处理。简单的投票问卷在调查过程中就可进行数据处理，并且可以实时地显示最新的调查结果。而进行复杂的调查数据的处理通常需要统计学的相关知识，因此，这项工作常常是由专业人员来承担。网站也可将数据处理工作交给专业调查公司完成。

6. 调查结果的分析

对网络问卷调查结果的分析主要包括以下三个方面。

（1）有效性分析。

有效性分析即根据参与调查的人数及人员构成等情况分析调查结果是否有效。

（2）可用性分析。

某些调查虽然从统计方法上是有效的，但其结果不一定是真实可靠的，这样的结果只能作为内部的参考，应该避免公开地加以利用。在判断结果是否可用时可运用综合分析、推理等手段，如一个结果如果明显不合逻辑，那么，它就是不可用的。

（3）意义分析。

对于有效又可用的调查结果应该进一步分析它的意义。如对于新闻事件的受众态度的分布反映了什么样的社会舆论或社会思潮,其背后的深层原因是什么,这些都需要进一步分析。

7. 调查结果的应用

对调查结果进行分析后可以将科学、有效的调查结果用不同的方式加以利用。

从服务于新闻报道角度来说,调查结果的运用主要有以下两种方式。

(1) 撰写相关报道。

可根据调查结果中最具有新闻价值的某一个或几个方面,或最值得关注的某些观点,提炼出特定的报道角度,以便形成更有深度和特色的报道。或者运用调查结果来突出报道的背景,或增加报道的说服力。

(2) 形成调查报告。

形成调查报告即全面说明调查结果,并进行深入分析,以便为网站的战略调整提供依据,或者为相关部门提供参考。

本章重点介绍了网络互动的方式、多种互动形式的管理和网络受众调查的内容与基本步骤。网络编辑应当具备与网民进行交流互动的能力。在网络编辑员国家职业资格鉴定考试中,本章的考察一方面体现在理论考试具体知识点的考察上,涉及的知识点较为细致,如网民参与互动方式的判断、论坛类型的分类等,既是重点也是难点,另一方面体现在技能考试中网络论坛管理上,要求考生熟悉网络论坛版主的基本操作,能够完成对论坛帖子、栏目、用户的管理。

一、单选题

1. 网民通过电子邮件或论坛转发自己认为好的或者有意思的新闻,这种互动称为(　　)互动。

A. 扩张式　　　B. 增值式　　　C. 提示式　　　D. 强调式

解析:本题考查对网民互动方式具体含义的了解,是一个常考点。网民参与网络互动方式主要有启动式、增值式、参与式、提升式和资源式五种。选项B增值式是一种典型的网民互动方式,主要指网民转发帖子。这类互动方式使得新闻的传播范围更广,从而实现新闻的增值。这与题干内容相符,故选项B为正确答案。

2. 新华网的"发展论坛"按维系点分类属于(　　)。

A. 以产品维系的论坛　　　　　　B. 以任务维系的论坛
C. 以传统关系维系的论坛　　　　D. 以思想观念或兴趣爱好维系的论坛

解析:本题考查对网络论坛分类标准的掌握。网络论坛可以从不同的角度进行分类,包括网络论坛的维系点、网络论坛的设置时间和网络论坛的管理方式几种分类方式。按维系点分类是网络论坛分类的常见指标之一,同时对按维系点分类的具体内容考察也是一个常考点。本题的考点即在于对按照维系点对论坛的具体分类,重在了解这些具体分类指标的含义。

维系点是网络论坛凝聚成员积累人气的纽带,如果失去维系点,网络论坛的生存将受到重大影响。常见的维系点包括:传统关系、思想观念或兴趣爱好、产品和人物。根据这些维系点,可以对网络论坛进行具体的分类。

新华网的"发展论坛"主要偏重讨论社会性话题,是以思想与观点的交流为目的,不受传统关系的约束。因此,该论坛属于以思想观念或兴趣爱好维系的论坛,故选项 D 为正确答案。

3. 设计开放式回答方式的好处是(   )。

A. 灵活性大、适应性强

B. 有利于被调查者正确理解问题和回答问题

C. 节约回答时间,提高问卷的回复率和有效率

D. 有利于对回答结果进行统计与定量分析

解析:本题考察对网络受众调查问卷的设计,具体考察点为调查问卷的回答方式。问卷提供给被调查对象的回答有封闭式和开放式两种。封闭式是指将问题的一切可能答案或几种主要的答案都列出,由被调查对象从中选取一项或几项。而开放式是指对问题不提供具体答案,由被调查对象自由填写。这种方式灵活性大、适应性强,但是回答的标准化程度低,在问卷的回复率和有效率方面也可能不够理想。

选项 BCD 都是封闭式回答方式的优点,只有 A 选项是开放式回答的好处,故选项 A 为正确答案。

4. 下列针对投票式调查的表述不正确的是(   )。

A. 网民参与的积极性较高

B. 投票式调查方式通常称为"投票"

C. 调查结果完全真实地反映受众意见

D. 调查快捷简单

解析:调查问卷的设计是往年的一个常考点。对网络问卷形式的考察是其中的一个重点。网络问卷通常有完整问卷调查和投票式调查。本题考查的是投票式调查。

投票式调查属于较为简单的问卷,一般只设一个调查的问题,在一个问题下列出若干个问题的备选答案,网民可以用单选或多选的方式来参与调查。这种调查方式一般快速简单,网民参与的积极性较高。但是调查效果有时并不能完全真实地反映受众的意见。因此,选项 ABD 的表述正确,选项 C 表述错误。故选项 C 为正确答案。

二、多选题

受众调查的方式从大的方面可区分为(   )。

A. 直接调查   B. 间接调查

C. 受众情况调查   D. 受众意见调查

第5章 网络互动管理

解析：本题考查网络受众调查的方式，并且根据调查方式的不同对网络受众调查进行分类。网络受众调查从大的方面可以分为直接调查和间接调查。值得注意的是，间接调查是网络受众调查最主要的方式，其中最常用的具体方法是问卷调查。因此，选项A和选项B为正确答案。

实训习题

一、单选题

1. 调查问卷中如果涉及网民个人隐私，则网站应该不（　　）。
   A. 明确告知收信信息的目的　　B. 将信息转给第三方
   C. 说明信息使用范围　　　　　D. 用于数据分析
2. 受众必须先参与调查才能看到别人的调查结果，这样做能够（　　）。
   A. 迫使更多的人参与调查　　　B. 对调查问卷保密
   C. 提高网民对调查的兴趣　　　D. 利用调查数据的处理
3. 调查问卷在网站上的投放位置不会影响（　　）。
   A. 调查结果的科学性　　　　　B. 参与调查的人数
   C. 受众参与调查的方式　　　　D. 问卷会被什么人接触到
4. 对问题不提供具体答案，由被调查者对象自由填写，这种回答方式叫做（　　）。
   A. 自由式　　B. 漫填式　　C. 开放式　　D. 封闭式
5. 将一个问题分成两组，使之出现在问卷中的不同地方，以检验回答的真实与否，这种题目叫做（　　）。
   A. 真实性问题　　　　　　　　B. 检验性问题
   C. 态度性问题　　　　　　　　D. 重复性问题
6. 前言是对（　　）及有关事项的说明。
   A. 调查目的　　　　　　　　　B. 调查原因
   C. 调查对象　　　　　　　　　D. 调查时间
7. 网站开展的调查，主要是通过（　　）来发放问卷的。
   A. 电视　　　　B. 报纸　　　C. 邮局　　　D. 网站
8. 对于网民来说，ID是（　　）。
   A. 性别识别　　　　　　　　　B. 身份标识
   C. 级别标识　　　　　　　　　D. 形象标识
9. 以下对网络论坛成员的描述不正确的是（　　）。
   A. 论坛成员是网络论坛必不可少的一分子
   B. 论坛成员是版主服务的对象
   C. 论坛成员是纯粹的被管理者
   D. 论坛成员是网络论坛的主角

10. 以下各项能力中,不属于版主基本素质的有( )。
   A. 较高的理论政策水平　　　　B. 组织讨论的能力
   C. 高超的技术　　　　　　　　D. 人际协调能力

二、多选题

1. 受众调查时应该注意的事项包括( )。
   A. 把握好调查频度　　　　　　B. 保护受众隐私
   C. 每天进行调查　　　　　　　D. 多进行重大题材的调查
2. 调查分析报告通常由以下( )构成。
   A. 调查方法简介　　　　　　　B. 调查数据的分类统计
   C. 调查数据分析　　　　　　　D. 相关建议
3. 理想的投票式问卷的答案设计包括( )。
   A. 正面意见或态度　　　　　　B. 负面意见或态度
   C. 中性意见或态度　　　　　　D. 以上任意一种
4. 完整问卷调查的优点是( )。
   A. 了解参与者背景
   B. 有助于得到更可靠的结果
   C. 有助于对所获信息的进一步分析
   D. 有助于吸引更多的网民参与
5. 网站了解网民的最常见的方式是( )。
   A. 网络论坛　　　　　　　　　B. 网络互动
   C. 受众调查　　　　　　　　　D. 调查报道
6. 以下角色属于论坛管理者的是( )。
   A. 版主　　B. 主持人　　　　C. 网络管理员　　　　D. 系统管理员
7. 新浪网中的票务论坛是( )。
   A. 临时性论坛　　　　　　　　B. 以产品维系的论坛
   C. 以关系维系的论坛　　　　　D. 长期性论坛
8. 推荐论题时,有哪些注意事项( )。
   A. 避免推荐明确具体的论题,以保证讨论热度
   B. 应推荐具有强烈现实意义的话题
   C. 应推荐具有讨论余地的话题
   D. 应推荐模糊不清的论题
9. 从论坛的维系点来看,网络论坛可以分为( )。
   A. 以传统关系维系的论坛　　　B. 以思想观念或兴趣爱好维系的论坛
   C. 以产品维系的论坛　　　　　D. 以人物维系的论坛

第6章 计算机与网络基础知识

 本章导读

本章分成三部分,第一部分介绍计算机基础知识,第二部分介绍网络基础知识,第三部分介绍互联网知识。

计算机基础知识包括:计算机发展史、计算机的应用领域、计算机工作处理、计算机病毒及防治、计算机硬件构成、计算机系统软件和应用软件等。

网络基础知识包括:计算机网络的含义、计算机网络系统的构成、计算机网络的功能、计算机网络协议和计算机网络互联设备等。

互联网知识包括:互联网的由来、中国互联网发展的历史与现状、我国互联网基础资源、我国互联网应用状况、我国互联网发展趋势、互联网提供的主要服务、互联网应用中的概念和互联网最新技术应用等。

6.1 计算机基础常识

一、计算机发展史

计算机于 1946 年问世，有人说计算机是由于战争的需要而产生的，我们认为计算机产生的根本动力是人们为创造更多的物质财富，是为了把人的大脑延伸，让人的潜力得到更大的发展。正如汽车的发明是使人的双腿延伸一样，计算机的发明事实上是对人脑智力的继承和延伸。近 10 年来，计算机的应用日益深入到社会的各个领域，如管理、办公自动化等。由于计算机日益向智能化发展，于是人们干脆把微型计算机称之为"电脑"了。

计算机产生的动力是人们想发明一种能进行科学计算的机器，因此称之为计算机。计算机一诞生就立即成了先进生产力的代表，掀开自工业革命后的又一场新的科学技术革命。

要追溯计算机的发明，可以由中国古时开始说起，古时人类发明算盘去处理一些数据，利用拨弄算珠的方法，人们无需进行心算，通过固定的口诀就可以将答案计算出来。这种被称为"计算与逻辑运算"的运作概念传入西方后，被美国人加以发扬光大。直到 16 世纪，美国人发明了一部可协助处理乘数等较为复杂数学算式的机械，被称为"棋盘计算器"，但这时期只属于纯计算的阶段，要到 19 世纪才有急速的发展。

1. 第一代电子管计算机（1945—1956）

在第二次世界大战中，美国政府寻求计算机以开发潜在的战略价值，这促进了计算机的研究与发展。1944 年霍华德·艾肯（1900—1973）研制出全电子计算器，为美国海军绘制弹道图。这台简称 Mark I 的机器有半个足球场大，内含 500 英里的电线，使用电磁信号来移动机械部件，速度很慢（3~5 秒一次计算）并且适应性很差，只用于专门领域，但是，它既可以执行基本算术运算，也可以运算复杂的等式。

1946 年 2 月 14 日，标志现代计算机诞生的 ENIAC（The Electronic Numerical Integrator And Computer）在费城公之于世（参见图 6-1）。ENIAC 代表了计算机发展史上的里程碑，它通过不同部分之间的重新接线编程，还拥有并行计算能力。ENIAC 由美国政府和宾夕法尼亚大学合作开发，使用了 1.8 万个电子管和 7 万个电阻器，有 500 万个焊接点，耗电 160 千瓦，其运算速度比 Mark I 快 1000 倍，ENIAC 是第一台普通用途计算机（参见图 6-2）。

20 世纪 40 年代中期，冯·诺依曼（1903—1957）参加了宾夕法尼亚大学的小组，1945 年设计电子离散可变自动计算机 EDVAC（Electronic Discrete Variable Automatic Computer），将程序和数据以相同的格式一起储存在存储器中。这使得计算机可以在任意点暂停或继续工作，机器结构的关键部分是中央处理器，它使计算机所有的功能通过单一的资源统一起来。

第 6 章 计算机与网络基础知识

图 6-1 世界上第一台电子管计算机 ENIAC（图中左为莫奇利）

图 6-2 第一台电子管计算机（ENIAC）

第一代计算机的特点是操作指令是为特定任务而编制的，每种机器有各自不同的机器语言，功能受到限制，速度也慢。另一个明显特征是使用真空电子管和磁鼓储存数据。

2. 第二代晶体管计算机（1956—1963）

1948 年，晶体管的发明大大促进了计算机的发展，晶体管代替了体积庞大的电子管，电子设备的体积不断减小。1956 年，晶体管在计算机中使用，晶体管和磁芯存储器导致了第二代计算机的产生。第二代计算机体积小、速度快、功耗低、性能更稳定。首先使用晶体管技术的是早期的超级计算机，主要用于原子科学的大量数据处理，这些机器价格昂贵，生产数量极少。

1960 年，出现了一些成功地用在商业领域、大学和政府部门的第二代计算机。第二代计算机用晶体管代替电子管，还有现代计算机的一些部件，如打印机、磁带、磁盘、内存和操作系统等。计算机中存储的程序使得计算机有很好的适应性，可以更有效地用于商业用途。在这一时期出现了更高级的 COBOL（Common Business-Oriented Language）和 FORTRAN（Formula Translator）等语言，以单词、语句和数学公式代替了二进制机器码，使计算机编程更容易。新的职业，如程序员、分析员和计算机系统专家与整个软件产业由此诞生。

3. 第三代集成电路计算机（1964—1971）

虽然晶体管比起电子管是一个明显的进步，但晶体管还是会产生大量的热量，这会损害计算机内部的敏感部分。1958 年发明了集成电路（IC），将三种电子元件结合到一片小小的硅片上。科学家使更多的元件集成到单一的半导体芯片上。于是，计算机变得更小，功耗更低，速度更快。这一时期的发展还包括使用了操作系统，使得计算机在中心程序的控制协调下可以同时运行许多不同的程序（参见图 6-3）。

图 6-3　1964 年，美国 IBM 公司研制成功第一个采用集成电路的通用电子计算机系列 IBM360 系统

4. 第四代大规模集成电路计算机（1971 至今）

出现集成电路后，唯一的发展方向是扩大规模。大规模集成电路（LSI）可以在一个芯片上容纳几百个元件。到了 20 世纪 80 年代，超大规模集成电路（VLSI）在芯片上容纳了几十万个元件，后来的 ULSI 将数字扩充到百万级。可以在硬币大小的芯片上容纳如此数量的元件使得计算机的体积和价格不断下降，而功能和可靠性不断增强。基于"半导体"的发展，到了 1972 年，第一部真正的个人计算机诞生了，其所使用的微处理器内包含了 2300 个"晶体管"，可以一秒内执行 6 万个指令，体积也缩小很多。而世界各国也随着"半导体"及"晶体管"的发展去开拓计算机史上新的一页。

20 世纪 70 年代中期，计算机制造商开始将计算机带给普通消费者，这时的小型机带有软件包，包含供非专业人员使用的程序和最受欢迎的字处理和电子表格程序。这一领域的先锋有 Commodore、Radio Shack 和 Apple Computers 等。

1981 年，国际商用机器公司（IBM）推出个人计算机（PC）用于家庭、办公室和学校。80 年代个人计算机的竞争使得其价格不断下跌，个人计算机的拥有量不断增加，计算机继续缩小体积，从桌上到膝上到掌上。与国际商用机器公司生产的个人计算机竞争的

第 6 章 计算机与网络基础知识

Apple Macintosh 系列于 1984 年推出，Macintosh 提供了友好的图形界面，用户可以用鼠标方便地操作。

计算机的发明是 20 世纪 40 年代的事情，经过几十年的发展，它已经成为一门复杂的工程技术学科。计算机的应用从国防、科学计算到家庭办公、教育娱乐，可谓无所不在。计算机的分类从巨型机、大型机、小型机，到工作站、个人电脑，可谓五花八门。但是，无论怎样尖端，怎样高科技，从诞生之日起，在许多人的心目中计算机就是一部机器，一部冰冷的高速运算的机器。

从 ENIAC 揭开计算机时代的序幕，到 UNIVAC 成为迎来计算机时代的宠儿，不难看出这里发生了两个根本性的变化：一是计算机已从实验室大步走向社会，正式成为商品交付客户使用；二是计算机已从单纯的军事用途进入公众的数据处理领域，真正引起了社会的强烈反响。

二、计算机的应用领域

计算机的应用领域已渗透到社会的各行各业，正在改变着传统的工作、学习和生活方式，推动着社会的发展。计算机的主要应用领域如下。

1. 科学计算（或数值计算）

科学计算是指利用计算机来完成科学研究和工程技术中提出的数学问题的计算。在现代科学技术工作中，科学计算问题是大量的和复杂的。利用计算机的高速计算、大存储容量和连续运算的能力可以实现人工无法解决的各种科学计算问题。

如建筑设计中为了确定构件尺寸，通过弹性力学导出一系列复杂方程，长期以来由于计算方法跟不上而一直无法求解。而计算机不但能求解这类方程，并且引起弹性理论上的一次突破，出现了有限单元法。

2. 数据处理（或信息处理）

数据处理是指对各种数据进行收集、存储、整理、分类、统计、加工、利用和传播等一系列活动的统称。据统计，80%以上的计算机主要用于数据处理，这类工作量大面宽，决定了计算机应用的主导方向。

数据处理从简单到复杂已经历了以下三个发展阶段。

（1）电子数据处理。

电子数据处理（Electronic Data Processing，简称 EDP）是以文件系统为手段，实现一个部门内的单项管理。

（2）管理信息系统。

管理信息系统（Management Information System，简称 MIS）是以数据库技术为工具，实现一个部门的全面管理，以提高工作效率。

（3）决策支持系统。

决策支持系统（Decision Support System，简称 DSS）是以数据库、模型库和方法库为基础，帮助管理决策者提高决策水平，改善运营策略的正确性与有效性。

目前,数据处理已广泛地应用于办公自动化、企事业计算机辅助管理与决策、情报检索、图书管理、电影电视动画设计和会计电算化等各行各业。信息正在形成独立的产业,多媒体技术使信息展现在人们面前的不仅是数字和文字,也有声情并茂的声音和图像信息。

3. 辅助技术(或计算机辅助设计与制造)

计算机辅助技术包括计算机辅助设计、计算机辅助制造和计算机辅助教学等。

(1)计算机辅助设计。

计算机辅助设计(Computer Aided Design,简称 CAD)是利用计算机系统辅助设计人员进行工程或产品设计,以实现最佳设计效果的一种技术。计算机辅助设计已广泛地应用于飞机、汽车、机械、电子、建筑和轻工等领域。如在电子计算机的设计过程中,利用 CAD 技术进行体系结构模拟、逻辑模拟、插件划分和自动布线等,从而大大提高了设计工作的自动化程度。又如,在建筑设计过程中,可以利用 CAD 技术进行力学计算和结构计算、绘制建筑图纸等,这样不但提高了设计速度,而且可以大大提高设计质量。

(2)计算机辅助制造。

计算机辅助制造(Computer Aided Manufacturing,简称 CAM)是利用计算机系统进行生产设备的管理、控制和操作的过程。如在产品的制造过程中,用计算机控制机器的运行,处理生产过程中所需的数据,控制和处理材料的流动以及对产品进行检测等。使用 CAM 技术可以提高产品质量,降低成本,缩短生产周期,提高生产率和改善劳动条件。

将 CAD 和 CAM 技术集成,实现设计生产自动化,这种技术被称为计算机集成制造系统(CIMS)。它的实现将真正做到无人化工厂(或车间)。

(3)计算机辅助教学。

计算机辅助教学(Computer Aided Instruction,简称 CAI)是利用计算机系统使用课件来进行教学。课件可以用开发工具或高级语言来制作,它能引导学生循环渐进地进行学习,使学生轻松自如地从课件中学到所需要的知识。计算机辅助教学的主要特色是交互教育、个别指导和因人施教。

4. 过程控制(或实时控制)

过程控制是利用计算机及时采集检测数据,按最优值迅速地对控制对象进行自动调节或自动控制。采用计算机进行过程控制不仅可以大大提高控制的自动化水平,而且可以提高控制的及时性和准确性,从而改善劳动条件,提高产品质量及合格率。因此,计算机过程控制已在机械、冶金、石油、化工、纺织、水电和航天等部门得到广泛的应用。

如在汽车工业方面,利用计算机控制机床和整个装配流水线,不仅可以实现精度要求高、形状复杂的零件加工自动化,而且可以使整个车间或工厂实现自动化。

5. 人工智能(或智能模拟)

人工智能(Artificial Intelligence)是计算机模拟人类的智能活动,如感知、判断、理解、学习、问题求解和图像识别等。现在人工智能的研究已取得不少的成果,有些已开始

第 6 章　计算机与网络基础知识

走向实用阶段。如能模拟高水平医学专家进行疾病诊疗的专家系统，具有一定思维能力的智能机器人等。

6. 网络应用

计算机技术与现代通信技术的结合构成了计算机网络。计算机网络的建立不仅解决了一个单位、一个地区、一个国家中计算机与计算机之间的通信，各种软硬件资源的共享也大大促进了国际的文字、图像、视频和声音等各类数据的传输与处理。

三、计算机的工作原理

计算机的基本原理是存贮程序和程序控制。预先要把指挥计算机如何进行操作的指令序列（称为程序）和原始数据通过输入设备输送到计算机内存贮器中。每一条指令中明确规定了计算机从哪个地址取数，进行什么操作，然后送到什么地址去等步骤。

在运行时，计算机先从内存中取出第一条指令，通过控制器的译码，按指令的要求，从存贮器中取出数据进行指定的运算和逻辑操作等加工，然后再按地址把结果送到内存中去。接下来再取出第二条指令，在控制器的指挥下完成规定操作。依此进行下去，直至遇到停止指令。

程序与数据一样存贮，按程序编排的顺序一步一步地取出指令，自动地完成指令规定的操作是计算机最基本的工作原理。这一原理最初是由美籍匈牙利数学家冯·诺依曼于1945 年提出来的，故称为冯·诺依曼原理。

1. 冯·诺依曼结构

计算机系统由硬件系统和软件系统两大部分组成。美籍匈牙利科学家冯·诺依曼结构（John von Neumann）奠定了现代计算机的基本结构，其特点如下。

（1）使用单一的处理部件来完成计算、存储以及通信的工作。

（2）存储单元是定长的线性组织。

（3）存储空间的单元是直接寻址的。

（4）使用低级机器语言，指令通过操作码来完成简单的操作。

（5）对计算进行集中的顺序控制。

（6）计算机硬件系统由运算器、存储器、控制器、输入设备和输出设备五大部件组成并规定了它们的基本功能。

（7）采用二进制形式表示数据和指令。

（8）在执行程序和处理数据时必须将程序和数据从外存储器装入主存储器中，然后才能使计算机在工作时能够自动调整地从存储器中取出指令并加以执行。

这就是存储程序概念的基本原理。

2. 计算机指令

计算机根据人们预定的安排，自动地进行数据的快速计算和加工处理。人们预定的安排是通过一连串指令（操作者的命令）来表达的，这个指令序列就称为程序。一个指令规

定计算机执行一个基本操作。一个程序规定计算机完成一个完整的任务。一种计算机所能识别的一组不同指令的集合称为该种计算机的指令集合或指令系统。在微机的指令系统中主要使用了单地址和二地址指令。其中，第 1 个字节是操作码，规定计算机要执行的基本操作，第 2 个字节是操作数。计算机指令包括数据处理指令（加、减、乘、除等）、数据传送指令、程序控制指令和状态管理指令。整个内存被分成若干个存储单元，每个存储单元一般可存放 8 位二进制数（字节编址）。每个在位单元可以存放数据或程序代码。为了能有效地存取该单元内存储的内容，每个单元都给出了一个唯一的编号来标识，即地址。

四、计算机病毒及防治

1. 计算机病毒

《中华人民共和国计算机信息系统安全保护条例》中明确定义，病毒是指"编制或者在计算机程序中插入的破坏计算机功能或者破坏数据，影响计算机使用并且能够自我复制的一组计算机指令或者程序代码"。

2. 计算机病毒的特点

（1）寄生性。

计算机病毒寄生在其他的程序之中，当执行这个程序时，病毒就起破坏作用，而在未启动这个程序之前，它是不易被人发觉的。

（2）传染性。

计算机病毒不但本身具有破坏性，更有害的是其具有传染性，一旦病毒被复制或产生变种，其速度之快令人难以预防。传染性是病毒的基本特征。计算机病毒会通过各种渠道从已被感染的计算机扩散到未被感染的计算机，在某些情况下造成被感染的计算机工作失常甚至瘫痪。与生物病毒不同的是，计算机病毒是一段人为编制的计算机程序代码，这段程序代码一旦进入计算机并得以执行，它就会搜寻其他符合其传染条件的程序或存储介质，确定目标后再将自身代码插入其中，达到自我繁殖的目的是否具有传染性是判别一个程序是否为计算机病毒的最重要条件。病毒程序通过修改磁盘扇区信息或文件内容并把自身嵌入到其中的方法达到病毒的传染和扩散。被嵌入的程序叫做宿主程序。

（3）潜伏性。

有些病毒像定时炸弹一样，什么时间发作是预先设计好的。如黑色星期五病毒不到预定时间一点都觉察不出来，等到条件具备的时候一下子就爆炸开来，对系统进行破坏。一个编制精巧的计算机病毒程序进入系统之后一般不会马上发作，可以在几周或者几个月内甚至几年内隐藏在合法文件中，对其他的系统进行传染而不被人发现，潜伏性愈好，其在系统中的存在时间就会愈长，病毒的传染范围就会愈大。潜伏性的第一种表现是指病毒程序不用专用检测程序是检查不出来的，因此病毒可以静静地躲在磁盘或磁带里呆上几天，甚至几年，一旦时机成熟，得到运行机会，就四处繁殖、扩散，继续为害。潜伏性的第二种表现是指计算机病毒的内部往往有一种触发机制，不满足触发条件时，计算机病毒除了传染外不做什么破坏。触发条件一旦得到满足，有的在屏幕上显示信息、图形或特殊标识，有的则执行破坏系统的操作，如格式化磁盘、删除磁盘文件、对数据文件做加密、封锁键盘以及使系统死锁等。

（4）隐蔽性。

计算机病毒具有很强的隐蔽性，有的可以通过病毒软件检查出来，有的根本就查不出来，有的时隐时现、变化无常，这类病毒处理起来通常很困难。

（5）破坏性。

计算机中毒后可能会导致正常的程序无法运行，把计算机内的文件删除或受到不同程度的损坏，通常表现为增、删、改、移。

（6）计算机病毒的可触发性。

病毒因某个事件或数值的出现，诱使病毒实施感染或进行攻击的特性称为可触发性。为了隐蔽自己，病毒必须潜伏，少做动作。如果完全不动，一直潜伏的话，病毒既不能感染也不能进行破坏，便失去了杀伤力。病毒既要隐蔽又要维持杀伤力，它必须具有可触发性。病毒的触发机制就是用来控制感染和破坏动作的频率的。病毒具有预定的触发条件，这些条件可能是时间、日期、文件类型或某些特定数据等。病毒运行时，触发机制检查预定条件是否满足，如果满足，启动感染或破坏动作，使病毒进行感染或攻击；如果不满足，使病毒继续潜伏。

3．计算机病毒分类

（1）按照计算机病毒攻击的系统分类。

① 攻击 DOS 系统的病毒。

这类病毒出现最早、最多，变种也最多，目前我国出现的计算机病毒基本上都是这类病毒，此类病毒占病毒总数的 99%。

② 攻击 Windows 系统的病毒。

由于 Windows 的图形用户界面（GUI）和多任务操作系统深受用户的欢迎，Windows 正逐渐取代 DOS 从而成为病毒攻击的主要对象。目前发现的首例破坏计算机硬件的 CIH 病毒就是一个 Windows 95/98 病毒。

③ 攻击 UNIX 系统的病毒。

当前，UNIX 系统应用非常广泛，并且许多大型的操作系统均采用 UNIX 作为其主要的操作系统，所以，UNIX 病毒的出现对人类的信息处理也是一个严重的威胁。

④ 攻击 OS/2 系统的病毒。

世界上已经发现第一个攻击 OS/2 系统的病毒，它虽然简单，但也是一个不祥之兆。

（2）按照病毒的攻击机型分类。

① 攻击微型计算机的病毒。

这是世界上传染最为广泛的一种病毒。

② 攻击小型机的计算机病毒。

小型机的应用范围是极为广泛的，它既可以作为网络的一个节点机，也可以作为小的计算机网络的计算机网络的主机。起初，人们认为计算机病毒只有在微型计算机上才能发生而小型机则不会受到病毒的侵扰，但自从 1988 年 11 月 Internet 网络受到"蠕虫"程序的攻击后，人们认识到小型机也同样不能免遭计算机病毒的攻击。

③ 攻击工作站的计算机病毒。

近几年来计算机工作站有了较大的进展，并且应用范围也有了较大的发展，所以我们不难想象，攻击计算机工作站的病毒的出现也是对信息系统的一大威胁。

（3）按照计算机病毒的链接方式分类。

由于计算机病毒本身必须有一个攻击对象以实现对计算机系统的攻击，计算机病毒所攻击的对象是计算机系统可执行的部分。

① 源码型病毒。

该病毒攻击高级语言编写的程序，并在程序编译前插入到原程序中，经编译成为合法程序的一部分。

② 嵌入型病毒。

这种病毒是将自身嵌入到现有程序中，把计算机病毒的主体程序与其攻击的对象以插入的方式链接。这种计算机病毒是难以编写的，一旦侵入程序体后也较难消除。如果同时采用多态性病毒技术、超级病毒技术和隐蔽性病毒技术，将给当前的反病毒技术带来严峻的挑战。

③ 外壳型病毒。

外壳型病毒将其自身包围在主程序的四周，对原来的程序不作修改。这种病毒最为常见，易于编写，也易于发现，一般测试文件的大小即可知。

④ 操作系统型病毒。

这种病毒用它自己的程序意图加入或取代部分操作系统进行工作，具有很强的破坏力，可以导致整个系统的瘫痪。圆点病毒和大麻病毒就是典型的操作系统型病毒。

这种病毒在运行时，用自己的逻辑部分取代操作系统的合法程序模块，根据病毒自身的特点和被替代的操作系统中合法程序模块在操作系统中运行的地位与作用以及病毒取代操作系统的取代方式等对操作系统进行破坏。

（4）按照计算机病毒的破坏情况分类。

按照计算机病毒的破坏情况可分为以下两类。

① 良性计算机病毒。

良性计算机病毒是指其不包含有立即对计算机系统产生直接破坏作用的代码。这类病毒为了表现其存在，只是不停地进行扩散，从一台计算机传送到另一台计算机，并不破坏计算机内的数据。其实良性、恶性都是相对而言的。良性计算机病毒取得系统控制权后会导致整个系统和应用程序争抢 CPU 的控制权，时时导致整个系统死锁，给正常操作带来麻烦。有时系统内还会出现几种病毒交叉感染的现象，一个文件不停地反复被几种病毒所感染。

② 恶性计算机病毒。

恶性计算机病毒就是指在其代码中包含有损伤和破坏计算机系统的操作，在其传染或发作时会对系统产生直接的破坏作用。

(5) 按照计算机病毒的寄生部位或传染对象分类。

传染性是计算机病毒的本质属性，根据寄生部位或传染对象分类，也即根据计算机病毒传染方式进行分类有以下几种。

① 磁盘引导区传染的计算机病毒。

磁盘引导区传染的病毒主要是用病毒的全部或部分逻辑取代正常的引导记录，而将正常的引导记录隐藏在磁盘的其他地方。

② 操作系统传染的计算机病毒。

操作系统是一个计算机系统得以运行的支持环境，它包括.com、.exe等许多可执行程序及程序模块。操作系统传染的计算机病毒就是利用操作系统中所提供的一些程序及程序模块寄生并传染的。

③ 可执行程序传染的计算机病毒。

可执行程序传染的病毒通常寄生在可执行程序中，一旦程序被执行，病毒也就被激活，病毒程序首先被执行，并将自身驻留内存，然后设置触发条件，进行传染。

对于以上三种病毒的分类，实际上可以归纳为两大类：一类是引导区型传染的计算机病毒；另一类是可执行文件型传染的计算机病毒。

(6) 按照计算机病毒激活的时间分类。

按照计算机病毒激活时间可分为定时病毒和随机病毒。

定时病毒仅在某一特定时间才发作，而随机病毒一般不是由时钟来激活的。

(7) 按照传播媒介分类。

按照计算机病毒的传播媒介来分类可分为单机病毒和网络病毒。

① 单机病毒。

单机病毒的载体是磁盘，常见的是病毒从软盘传入硬盘，感染系统，然后再传染其他的软盘，软盘又传染其他的系统。

② 网络病毒。

网络病毒的传播媒介不再是移动式载体，而是网络通道，这种病毒的传染能力更强，破坏力更大。

4. 用户计算机中毒的 24 种症状

(1) 计算机系统运行速度减慢。

(2) 计算机系统经常无故发生死机。

(3) 计算机系统中的文件长度发生变化。

(4) 计算机存储的容量异常减少。

(5) 系统引导速度减慢。

(6) 丢失文件或文件损坏。

(7) 计算机屏幕上出现异常显示。

(8) 计算机系统的蜂鸣器出现异常声响。

(9) 磁盘卷标发生变化。

(10) 系统不识别硬盘。

（11）对存储系统异常访问。
（12）键盘输入异常。
（13）文件的日期、时间、属性等发生变化。
（14）文件无法正确读取、复制或打开。
（15）命令执行出现错误。
（16）虚假报警。
（17）换当前盘。有些病毒会将当前盘切换到 C 盘。
（18）时钟倒转。有些病毒会命名系统时间倒转，逆向计时。
（19）Windows 操作系统无故频繁出现错误。
（20）系统异常重新启动。
（21）一些外部设备工作异常。
（22）异常要求用户输入密码。
（23）Word 或 Excel 提示执行"宏"。
（24）是不应驻留内存的程序驻留内存。

5．常见病毒

常见病毒主要有以下几种。

（1）Backdoor。

危害级别：1

说明：中文名称"后门"，是指在用户不知道也不允许的情况下，在被感染的系统上以隐蔽的方式运行可以对被感染的系统进行远程控制，而且用户无法通过正常的方法禁止其运行。"后门"其实是木马的一种特例，它们之间的区别在于"后门"可以对被感染的系统进行远程控制（如文件管理、进程控制等）。

（2）Worm。

危害级别：2

说明：中文名称"蠕虫"，是指利用系统的漏洞、外发邮件、共享目录、可传输文件的软件（如 MSN、OICQ、IRC 等）和可移动存储介质（如 U 盘、软盘）这些方式传播自己的病毒。这种类型的病毒其子型行为类型用于表示病毒所使用的传播方式。

（3）Trojan。

危害级别：3

说明：中文名称"木马"，是指在用户不知道也不允许的情况下，在被感染的系统上以隐蔽的方式运行，而且用户无法通过正常的方法禁止其运行。这种病毒通常都有利益目的，它的利益目的也就是这种病毒的子行为。

6．计算机病毒处理及其预防

一般大范围传播的病毒都会让用户在重新启动电脑的时候能够自动运行病毒，以此达到长时间感染计算机并扩大病毒的感染能力。

通常病毒感染计算机的第一件事情就是杀掉他们的天敌——安全软件，如卡巴斯基、360 安全卫士、NOD32 等。这样用户就不能通过使用杀毒软件的方法来处理已经感染病

第6章 计算机与网络基础知识

毒的电脑。

知道上面病毒的启动原理，不难得出清理方式：首先删掉注册表文件中病毒的启动项。最常见启动位置在[HKEY_LOCAL_MACHINE\SOFTWARE\Microsoft\Windows\CurrentVersion\Run]，删除所有该子项内的字符串等，只留下 cftmon.exe。立即按机箱上的重启键，不让病毒回写注册表（正常关机可能会激活病毒回写进启动项目，如"磁碟机"）。如果病毒仍然启动，就要怀疑有病毒服务，或者驱动。那么这个时候就需要有一定计算机能力的人用批处理或者其他的程序同时找到并关闭病毒的服务和删除注册表，然后快速关机。驱动一般在系统下很难删除，所以可以用 Xdelete 或者 icesword、wsyscheck 或者进入 DOS、WPE 等其他系统进行删除。

如果是通过引导扇区启动，我们还要用其他软件，如 diskgen 重写主引导记录。如果是通过 BIOS 启动，用放电法还原 BIOS。

当病毒不能启动以后，它们就像一堆垃圾在用户的电脑上面，然后用户需要注意不要再激活病毒，删除 autorun.inf、可疑文件、印象劫持的注册表等可能触发病毒的系统设置，用干净的 U 盘去其他电脑拷贝一个杀毒软件安装以后，升级到最新的病毒库，全盘查杀病毒残留。

6.2 计算机硬件基础知识

一、硬件的概念

在基本配置中我们已经认识了主机箱、显示器、键盘、鼠标、音箱和话筒。这些能够看得见、摸得着的设备就是"硬件"，它就好比人类的大脑和身体，是物质的，是进行一切活动的基础。键盘、鼠标和话筒都是给计算机送信号的，于是我们叫它们"输入设备"，而显示器、音箱是为计算机向外界传达信息的，于是我们叫它们"输出设备"。这就好像我们的眼睛、耳朵和鼻子是给我们以视觉、听觉、嗅觉信息的，而我们的嘴、面部表情和四肢是表达我们的看法和感情的。是否还有其他的输入设备和输出设备呢？不但有，而且还非常多。事实上，正是各种功能各异的外围设备使我们的计算机变得更加丰富多彩。主要的输入设备还有扫描仪、数码相机甚至影碟机，输出设备有各种打印机。

二、外部设备的连接

首先来认识一下主机箱背面的插槽。

图 6-4 是主机箱的背面，机箱背面的接口大致可分为三个区。一区是两个电源线接口，为三相针型和槽型。二区是主板与外围设备连接的串并口，一般连接打印机、鼠标、键盘和调制解调器等设备。三区是扩展槽中的板卡，

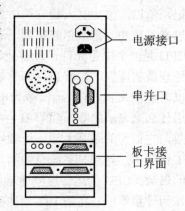

图 6-4 主机箱的背面

如声卡、显示卡的对外接口,连接音箱、显示器等。根据扩展槽上板卡的多少和类型的不同,接口有所区别。各种机箱三个区域安排的位置大同小异,一般是电源接口和板卡接口分别在上下(立式机箱)或左右(卧式机箱)两端,串并口在中间位置。连接计算机各部分设备的电缆两端各有两个接头,分别与机箱和设备连接。各接头对应的接口是唯一的,不正确的接头插不进接口,因此用户可以放心地按以下步骤连接。

(1) 将键盘插头插入机箱背面串并口区的键盘插口。

(2) 将鼠标插头插入机箱背面串并口区的鼠标插口。

(3) 将显示器的电源线一端与显示器相连,一端连到机箱背面电源区的显示器电源插口,或者直接接到电源上(显示器电源与主机相连,打开主机,显示器同时被打开;显示器直接接电源,则须单独按下显示器开关才能打开显示器)。

(4) 将显示器的数据线连接到机箱背面的显示卡接口上。

(5) 将音箱插头连接到声卡露出的 SPEAKER 插头上。

(6) 如果有打印机,根据打印机的类型,将其接头连到并口 LPT1 或串口 COM1 上。

(7) 将主机电源线一头连到机箱电源插口上,另一头接电源。至此连接完毕。

三、UPS

计算机如果遇到突然断电的情况,如突然停电,就会丢失所有没存盘的数据,这往往会造成很糟糕的后果。UPS 的出现使这一问题得到解决,它是突然断电的克星,可以在断电之后发出蜂鸣声告警,并继续给计算机维持约 10 分钟的电力,使操作者有时间进行必要的处理,避免令人头疼的后果。这就是 UPS——持续不间断电源。

四、主机硬件

1. 中央处理单元(CPU)

CPU 这三个字母是英文"Central Processing Unit"的缩写,中文意思是"中央处理器"。CPU 读起来省事又好记,所以,很少有人说它的中文全名。中央处理器,顾名思义,就是"把数据收集到一起集中进行处理的器件"。CPU 是一个电子元件,直接处理计算机的大部分数据,它处理数据速度的快慢直接影响着整台电脑性能的发挥,所以人们把 CPU 形象地比喻为电脑的心脏。CPU 的速度是用什么来表示的呢?CPU 有主频、倍频、外频三个重要参数,它们的关系是主频=外频×倍频,主频是 CPU 内部的工作频率,外频是系统总线的工作频率,倍频是它们相差的倍数。CPU 的运行速度通常用主频表示,以赫兹(Hz)

图 6-5 中央处理单元(CPU)

作为计量单位。兆是 10^6,"兆赫兹"写作"MHz"。CPU 的工作频率越高,速度就越快,性能就越好,价格也就越高。目前的 CPU 最高工作频率已达到 1500MHz 以上。

计算机之所以能够在二十几年中在全世界迅速普及,主要原因是它功能的强大、操作的简便化和价格的直线下降。而计算机功能的每一次翻天覆地的变化都是由于 CPU 功能的大幅度改进。我们常说的 286、386、486 到今天的 586、Pentium Ⅱ 都是 CPU 的型号。CPU 的主要生产厂商 Intel 公司用 "80X86" 系列作为自己生产的 CPU 名称，如 486 就是 80486 的简称。20 世纪 90 年代以后，由于其他 CPU 厂家的 CPU 型号也是用 486、586 来表示的，这就使很多人误以为凡是标明为 486、586 的 CPU 都是 Intel 公司的产品。为了与其他的厂家区别开来 Intel 公司将自己的 586 改名为 "Pentium"，中文译为 "奔腾"。图 6-5 所示近年来，Intel 公司又相继推出了 Pentium MMX 和 Pentium Ⅱ。CPU 每一次技术的革新都带来相应的名称变化和计算机速度的大幅度提高。目前，著名的 CPU 生产厂家除了 Intel 公司外，还有 AMD 公司、Cyrix 公司等，他们的 CPU 性能也不错，同等档次的产品价格较 Intel 公司的低一些。

2．内存与硬盘

我们常说某台电脑的内存不够了、硬盘太小了之类的话。这里的 "不够"、"太小" 都指的是内存与硬盘的容量，而不是它们的数量或几何形状的大小。内存和硬盘都是计算机用来存储数据的，它们的单位就是 "字节" （Bytes）。计算机把大量有待处理和暂时不用的数据都存放在硬盘中，只是把需要立即处理的数据调到内存中，处理完毕立即送回硬盘，再调出下一部分数据。内存简称 RAM，是英文 Random Accessmemory 的缩写。在个人计算机中，内存分为静态内存（SRAM）和动态内存（DRAM）两种，静态内存的读写速度比动态内存要快。目前市面上的内存条以 "MB"

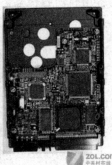

图 6-6 硬盘

为单位，如 32MB 的和 64MB 的内存条。硬盘容量要比内存大得多，现在以 "GB" 为单位已属常见。当然了，内存和硬盘的容量都是越大越好。可是容量越大，价钱就越高。重要的是，用户要选购够用而又不造成浪费的内存条和硬盘。图 6-6 所示为一块硬盘。

3．硬盘的分区

把硬盘的容量作一下分配，再分配给不同的逻辑驱动器，就叫做硬盘分区。如一块 20G 的硬盘，用 Fdisk 命令把它分成三个区，并将驱动器指定为三个逻辑驱动器，分别驱动四个区：一个叫做 C 盘驱动器，容量设定为 4GB，专门存放字处理和图表软件；一个叫做 D 盘驱动器，容量是 6GB，专门存放影像和动画制作软件；另一个叫做 E 盘驱动器，容量为 6GB（1GB=1024MB），专门存放游戏软件；最后一个叫做 F 驱动器，容量为 4GB，存放 Win98 等重要资料的备份和驱动程序等。DOS 操作系统必须放在 C 盘驱动器中。硬盘分区有利于计算机管理繁杂的信息，而且，某一区出现故障，不影响其他区的正常操作，这里的 C、D、E 是硬盘逻辑驱动器的名称。

4. 软盘与光盘

软盘和光盘是电脑中数据运输的得力助手。根据尺寸的大小，软盘可分为 3.5 寸盘和 5.25 寸盘（参见图 6-7）。

光盘实现了数据的大容量存储，容量达到 650MB，每张光盘可以记录 75 分钟的影像和声音，是计算机实现多媒体功能的功臣之一。软盘既可读又可写。也就是说，用户既可以查看其中的内容，又可以把文件存在里面。光盘一般只可读不可写，用户只能欣赏或利用光盘中的内容，而不能随意把自己有用的资料存放在里面，这主要是因为计算机的光盘驱动器没有写入的功能。要利用计算机向空白光盘中写入内容，就要使用专门的光盘刻录系统。市面上的普通空白光盘是不可擦除的，一旦刻上一定的内容就不能像软盘那样把旧内容用新内容覆盖。现在市面上也有可擦除光盘，但价钱较高。

图 6-7　软盘

5. 驱动器

驱动器分为硬盘驱动器、软盘驱动器和光盘驱动器。硬盘固定在硬盘驱动器之中。一台计算机可以安装 1 到 2 个软盘驱动器。光盘驱动器是读取光盘信息的设备。

6. 主板

打开机箱后，用户能够看到的最大的一块电路板就是主板。

主板的英文名字叫做"Mainboard"或"Motherboard"，简称 M/B。在主板的身上，最显眼的是一排排的插槽，呈黑色和白色，长短不一，声卡、显卡、内存条等设备就是插在这些插槽里与主板联系起来的。除此之外，还有各种元器件和接口，它们将机箱内的各种设备连接起来。如果说 CPU 是电脑的心脏，那么，主板就是血管和神经，有了主板，电脑的 CPU 才能控制硬盘、软驱等周边设备。目前市面上有 Socket 7 架构和 Slot 1 架构的主板。两种不同架构主板的插槽有所不同，功能也存在着差异。主板上主要部件参见图 6-8。

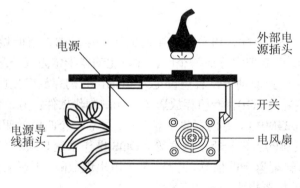

图 6-8　主板

7. 芯片组

芯片组是主板的核心，是 CPU 与周边设备沟通的桥梁。当用户选购主板的时候，关心的焦点是主板的性能和价格。而芯片组技术的高低就决定着主板性能的好坏。计算机技术发展到现在，不同品牌的主板性能很容易辨别。只要了解某款主板采用的是何种芯片组，就能大致了解其性能和档次。采用同样芯片组的不同知名品牌的主板的性能差异已变得相当小。现在主要的芯片组制造商有 Intel 公司、VIA 公司、Ali 公司和 SiS 公司。计算机的 CPU 过去是直接焊接在主板上的，现在，为了人们买电脑的灵活性和升级的需要，已不在主板上直接焊接 CPU，而是装上了插座。Socket 7 架构主板的 CPU 插座旁边有一个杠杆，把它拉起来，CPU 的每一根插脚就可以轻松地插入插座的孔里，然后，将杠杆压回原来的位置，CPU 就牢牢地被固定住，决不会脱离开。

8. 电源插座

计算机需要电才能运作。计算机机箱里有一个电源，电源上有很多的导线及接口。计算机电源是给主机箱中的各个硬件设备供电的。导线及接口要分别接到主板、硬盘、光驱和软驱的电源插座上。

9. 系统主存插槽与内存条

内存是计算机干活的"场院"，是它处理数据的地方。那么内存以何种形式存在呢？在主板上，有专门用来安插内存条的插槽，叫做"系统主存插槽"。大部分 Socket 7 架构主板提供 72 线（白色）和 168 线（黑色）的内存插槽。72 线插槽叫做 DRAM 插槽，用来插 DRAM 内存条；168 线插槽叫做 SDRAM 插槽，用来插 SDRAM 内存条。而 Slot 1 架构主板上只提供 168 线的黑色 SDRAM 插槽。通常，DRAM 内存条又称 SIMM，SDRAM 内存条又称 DIMM。按容量大小内存条可分为 8MB、16MB、32MB 和 64MB 等种类。用户可以根据自己主板上的内存插槽类型和个数酌情增插 SIMM 或 DIMM 扩充计算机内存。

10. 扩展槽与扩展总线

扩展槽为个人电脑提供了功能扩展的接口。扩展槽可以连接声卡、显卡等设备，并把它们的信号传给主板电路，同时，将主板的信号传递给外部设备。扩展槽成了主板与外界交流的桥梁，使个人电脑的用途得以扩展。扩展槽的接口有 ISA、PCI 和 AGP 三种。ISA 接口用处不大，但仍不可缺少；PCI 接口用途较广；AGP 是新兴的 3D 图形加速端口。PCI 扩展槽为白色，AGP 扩展槽和 ISA 扩展槽一般为黑色。图 6-9 所示为 PCI 扩展槽。PCI 扩展槽总线是主板与插到它上面的板卡的数据流通通道。有了总线，各板卡才能与主板建立联系，供计算机使用。扩展槽口中的金属线就是扩展总线，板卡插到扩展槽中时，其管脚的金属线与槽口的扩展总线相接触，就达到了信号互递的作用。扩展槽有 ISA、PCI 和 AGP 三种类型，相应的扩展总线也分为 ISA、PCI 和 AGP 三种类型。

CPU 底座　　　　　　　　CPU

图 6-9　扩展槽

11. 数据线

打开机箱后，用户会看到白色塑封的扁平带子，这就是数据线。带子的一侧标示了一条红线，带子中间有若干黑色或褐色的接口，用来连接主板、硬盘、光驱和软驱等设备，传递数据。通过这些数据线，计算机内的各硬件才能建立联系，交流数据。

12. I/O 界面

"I/O"是"Input/Output"的缩写，意思是"输入/输出"。主板上的"I/O"界面提供各种与外部设备相连的接口。位于机箱内的是 IDE 等接口，数据线（白色排线）通过 IDE 接口使光驱、软驱、硬盘与主板相连。露在机箱外与其他的外部设备（如打印机、鼠标、键盘和调制解调器等）相连的接口分为串口和并口。串口常用 COM1、COM2、PS/2 表示；并口用 LPT1、LPT2 表示。通常情况下，COM1 或 PS/2 连接鼠标或键盘，COM2 连接外置调制解调器。LPT1 通常连接并口打印机，所以又叫做"PRN"口（PRN 是 PRINT 的缩写）。打印机根据电缆接口类型的不同，分为串行打印机和并行打印机，分别连串口和并口。由于并行打印机接受信息快、打印速度快，所以串行打印机已逐渐被并行打印机所取代。

13. 高速缓存

高速缓存是为增加内存的存取效能、提高 CPU 处理数据的效率而产生的。像内存一样，它也可以扩充，现在奔腾级的主板上都安装有 LC Cache 的芯片或插槽。大部分主板安装了 512KB L2 Cache 芯片，也有部分主板安装了 1MB L2 Cache 芯片。

14. 声卡

声卡是计算机内专用的声音处理芯片。用户平时能听到声音是因为声波改变环境中的空气压力，人的耳鼓感到这种压力的变化，大脑将其解释为声音。用麦克风录音时，空气压力的变化使麦克风的振动膜片产生与耳鼓类似的振动，这些细微的振动又会转换成电流强弱的变化。声卡采用的也是类似的发生方式，只不过是逆向进行的：声卡把电脑中反映声音的信息转化成电流信号，用音频放大器放大，使音箱的喇叭产生震颤，造成空气压力的变化，最终形成人耳所能听到的声音。

图 6-10 为一块声卡，左侧为声卡接口。声卡要插到扩展槽中与主板连为一体才能发

挥作用。PCI 扩展槽和 ISA 扩展槽可以用来插声卡,相应的,声卡有 PCI 声卡和 ISA 声卡之分。生产声卡的著名厂家有帝盟、创新、浩鑫、启亨、Aopen 和 Sound Blaster 等。计算机使用二进制数,所有的记录数据信息都是以二进制数的形式存在的,声音影像信息也不例外。把声音信息由二进制码转化为声波的是声卡,把影像信息由二进制码转化为用户看得见的影像的计算机部件就是显示卡,简称显卡。图 6-11 所示为一块显示卡。

图 6-10　声卡

图 6-11　显卡

15. 显示卡

显卡的主要结构之一是显示内存,它与系统主存的功能是一样的,只不过负责的区域不同。显示内存用来暂存显示卡芯片所处理的数据,而系统主存则用来暂存 CPU 所处理的数据。显示卡最基本的三项指标是分辨率、色深和刷新频率。分辨率代表显示卡在显示器屏幕上所能描绘的像素点的数量,一般以横向点×纵向点表示。如标准的 VGA 显示卡最大分辨率为 640×480。色深也称为颜色数,是指显卡在当前分辨率下能同屏显示的色彩数量,以多少色或多少 Bit 色来表示。如 256 色（8Bit 色,2^8）。刷新频率是指图像在显示器屏幕上更新的速度,单位是"赫兹"（Hz）。目前大部分流行的显卡都能在 800×600 分辨率下达到 85Hz 的刷新频率。刷新频率越高,屏幕上图像的闪烁感越小,视觉效果越好。以上三项指标越高,要求的显示内存越大。当今著名的显卡品牌有 ATI、Matrox、Diamond、STB、VinFast、丽台、耕宇和华硕等。

6.3　计算机软件基础知识

计算机软件（Computer Software,也称软件、软体）是指计算机系统中的程序及其文档。程序是计算任务的处理对象和处理规则的描述,文档是为了便于了解程序所需的阐明性资料。程序必须装入机器内部才能工作,文档一般是给人看的,不一定装入机器。根据软件的用途不同,可将其分为系统软件和应用软件两大类。

系统软件是负责管理计算机系统中各种独立的硬件,使得它们可以协调工作。系统软件使得计算机使用者和其他的软件将计算机当作一个整体而不需要顾及到底层每个硬件是如何工作的。

一般来讲,系统软件包括操作系统和一系列基本的工具,如编译器、数据库管理、存储器格式化、文件系统管理、用户身份验证、驱动管理和网络连接等方面的工具。

应用软件是为了某种特定的用途而被开发的软件。它可以是一个特定的程序（如一个图像浏览器），也可以是一组功能联系紧密，可以互相协作的程序的集合（如微软的 Office 软件），也可以是一个由众多独立程序组成的庞大的软件系统（如数据库管理系统）。较常见的有：文字处理软件（如 WPS、Word 等），信息管理软件，辅助设计软件（如 AutoCAD），实时控制软件，教育与娱乐软件。

一、系统软件

操作系统（Operating System，简称 OS）传统上是负责对计算机硬件直接控制及管理的系统软件。操作系统的功能一般包括处理器管理、存储管理、文件管理、设备管理和作业管理等。当多个程序同时运行时，操作系统负责规划以优化每个程序的处理时间。

一个操作系统可以在概念上分割成两部分，即内核（Kernel）和壳（shell）。一个壳程序包裹了与硬件直接交流的内核。在有些操作系统上内核与壳完全分开（如 Unix、Linux 等），这样用户就可以在一个内核上使用不同的壳；而另一些的内核与壳关系紧密（如 Microsoft Windows），内核及壳只是操作层次上不同而已。

Windows 98 是一个发行于 1998 年 6 月 25 日的混合 16 位/32 位的图形操作系统。这个新的系统是基于 Windows 95 上编写的，它改良了硬件标准的支持，如 USB、MMX 和 AGP。其他的特性包括对 FAT32 文件系统的支持、多显示器、Web TV 的支持和整合到 Windows 图形用户界面的 Internet Explorer，称为活动桌面（Active Desktop）。Windows 98 SE（第二版）发行于 1999 年 6 月 10 日，它包括一系列的改进，如 Internet Explorer5、Windows Netmeeting 3、Internet Connection Sharing 和对 DVD-ROM 的支持。Windows 98 被人批评为没有足够的革新。即使这样，它仍然是一个成功的产品。第二版被批评为不能在第一版的基础上自由升级。

Windows 98 的最低系统需求：486DX/66MHz 或更高的处理器，16MB 的内存，更多的内存将改善性能；如果使用 FAT16 文件系统，典型安装需 250 兆；因系统设置和选项不同，所需空间范围在 225～310 兆；如果使用 FAT32 文件系统，典型安装需 245 兆；因系统设置和选项不同，所需空间范围在 200～270 兆；CD-ROM 或 DVD-ROM 驱动器和 VGA 或更高分辨率的显示器，微软鼠标或兼容的指向设备。

Windows ME 是一个 32 位图形操作系统，由微软公司发行于 2000 年 9 月 14 日。这个系统是在 Windows 95 和 Windows 98 的基础上开发的。它包括相关的小的改善，如 Internet Explorer 5.5。其中最主要的改善是用于与流行的媒体播放软件 RealPlayer 竞争的 Windows Media Player 7。但是 Internet Explorer 5.5 和 Windows Media Player 7 都可以在网上免费下载。Movie Maker 是这个系统中的一个新的组件。这个程序提供了基本的对视频的编辑和设计功能，对家庭用户来说是简单易学的。但是，最重要的修改是系统去除了 DOS，而由系统恢复代替了。

在概念上，这是一个大的改进：用户不再需要有神秘的 DOS 行命令的知识就可以维护和修复系统。实际上，去除了 DOS 功能对维护来说是一个障碍，而系统恢复功能也带

第 6 章 计算机与网络基础知识

来一些麻烦：性能显著的降低，不能有效的胜任一些通常的错误。由于系统每次都自动创建一个先前系统状态的备份，使得非专业人员很难实行一些急需的修改，甚至是删除一个不想要的程序或病毒。有观点认为这个系统只是 Windows 98 的升级版本，不应该独自成为一个版本。也有观点认为这是微软自 3.0 版以后最差的第一个没有发行第二版的 Windows。

Microsoft Windows 2000（起初称为 WinNT 5.0）是一个由微软公司发行于 2000 年 12 月 19 日的 32 位图形商业性质的操作系统。Windows 2000 有四个版本：Professional、Server、Advanced Server 和 Datacenter Server。另外，微软提供了 Windows 2000 Advanced Server 限定版，用于运行于英特尔 Itanium 64 位处理器上。所有版本的 Windows 2000 都有共同的一些新特征：NTFS5，新的 NTFS 文件系统；EFS，允许对磁盘上的所有文件进行加密；WDM，增强对硬件的支持。

Microsoft Windows 2000 的最低系统要求：133 MHZ 或更高主频的 Pentium 级兼容 CPU，推荐最小内存为 64MB，更多的内存通常可以改善系统响应性能（最多支持 4GB 内存），至少有 1GB 可用磁盘空间的 2GB 硬盘（如果通过网络进行安装，可能需要更多的可用磁盘空间），Windows 2000 Professional 支持单 CPU 和双 CPU 系统。

Windows XP 或视窗 XP 是微软公司最新发布的一款视窗操作系统。它发行于 2001 年 10 月 25 日，原来的名称是 Whistler。微软最初发行了两个版本，即家庭版（Home）和专业版（Professional）。家庭版的消费对象是家庭用户，专业版则在家庭版的基础上添加了新的为面向商业的设计的网络认证、双处理器等特性。字母 XP 表示英文单词的"体验"（Experience）。

在 XP 之前，微软有两个相互独立的操作系统系列，一个是以 Windows 98 和 Windows ME 为代表的面向桌面电脑的系列，另一个是以 Windows 2000 和 Windows NT 为代表的面向服务器市场的系列。Windows XP 是微软把所有用户的要求合成一个操作系统的尝试，而为此付出的代价是丧失了对基于 DOS 程序的支持。

Windows XP 是基于 Windows 2000 代码的产品，同时拥有一个新的用户图形界面（叫做月神 Luna），它包括了一些细微的修改，其中一些看起来是从 Linux 的桌面环境（Desktop Environment）诸如 KDE 中获得的灵感。带有用户图形的登录界面就是一个例子。此外，Windows XP 还引入了一个"基于人物"的用户界面，使得工具条可以访问任务的具体细节。然而，批评家认为这个基于任务的设计指示增加了视觉上的混乱，因为它除了提供比其他的操作系统更简单的工具栏以外并没有添加新的特性。而额外进程的耗费又是可见的。

Windows XP 包括了简化了的 Windows 2000 的用户安全特性，并整合了防火墙，以用来确保长期以来困扰微软的安全问题。

由于微软把很多以前是由第三方提供的软件整合到操作系统中，XP 受到了猛烈的批评。这些软件包括防火墙、媒体播放器（Windows Media Player）、即时通信软件（Windows Messenger），以及它与 Microsoft Passport 网络服务的紧密结合，这都被很多的计算机专家认为是安全风险以及对个人隐私的潜在威胁。这些特性的增加被认为是微软继续其传统的反竞争行为的持续。

另外受到强烈批评的是它的产品激活技术，这使得主机的部件受到监听，并在软件可

以永久使用前（每30天一个激活周期）在微软的记录上添加一个唯一的参考序列号（Reference Number）。在其他的计算机上安装系统，或只是简单的更换一个硬件（如网卡），都将产生一个新的与之前不同的参考序列号，造成用户必须重新输入安装序列号来激活 Windows XP 的麻烦。

Windows XP 的最低系统要求：推荐计算机使用时钟频率为 300 MHz 或更高的处理器；至少需要 233 MHz（单个或双处理器系统）；推荐使用 Intel Pentium/Celeron 系列、AMD K6/Athlon/Duron 系列或兼容的处理器，推荐使用 128 MB RAM 或更高（最低支持 64M，可能会影响性能和某些功能），1.5 GB 可用硬盘空间，Super VGA（800x600）或分辨率更高的视频适配器和监视器，CD-ROM 或 DVD 驱动器，键盘和 Microsoft 鼠标或兼容的指针设备。

二、应用软件

1. 文字处理软件

文字处理软件是办公室和个人不可缺少的软件，它用于输入、存贮、编辑和打印文字材料。目前主要的中文文字处理软件有 Word 和 WPS。

2. 电子表格数据处理软件

电子表格数据处理软件用于一些简单的数据表处理，如学校中的成绩处理、股市行情分析等，主要的软件有 Excel 和 Lotus 1-2-3。

3. 信息管理软件

信息管理软件用于输入、存储、修改、检索各种信息，如工资管理软件、人事管理软件和计划管理软件等。这种软件发展到一定水平后，各个单项的软件相互联系起来，计算机和管理人员组成一个和谐的整体，各种信息在其中合理地流动，形成一个完整、高效的管理信息系统，简称 MIS。针对不同的部门、行业和需求，可以编制不同的 MIS，也可以设计通用的 MIS。

4. 图形、图像处理软件

（1）Photoshop。

Photoshop 是 Adobe 公司旗下最为出名的图像处理软件之一，是集图像扫描、编辑修改、图像制作、广告创意、图像输入与输出于一体的图形图像处理软件，深受广大平面设计人员和电脑美术爱好者的喜爱。从功能上看 Photoshop 可分为图像编辑、图像合成、校色调色及特效制作部分。

（2）Illustrator。

Illustrator 是 Adobe 公司推出的专业矢量绘图工具。Adobe Illustrator 是出版、多媒体和在线图像的工业标准矢量插画软件。作为全球最著名的图形软件，Illustrator 以其强大的功能和体贴用户的界面已经占据美国国内 MAC 机平台矢量软件的 97%以上的市场份额。尤其基于 Adobe 公司专利的 PostScript 技术的运用，Illustrator 在桌面出版领域发挥了极大的优势。

（3）Freehand。

Freehand 是 Macromedia 公司推出的一个功能强大的平面矢量图形设计软件，无论用户要做的是广告创意、书籍海报、机械制图，还是要绘制建筑蓝图，Freehand 都是一件强大、实用而又灵活的利器。

（4）CorelDRAW。

CorelDRAW 是由加拿大 Corel 公司开发的一款操作简单、应用范围广泛的矢量绘图软件，矢量图形编辑功能强大，是目前最受专业设计人员喜爱的矢量绘图软件之一。

（5）Fireworks。

Adobe Fireworks CS3 软件可以加速 Web 设计与开发，是一款创建与优化 Web 图像和快速构建网站与 Web 界面原型的理想工具。

Fireworks CS3 不仅具备编辑矢量图形与位图图像的灵活性，还提供了一个预先构建资源的公用库，并可与 Adobe Photoshop CS3、Adobe Illustrator CS3、Adobe Dreamweaver CS3 和 Adobe Flash CS3 软件省时集成。在 Fireworks 中将设计迅速转变为模型，或利用来自 Illustrator、Photoshop 和 Flash 的其他资源。然后直接置入 Dreamweaver CS3 中轻松地进行开发与部署。

5．动画制作软件

（1）Flash。

Flash 是美国 Macromedia 公司所设计的一种二维动画软件。通常包括 Macromedia Flash，用于设计和编辑 Flash 文档，以及 Macromedia Flash Player，用于播放 Flash 文档。Flash 是被大量应用于互联网网页的矢量动画文件格式。使用向量运算的方式，产生出来的影片占用存储空间较小。使用 Flash 创作出的影片有自己的特殊档案格式（SWF）。

（2）3D Studio MAX。

3D Studio Max 常简称为 3DS Max 或 MAX，是 Autodesk 公司开发的基于 PC 系统的三维动画渲染和制作软件。其前身是基于 DOS 操作系统的 3D Studio 系列软件，最新版本是 2010。在 Windows NT 出现以前，工业级的 CG 制作被 SGI 图形工作站所垄断。3D Studio Max 加 Windows NT 组合的出现一下子降低了 CG 制作的门槛，首选开始运用在电脑游戏中的动画制作，后更进一步开始参与影视片的特效制作，如 X 战警 II、最后的武士等。

在应用范围方面，3D Studio Max 广泛应用于广告、影视、工业设计、建筑设计、多媒体制作、游戏、辅助教学以及工程可视化等领域。拥有强大功能的 3DS MAX 被广泛地应用于电视及娱乐业中，如片头动画和视频游戏的制作，深深扎根于玩家心中的劳拉角色形象就是 3DS MAX 的杰作。在影视特效方面也有一定的应用。而在国内发展的相对比较成熟的建筑效果图和建筑动画制作中，3DS MAX 的使用率更是占据了绝对的优势。

6．音频编辑软件

（1）Adobe Audition。

Adobe Audition 的前身为 Cool Edit。2003 年 Adobe 公司收购 Syntrillium 公司的全部

产品都用于充实其阵容强大的视频处理软件系列。Adobe 在图形图像界的影响可谓尽人皆知，做起音频来自然也不会含糊。Adobe Audition 功能强大、控制灵活，使用它可以录制、混合、编辑和控制数字音频文件。也可轻松地创建音乐、制作广播短片、修复录制缺陷。通过与 Adobe 视频应用程序的智能集成，还可将音频和视频内容结合在一起。使用 Adobe Audition 2.0 软件，用户将获得实时的专业级效果。

　　Adobe Audition 是一个非常出色的数字音乐编辑器和 MP3 制作软件。不少人把它形容为音频"绘画"程序。用户可以用声音来"绘制"音调、歌曲的一部分，声音、弦乐、颤音、噪音或是调整静音。而且它还提供有多种特效为用户的作品增色：放大、降低噪音、压缩、扩展、回声、失真、延迟等。用户可以同时处理多个文件，轻松地在几个文件中进行剪切、粘贴、合并、重叠声音操作。使用它可以生成的声音有噪音、低音、静音和电话信号等。该软件还包含有 CD 播放器。其他的功能包括：支持可选的插件；崩溃恢复；支持多文件；自动静音检测和删除；自动节拍查找；录制等。另外，它还可以在 AIF、AU、MP3、Raw PCM、SAM、VOC、VOX、WAV 等文件格式之间进行转换，并且能够保存为 RealAudio 格式。

　　（2）GoldWave。

　　GoldWave 是一个集声音编辑、播放、录制和转换的音频工具，体积小巧，功能却不弱。GoldWave 可打开的音频文件相当多，包括 WAV、OGG、VOC、IFF、AIF、AFC、AU、SND、MP3、MAT、DWD、SMP、VOX、SDS、AVI 和 MOV 等音频文件格式，用户也可以从 CD、VCD、DVD 或其他视频文件中提取声音。内含丰富的音频处理特效，从一般特效如多普勒、回声、混响、降噪到高级的公式计算（利用公式在理论上可以产生任何用户想要的声音），效果多多。5.08 版在处理速度上有了很大提高，而且能够支持以动态压缩保存 MP3 文件。

　　7. 视频编辑软件

　　（1）Adobe Premiere。

　　Adobe Premiere 是一个非常优秀的桌面视频编辑软件。它让用户使用多轨的影像与声音作合成与剪辑来制作 Microsoft Video for Windows（.avi）、QrickTime Movies（.Mov）等动态影像格式。Adobe Premiere 提供了各种的操作界面来达成专业化的剪辑需求。在影视广告后期制作领域中 Adobe Premiere 发挥了举足轻重的作用。Adobe Premiere 可以处理由电脑制作的动画影像或是由非线编系统输入的实物影像，在 Adobe Premiere 中加以剪辑、加工，使视频后期编辑在 PC 平台上得以顺利实现。

　　（2）Sony Vegas 6.0。

　　Sony Vegas 6.0 是一个专业影像编辑软件，可与 Adobe Premiere 相媲美。剪辑、特效、合成、播放一气呵成。结合高效率的操作界面与多功能的优异特性，让用户更简易地创造丰富的影像。Sony Vegas 6.0 为一整合影像编辑与声音编辑的软件，其中无限制的视轨与音轨更是其他的影音软件所没有的特性。在效益上更提供了视讯合成、进阶编码、转场特效、修剪及动画控制等。不论是专业人士或是个人用户，都可因其简易的操作界面而轻松

第 6 章 计算机与网络基础知识

上手。此套视讯应用软件可说是数位影像、串流视讯、多媒体简报、广播等用户解决数位编辑的方案。

8. 网络应用软件

常用的网络应用软件包括浏览器软件（如微软的 IE、傲游公司的傲游浏览器、Mozilla 公司的火狐浏览器等）、电子邮件收发软件（如微软的 Outlook、腾讯的 Foxmail 等）、FTP 软件（如 Cuteftp）、即时通信软件（如微软的 MSN、腾讯的 QQ 等）、压缩软件（如 Winzip、WinRAR）和 BT 下载工具（如 Bit torrent）。

9. 流媒体软件

（1）Real Media。

Real Media 由 RealNetworks 公司推出，包括 RealAudio、RealVideo 和 RealFlash 三类文件。RealAudio 是一种新型流式音频，采用 Streaming Audio 文件格式。它包含在 RealMedia 中，主要用于在低速的广域网上实时传输音频信息。RealVideo 是一种高压缩比的视频格式，可以使用任何一种常用于多媒体及 Web 上制作视频的方法来创建 RealVideo 文件。RealFlash 播放器是一个集 Flash 管理、播放与保存，网络 Flash 搜索与下载，网络经典 Flash 及时展示的多功能 Flash 播放器。

（2）QuickTime。

QuickTime 是苹果公司提供的系统及代码的压缩包，它拥有 C 和 Pascal 的编程界面，更高级的软件可以用它来控制时基信号。在 QuickTime 中，时基信号被叫做影片。应用程序可以用 QuickTime 来生成、显示、编辑、拷贝、压缩影片和影片数据，就像通常操纵文本文件和静止图像那样。除了处理视频数据以外，QuickTime3.0 还能处理静止图像、动画图像、矢量图、多音轨、MIDI 音乐、三维立体、虚拟现实全景和虚拟现实的物体，当然还包括文本。

QuickTime 可以使任何应用程序中都充满各种各样的媒体。

（3）Windows Media。

Windows Media 也是一种网络流媒体技术，本质上跟 Real Media 是相同的。Windows Media Player 是由微软公司开发的一款音频、视频播放器，它以兼容格式多、播放功能强大等一系列突出优点深受用户们的喜爱。通常简称为 WMP。Windows Media 支持通过插件增强功能，在 V7 及以后的版本可支持换肤。Windows Media 可以播放 MP3、WMA、WAV 等一系列音频文件，RM 文件由于竞争关系微软默认并不支持，不过在 V8 以后的版本，如果安装了解码器，RM 文件可以播放。视频方面可以播放 AVI、MPEG-1，安装 DVD 解码器以后可以播放 MPEG-2、DVD。

10. 网页制作软件

Dreamweaver 是美国 MACROMEDIA 公司开发的集网页制作和管理网站于一身的所见即所得网页编辑器，它是第一套针对专业网页设计师特别发展的视觉化网页开发工具，利用它可以轻而易举地制作出跨越平台限制和跨越浏览器限制的充满动感的网页。

6.4 计算机网络基础知识

一、计算机网络的定义

计算机网络就是计算机之间通过连接介质互联起来,按照网络协议进行数据通信,实现资源共享的一种组织形式。

什么是连接介质呢?连接介质和通信网中的传输线路一样,起到信息的输送和设备的连接作用。计算机网络的连接介质种类很多,可以是电缆、光缆、双绞线等"有线"的介质,也可以是卫星、微波等"无线"介质,这和通信网中所采用的传输介质基本上是一样的。

在连接介质基础上,计算机网络必须实现计算机间的通信和计算机资源的共享,因此它的结构,按照其功能可以划分成通信子网和资源子网两部分。当然,根据硬件的不同,将它分成主机和通信子网两部分也是正确的。

主机的概念很重要,所为主机就是组成网络的各个独立的计算机。在网络中,主机运行应用程序。这里请注意区别主机与终端。终端是指人与网络打交道时所必需的设备,一个键盘加一个显示器即可构成一个终端,显然,主机由于要运行应用程序,只有一个键盘和显示器是不够的,还要有相应的软件和硬件才行。因此,不能把终端看成主机,但有时把主机看成一台终端是可以的。

什么是协议呢?拿电报来做比较,在拍电报时,必须首先规定好报文的传输格式,多少位的码长,什么样的码字表示启动,什么样的码字又表示结束,出了错误怎么办,发报人的名字和地址等,这种预先定好的格式及约定就是协议。

网络协议的定义:为了使网络中的不同设备能进行下沉的数据通信而预先制定一整套通信双方相互了解和共同遵守的格式和约定。

协议对于计算机网络而言是非常重要的,可以说没有协议就不可能有计算机网。每一种计算机网络都有一套协议支持着。由于现在计算机网络种类很多,所以现有的网络通信协议的种类也很多。典型的网络通信协议有开放系统互连(OSI)协议1、X.25协议等。TCP/IP 则是为 Internet 互联的各种网络之间能互相通信而专门设计的通信协议。

可见,由于连接介质的不同、通信协议的不同,计算机网络的种类名目繁多。但一般来讲,计算机网络可以按照它覆盖的地理范围划分成局域网和广域网。局域网一般是指分布于几公里范围内的网络,常见的局域中校园网、大楼网等。广域网则在范围很广的区域内提供数据通信服务,前面提到的 NSFnet,国内的如中国公用分组交换网(CHINAPAC)、中国公用数字数据网(CHINADDA),以及建议中的国家教育和科研网(CERnet)等都属于广域网,建设好的 CHINANET 也将是一个广域网。

二、计算机网络系统的构成

计算机网络系统是由网络硬件和网络软件组成的。在网络系统中,硬件的选择对网络

第6章 计算机与网络基础知识

起着决定的作用，而网络软件则是挖掘网络潜力的工具。

1. 网络硬件

网络硬件是计算机网络系统的物质基础。要构成一个计算机网络系统，首先要将计算机及其附属硬件设备与网络中的其他计算机系统连接起来，实现物理连接。不同的计算机网络系统在硬件方面是有差别的。随着计算机技术和网络技术的发展，网络硬件日趋多样化，且功能更强、更复杂。常见的网络硬件有服务器、工作站、网络接口卡、集中器、调制解调器、终端及传输介质等。

2. 服务器

在计算机网络中，分散在不同地点担负一定数据处理任务和提供资源的计算机被称为服务器。服务器是网络运行、管理和提供服务的中枢，它影响着网络的整体性能。一般在大型网络中采用大型机、中型机和小型机作为网络服务器，可以保证网络的可靠性。对于网点不多、网络通信量不大、数据的安全可靠性要求不高的网络，可以选用高档微机作网络服务器。

3. 工作站

在计算机局域网中，网络工作站是通过网卡连接到网络上的一台个人计算机，它仍保持原有计算机的功能，作为独立的个人计算机为用户服务，同时它又可以按照被授予的一定权限访问服务器。工作站之间可以进行通信，可以共享网络的其他资源。

4. 网络接口卡

网络接口卡也称为网卡或网板，是计算机与传输介质进行数据交互的中间部件，主要进行编码转换。在接收传输介质上传送的信息时，网卡把传来的信息按照网络上信号编码要求和帧的格式接受并交给主机处理。在主机向网络发送信息时，网卡把发送的信息按照网络传送的要求装配成帧的格式，然后采用网络编码信号向网络发送出去。

5. 调制解调器

调制解调器是调制器和解调器的简称，是实现计算机通信的外部设备。调制解调器是一种进行数字信号与模拟信号转换的设备。计算机处理的是数字信号，而电话线传输的是模拟信号，在计算机和电话线之间需要一个连接设备，将计算机输出的数字信号变换为适合电话线传输的模拟信号，在接收端再将接收到的模拟信号变换为数字信号由计算机处理。因此，调制解调器需成对使用。

6. 终端

终端设备是用户进行网络操作所使用的设备，它的种类很多，可以是具有键盘及显示功能的一般终端，也可以是一台计算机。

7. 传输介质

传输介质是传送信号的载体，在计算机网络中通常使用的传输介质有双绞线、同轴电

缆、光纤、微波及卫星通信等。它们可以支持不同的网络类型，具有不同的传输速率和传输距离。

8. 网络软件

在网络系统中，网络中的每个用户都可享用系统中的各种资源，所以系统必须对用户进行控制，否则就会造成系统混乱，造成信息数据的破坏和丢失。为了协调系统资源，系统需要通过软件工具对网络资源进行全面的管理，进行合理的调度和分配，并采取一系列的保密安全措施，防止用户不合理的对数据和信息的访问，防止数据和信息的破坏与丢失。网络软件是实现网络功能所不可缺少的软环境。通常网络软件包括网络协议软件、网络通信软件和网络操作系统。

9. 网络结构

在不同的网络系统中，网络结构及所选择使用的网络软件是有差别的。对于实用的网络系统来说，选择什么硬件和软件是根据系统的规模、系统的结构决定的。如 Novell 局域网，如果网络系统所涉及的地理范围小，同时系统所拥有的数据量和通信数据量不大，那么只要一台网络服务器，并具备系统所规定的工作站数，选择适当的通信介质和相匹配的网络接口卡、网络软件、网络操作系统就可以建立起一个完整的网络系统。

在一个远程网络系统中所需要的设备和技术更为复杂。在远程通信网中，服务器与工作站、服务器通过集中器与工作站直接通信的部分是短程通信；而服务器与各工作站通信需要经过调制解调器或前端处理机的通信部分属于远程通信。

计算机网络结构通常有星型结构、总线型结构、环型结构、树型结构和网状结构。星型结构是以一个节点为中心的处理系统，各种类型的入网机器均与该中心处理机有物理链路直接相连，与其他的节点间不能直接通信，与其他的节点通信时需要通过该中心处理机转发，因此中心节点必须有较强的功能和较高的可靠性。

星型结构的优点是结构简单、建网容易、控制相对简单。缺点是属集中控制，主机负载过重，可靠性低，通信线路利用率低。

总线型结构是将所有的入网计算机均接入到一条通信传输线上，为防止信号反射，一般在总线两端连有终结器匹配线路阻抗。总线型结构的优点是信道利用率较高，结构简单，价格相对便宜。缺点是同一时刻只能有两个网络节点在相互通信，网络延伸距离有限，网络容纳节点数有限。在总线上只要有一个节点连接出现问题就会影响整个网络的正常运行。目前在局域网中多采用此种结构。

环型结构将各个联网的计算机由通信线路连接成一个闭合的环。在环型结构的网络中，信息按固定方向流动，或顺时针方向，或逆时针方向。其传输控制机制较为简单，实时性强，但可靠性较差，网络扩充复杂。

树型结构实际上星型结构的一种变形，它将原来用单独链路直接连接的节点通过多级处理主机进行分级连接。这种结构与星型结构相比降低了通信线路的成本，但增加了网络复杂性。网络中除最低层节点及其连线外，任一节点或连线的故障均影响其所在支路网络的正常工作。

第6章 计算机与网络基础知识

网状结构的优点是节点间路径多，碰撞和阻塞可大大减少，局部的故障不会影响整个网络的正常工作，可靠性高；网络扩充和主机入网比较灵活、简单。但这种网络关系复杂，建网不易，网络控制机制复杂。广域网中一般用网状结构。

三、计算机网络的功能

计算机网络有很多的用处，其中最重要的三个功能是数据通信、资源共享和分布处理。

1. 数据通信

数据通信是计算机网络最基本的功能。它用来快速传送计算机与终端、计算机与计算机之间的各种信息，包括文字信件、新闻消息、咨询信息、图片资料和报纸版面等。利用这一特点可实现将分散在各个地区的单位或部门用计算机网络联系起来，进行统一的调配、控制和管理。

2. 资源共享

"资源"指的是网络中所有的软件、硬件和数据资源。"共享"指的是网络中的用户都能够部分或全部地享受这些资源。如某些地区或单位的数据库（如飞机机票、饭店客房等）可供全网使用；某些单位设计的软件可供需要的地方有偿调用或办理一定手续后调用；一些外部设备如打印机可面向用户，使不具有这些设备的地方也能使用这些硬件设备。如果不能实现资源共享，各地区都需要有完整的一套软硬件及数据资源，则将大大地增加全系统的投资费用。

3. 分布处理

当某台计算机负担过重时，或该计算机正在处理某项工作时，网络可将新任务转交给空闲的计算机来完成，这样处理能均衡各计算机的负载，提高处理问题的实时性；对大型综合性问题，可将问题的各部分交给不同的计算机分头处理，充分利用网络资源，扩大计算机的处理能力，即增强实用性。对解决复杂问题来讲，多台计算机联合使用并构成高性能的计算机体系，这种协同工作、并行处理要比单独购置高性能的大型计算机便宜得多。

四、计算机网络的分类

计算机网络按从小到大分类可分成局域网、城域网、广域网和互联网。

网络中计算机设备之间的距离可近可远，即网络覆盖地域面积可大可小。按照联网的计算机之间的距离和网络覆盖面的不同，一般分为局域网（LAN，即 Local Area Network）、城域网（MAN，即 Metropolitan Area Network）、广域网（WAN，即 Wide Area Network）和互联网（Internet）。局域网相当于某厂或某校的内部电话网，城域网犹如某地只能拨通市话的电话网，广域网好像国内直拨电话网，互联网则类似于国际长途电话网。

1. 局域网

通常我们常见的"LAN"就是指局域网，这是最常见、应用最广的一种网络。现在局域网随着整个计算机网络技术的发展和提高得到充分的应用和普及，几乎每个单位都有自己的局域网，有的甚至家庭中都有自己的小型局域网。很明显，所谓局域网，那就是在局部地区范围内的网络，它所覆盖的地区范围较小。

局域网在计算机数量配置上没有太多的限制，少的可以只有两台，多的可达几百台。一般来说在企业局域网中，工作站的数量在几十台到两百台左右。在网络所涉及的地理距离上一般来说可以是几米至10公里以内。局域网一般位于一个建筑物或一个单位内，不存在寻径问题，不包括网络层的应用。

局域网的特点就是：连接范围窄，用户数少，配置容易，连接速率高。目前，局域网最快的速率要算现今的10 G以太网（Ethernet）了。IEEE的802标准委员会定义了多种主要的LAN网：以太网、令牌环网（Token Ring）、光纤分布式接口网络（FDDI）、异步传输模式网（ATM）以及最新的无线局域网（WLAN）。

2．城域网

这种网络一般来说是在一个城市，但不在同一地理小区范围内的计算机互联。这种网络的连接距离可以在10～100公里，采用的是IEEE802.6标准。

城域网与局域网相比其扩展的距离更长，连接的计算机数量更多，在地理范围上可以说是局域网网络的延伸。在一个大型城市或都市地区，一个城域网网络通常连接着多个局域网。如连接政府机构的局域网、医院的局域网、电信的局域网、公司企业的局域网等。由于光纤连接的引入，使城域网中高速的局域网互联成为可能。

城域网多采用ATM技术做骨干网。ATM是一个用于数据、语音、视频以及多媒体应用程序的高速网络传输方法。ATM包括一个接口和一个协议，该协议能够在一个常规的传输信道上，在比特率不变及变化的通信量之间进行切换。

ATM也包括硬件、软件以及与ATM协议标准一致的介质。ATM提供一个可伸缩的主干基础设施，以便能够适应不同规模、速度以及寻址技术的网络。ATM的最大缺点就是成本太高，所以一般在政府城域网中应用，如邮政、银行、医院等。

3．广域网

这种网络也称为远程网，所覆盖的范围比城域网更广，它一般是在不同城市之间的局域网或者城域网网络互联，地理范围可从几百公里到几千公里。因为距离较远，信息衰减比较严重，所以这种网络一般是要租用专线，通过IMP（接口信息处理）协议和线路连接起来，构成网状结构，解决循径问题。

这种城域网因为所连接的用户多，总出口带宽有限，所以用户的终端连接速率一般较低，通常为9.6Kbps—45Mbps，如邮电部的CHINANET网、CHINAPAC网和CHINADDN网。

4．互联网

互联网因其英文单词"Internet"的谐音又称"英特网"。在互联网应用如此发达的今天，它已是我们每天都要打交道的一种网络，无论从地理范围，还是从网络规模来讲它都是最大的一种网络，就是我们常说的"Web"、"WWW"和"万维网"等多种叫法。从地理范围来说，互联网可以是全球计算机的互联，这种网络的最大特点就是不定性，整个网络的计算机每时每刻随着人们网络的接入在不变的变化。当连在互联网上的时候，用户的计算机可以算是互联网的一部分,但一旦用户断开互联网的连接时,用户的计算机就不属于互联网了。互联网的优点也是非常明显的,就是信息量大、传播广,无论用户身处何地,只要联上互联网就可以对任何可以联网的用户发出信函和广告。因为这种网络的复杂性,所以这种网络实现的技术也是非常复杂的。

上面讲了网络的几种分类,其实在现实生活中我们真正遇到最多的还要算是局域网,因为它可大可小,无论在单位还是在家庭实现起来都比较容易,应用也是最广泛的一种网络,所以在下面我们有必要对局域网及局域网中的接入设备作进一步的认识。

五、计算机网络协议

计算机网络的最大特点是通过不同的通信介质把不同厂家、不同操作系统的计算机和其他相关设备（如打印机、传达室感应器等）连接在一起,打破时间和空间的界限,共享软硬件资源和进行信息传输。然而,如何实现不同传输介质上的不同软硬件资源之间的通信共享呢?这就需要计算机与相关设备按照相同的协议,也就是通信规则的集合来进行通信。这正如人类进行通信、交谈时要使用相同的语言一样。

网络协议（Network Protcol）是计算机网络中互相通信的对等实体间交换信息时所必须遵守的规则的集合。当前的计算机网络的体系结构是以 TCP/IP 协议为主的 Internet 结构。对等实体通常是指在计算机网络体系结构中处于相同层次的通信协议进程。网络协议是为计算机网络中进行数据交换而建立的规则、标准或约定的集合,而且还定义所传输信息息的词汇表和这些词汇所表示的意义（语义）。

Internet 网络体系结构以 TCP/IP 协议为核心。其中 IP 协议用来给各种不同的通信子网或局域网提供一个统一的互连平台,TCP 协议则用来为应用程序提供端到端的通信和控制功能。

事实上,Internet 并不是一个实际的物理网络或独立的计算机网络,它是世界上各种使用统一 TCP/IP 协议的网络的互联。TCP/IP 协议分为四层,即通信子网层、网络层、运输层和应用层。

1. 通信子网层

TCP/IP 协议的通信子网层（Subnetwork Layer）与 OSI 协议的物理层、数据链路层以及网络层的一部分相对应。该层中所使用的协议为各通信子网本身固有的协议,如以太网的 802.3 协议、令牌环网的 802.5 协议有及分组交互网的 X.25 协议等。通信子网层的作用是传输经网络层处理过的消息。

2. 网络层

网络层（Internet Layer）所使用的协议是 IP 协议。它把运输层送来的消息组装成 IP 数据包,并把 IP 数据包传递给通信子网层。IP 协议提供统一的 IP 数据格式,以消除各通信子层的差异,从而为信息发送方和接收方提供透明通道。

网络层的主要功能是:（1）Internet 全网址的识别与管理;（2）IP 数据包路由功能;（3）发送或接收时使 IP 数据包的长度与通信子网所允许的数据包长度相匹配,如以太网

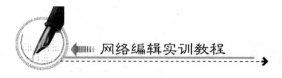

所传输的帧长为 1500 字节，而 ARPA 网所传输的数据包长 1008 字节。当以太网上的数据帧通过网络层 IP 协议转达发给 ARPA 网时，就要进行数据帧的分解处理。

3. 运输层

运输层（Transport Layer）为应用程序提供逻辑通信功能。运输层有三个主要协议，即传输控制的协议（TCP）、用户数据报协议（UDP）和互联网控制消息协议（ICMP）。

4. 应用层

应用层（Application Layer）为用户提供所需要的各种服务。应用层提供的主要服务有：过程登录，用户可以使用异地主机；文件传输，用户可在不同主机之间传输文件；电子邮件，用户可通过主机和终端互相发送信件；Web 服务器，发布和访问具有超文本格式 HTML 的各种信息。

六、计算机网络互联设备

常用的连接设备划分为以下几种类型。

1. 网络传输介质互联设备

网络线路与用户节点具体衔接时，可能遇到以下几种情况：
（1）T 型连接器；
（2）收发器；
（3）双绞线连接器 RJ-45；
（4）RS232 接口（DB-25）；
（5）DB-15 接口；
（6）VB35 同步接口；
（7）网络接口单元；
（8）调制解调器。

T 型连接器与 BNC 接插件同是细同轴电缆的连接器，它对网络的可靠性有着至关重要的影响。同轴电缆与 T 型连接器是依赖于 BNC 接插件进行连接的，BNC 接插件有手工安装和工具型安装之分，用户可根据实际情况和线路的可靠性进行选择。

RJ-45 双绞线连接器有 8 根连针，在 10BASE-T 标准中仅使用 4 根，即第 1 对双绞线使用第 1 针和第 2 针，第 2 对双绞线使用第 3 针和第 6 针（第 3 对和第 4 对作备用）。具体使用时可参照厂家提供的说明书。

DB-25（RS-232）接口是目前微机与线路接口的常用方式。

DB-15 接口用于连接网络接口卡的 AUI 接口，可将信息通过收发器电缆送到收发器，然后进入主干介质。

VB35 同步接口用于连接远程的高速同步接口。

终端匹配器（也称终端适配器）安装在同轴电缆（粗缆或细缆）的两个端点上，它的作用是防止电缆无匹配电阻或阻抗不正确。无匹配电阻或阻抗不正确则会引起信号波形反射，造成信号传输错误。

第 6 章 计算机与网络基础知识

调制解调器的功能是将计算机的数字信号转换成模拟信号或反之,以便在电话线路或微波线路上传输。调制是把数字信号转换成模拟信号,解调是把模拟信号转换成数字信号,它一般通过 RS-232 接口与计算机相连。

2. 网络物理层互联设备

（1）中继器。

由于信号在网络传输介质中有衰减和噪音,使有用的数据信号变得越来越弱,因此为了保证有用数据的完整性,并在一定范围内传送,要用中继器把所接收到的弱信号分离,并再生放大以保持与原数据相同。

（2）集线器。

集线器可以说是一种特殊的中继器,作为网络传输介质间的中央节点,它克服了介质单一通道的缺陷。以集线器为中心的优点是：当网络系统中某条线路或某节点出现故障时,不会影响网上其他节点的正常工作。

集线器可分为无源（Passive）集线器、有源（Active）集线器和智能（Intelligent）集线器。

无源集线器只负责把多段介质连接在一起,不对信号作任何处理,每一种介质段只允许扩展到最大有效距离的一半。

有源集线器类似于无源集线器,但它具有对传输信号进行再生和放大从而扩展介质长度的功能。

智能集线器除具有有源集线器的功能外,还可将网络的部分功能集成到集线器中,如网络管理、选择网络传输线路等。集线器技术发展迅速,已出现交换技术（在集线器上增加了线路交换功能）和网络分段方式,提高了传输带宽。

随着计算机技术的发展,Hub 又分为切换式、共享式和可堆叠共享式三种。

① 切换式 Hub。

一个切换式 Hub 重新生成每一个信号并在发送前过滤每一个包,而且只将其发送到目的地址。切换式 Hub 可以使 10Mbps 和 100Mbps 的站点用于同一网段中。

② 共享式 Hub。

共享式 Hub 提供了所有连接点的站点间共享一个最大频宽。如一个连接着几个工作站或服务器的 100Mbps 共享式 Hub 所提供的最大频宽为 100Mbps,与它连接的站点共享这个频宽。共享式 Hub 不过滤或重新生成信号,所有与之相连的站点必须以同一速度工作（10Mbps 或 100Mbps）,所以共享式 Hub 比切换式 Hub 价格便宜。

③ 堆叠共享式 Hub。

堆叠共享式 Hub 是共享式 Hub 中的一种,当它们连在一起时,可看做是网中的一个大 Hub。当 6 个 8 口的 Hub 级连在一起时,可以看做是 1 个 48 口的 Hub。

3. 数据链路层互联设备

（1）网桥。

网桥是一个局域网与另一个局域网之间建立连接的桥梁。网桥是属于网络层的一种设备，它的作用是扩展网络和通信手段，在各种传输介质中转发数据信号，扩展网络的距离，同时又有选择地将有地址的信号从一个传输介质发送到另一个传输介质，并能有效地限制两个介质系统中无关紧要的通信。

网桥可分为本地网桥和远程网桥。本地网桥是指在传输介质允许长度范围内互联网络的网桥。

远程网桥是指连接的距离超过网络的常规范围时使用的远程桥，通过远程桥互联的局域网将成为城域网或广域网。如果使用远程网桥，则远程桥必须成对出现。

在网络的本地连接中，网桥可以使用内桥和外桥。内桥是文件服务的一部分，通过文件服务器中的不同网卡连接起来的局域网，由文件服务器上运行的网络操作系统来管理。外桥安装在工作站上，实现两个相似或不同的网络之间的连接。外桥不运行在网络文件服务器上，而是运行在一台独立的工作站上，外桥可以是专用的，也可以是非专用的。作为专用网桥的工作站不能当普通工作站使用，只能建立两个网络之间的桥接。而非专用网桥的工作站既可以作为网桥，也可以作为工作站。

（2）交换器。

网络交换技术是近几年发展起来的一种结构化的网络解决方案。它是计算机网络发展到高速传输阶段而出现的一种新的网络应用形式。它不是一项新的网络技术，而是现有网络技术通过交换设备提高性能。由于交换机市场发展迅速、产品繁多，而且功能上越来越强，所以分为企业级、部门级、工作组级和桌面型交换机。

4. 网络层互联设备

路由器是用于连接多个逻辑上分开的网络。逻辑网络是指一个单独的网络或一个子网。当数据从一个子网传输到另一个子网时，可通过路由器来完成。因此，路由器具有判断网络地址和选择路径的功能，它能在多网络互联环境中建立灵活的连接，可用完全不同的数据分组和介质访问方法连接各种子网。路由器是属于网络应用层的一种互联设备，只接收源站或其他路由器的信息，它不关心各子网使用的硬件设备，但要求运行与网络层协议相一致的软件。路由器分本地路由器和远程路由器。本地路由器是用来连接网络传输介质的，如光纤、同轴电缆和双绞线。远程路由器是用来与远程传输介质连接并要求相应的设备，如电话线要配调制解调器，无线要通过无线接收机和发射机。

5. 应用层互联设备

在一个计算机网络中，当连接不同类型而协议差别又较大的网络时，则要选用网关设备。网关的功能体现在 OSI 模型的最高层，它将协议进行转换，将数据重新分组，以便在两个不同类型的网络系统之间进行通信。由于协议转换是一件复杂的事，一般来说，网关只进行一对一转换，或是少数几种特定应用协议的转换，网关很难实现通用的协议转换。用于网关转换的应用协议有电子邮件、文件传输和远程工作站登录等。

网关和多协议路由器（或特殊用途的通信服务器）组合在一起可以连接多种不同的系统。和网桥一样网关可以是本地的，也可以是远程的。目前，网关已成为网络上每个用户都能访问大型主机的通用工具。

第 6 章 计算机与网络基础知识

6.5 互联网发展状况

一、世界及中国互联网发展历史和现状

1969 年，为了能在爆发核战争时保障通信联络，美国国防部高级研究计划署（ARPA）资助建立了世界上第一个分组交换试验网 ARPANET，连接美国四个大学。ARPANET 的建成和不断发展标志着计算机网络发展的新纪元。

20 世纪 70 年代末到 80 年代初，计算机网络蓬勃发展，各种各样的计算机网络应运而生，如 MILNET、USENET、BITNET、CSNET 等，在网络的规模和数量上都得到了很大的发展。一系列网络的建设产生了不同网络之间互联的需求，并最终导致了 TCP/IP 协议的诞生。1980 年，TCP/IP 协议研制成功。1982 年，ARPANET 开始采用 IP 协议。

1986 年，美国国家科学基金会（NSF）资助建成了基于 TCP/IP 技术的主干网 NSFNET，连接美国的若干超级计算中心、主要大学和研究机构，世界上第一个互联网产生，迅速连接到世界各地。90 年代，随着 Web 技术和相应的浏览器的出现，互联网的发展和应用出现了新的飞跃。1995 年，NSFNET 开始商业化运行。

1995 年以来，互联网用户的数量呈指数增长趋势，平均每半年翻一番。截止到 2002 年 5 月，全球已经有 5.8 亿用户。其中，北美为 1.82 亿，亚太为 1.68 亿。截止到 2001 年 7 月，全球连接的计算机数量约 1.26 亿台。互联网还在以超过摩尔定律的速度发展。有人预计，全球互联网的用户数量在 2010 年将达到 22 亿。

1994 年，国家支持建设了 CERNET 示范网工程，这是中国第一个全国性 TCP/IP 互联网。

2006 年 7 月，中国互联网络信息中心发布的第 18 次统计：中国网站数量已经达到 78 万个，网民数已达 1.23 亿。而由它们发布的第 20 次中国互联网络发展状况统计报告中显示，截至 2007 年 6 月，中国网站数量已经达到 131 万个，半年内增加了 47 万个，比 2006 年同期增加了 52 万个，年增长率达到 66.4%。其中增长最快的是 CN 域名下的网站，截至 2007 年 12 月 CN 下网站数已达 100 万，年增长率达到 137.5%。截止到 2007 年年底，中国网民人数达 2.1 亿。

2009 年 1 月 13 日，中国互联网络信息中心在京发布了《第 23 次中国互联网络发展状况统计报告》。报告显示，截至 2008 年年底，我国互联网普及率以 22.6%的比例首次超过 21.9%的全球平均水平。同时，我国网民数达到 2.98 亿，宽带网民数达到 2.7 亿，国家 CN 域名数达 1357.2 万，三项指标继续稳居世界排名第一，显示出中国互联网的规模价值正在日益放大。

二、我国的互联网基础资源

互联网基础资源不但包括网民、IP 地址、域名、网站、网页、国际出口带宽等软资源，还包括网络设备、光缆线路长度等硬资源，它是信息化能力和水平的重要评测因素。

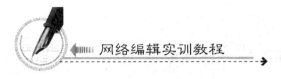

2010年1月15日,中国互联网络信息中心发布了最新的统计报告。数据显示,我国的互联网基础资源在2009年取得了飞速发展。

网民购置上网设备和上网都需要一定的经济支持,中国居民的消费水平偏低,因此经济因素一直是制约互联网普及的重要因素之一。近几年经济的高速增长促进了互联网的迅猛发展,中国1999—2009年的年均GDP增长率达到10%,2007年更是高达11.4%,中国经济一直在高位运行,加之同期政府鼓励"减缓投资、启动消费",居民的收入水平及消费水平日趋改善,越来越多的居民开始使用互联网。

2009年我国全年GDP仍保持8%左右的增长,各项社会事业稳步前进。基础设施投入加大、家电下乡政策鼓励、3G网络正式开通等共同推动了中国网民规模的增长。截至2009年年底,中国网民规模达到3.84亿人,较2008年增长28.9%,在总人口中的比重从22.6%提升到28.9%,互联网普及率在稳步上升。虽然普及率持续提升,但是相比发达国家,中国的互联网普及率还较低。截至2009年12月,美国、日本和韩国互联网普及率分别达到74.1%、75.5%和77.3%,均远远高于我国的互联网普及率。

基础资源是互联网的根基,它的发展水平直接制约着整体互联网的发展质量。主要包括IP地址(目前仅指IPv4地址)、域名、网站和国际出口带宽这四种资源。2009年年底我国的IPv4地址已经达到2.3亿,数量仅次于美国,是全球第二大IPv4地址拥有国,有力地保障了中国互联网的稳步发展。目前IPv4地址数量仍旧增长迅速,年增长率为28.2%。2009年年底我国域名总数为1682万,其中80%为.CN域名。域名数量保持平稳,域名利用率正在增加。

截至2009年12月,我国的网站数量,即域名注册者在中国境内的网站数(包括在境内接入和境外接入)数量达到323万个,网站数量增长幅度不大。国际出口带宽达到866367Mbps,增长迅速,年增长率达到35.3%。尽管从2005—2009年,这四种基础资源(即IP地址、域名、网站和国际出口带宽)都在快速增长,但是由于同期网民规模也在快速增长,网民规模的快速膨胀,甚至稀释了基础资源的增量,使IP地址、域名等基础资源的千人平均拥有量不增反降。

通常从四个维度衡量中国互联网基础资源的整体发展水平:每千网民IP地址数、每千网民域名数、每千网民网站数、每千网民国际出口带宽数。2009年年底,中国每千人拥有的IP地址数为605.3,每千人拥有的域名数为43.8个,每千人拥有的网站数为8.4个,每千人拥有的国际出口带宽为22562(Mbps)。自2008年底至2009年底,除了每千人拥有的国际出口带宽每年在持续增长外,每千网民IP地址数、每千网民域名数和每千网民网站数每年都在持续减少。

最近两年,网民平均IPv4地址拥有量持续下降,同时国际IP地址面临被分配殆尽的形势。届时,运营商、用户和设备提供商将有一系列不良连锁反应。要解决网络地址的问题,需要尽快过渡到以IPv6为基础的下一代互联网,以利于整个互联网未来的互联互通。推进互联网向以IPv6为基础的下一代互联网过渡已成当务之急。

三、我国互联网应用状况

互联网的价值体现在网民对互联网的应用,而互联网应用则能很大程度地反映信息化

第6章 计算机与网络基础知识

的应用水平。中国互联网络信息中心的调查显示，中国网民的互联网应用重心发生了转移，娱乐已经成为我国互联网最重要的网络应用，前七类网络应用的使用率排序依次是：网络音乐（86.6%）、即时通信（81.4%）、网络影视（76.9%）、网络新闻（73.6%）、搜索引擎（72.4%）、网络游戏（59.3%）和电子邮件（56.5%），体现互联网娱乐作用的网络音乐、网络影视等排名明显靠前。据此使用率可以推算出，使用网络音乐的网民高达1.81亿，使用即时通信的网民高达1.7亿，近40%的网民选择即时通信为上网第一落脚点，而网络新闻、电子邮件等互联网基础应用落在其后。互联网娱乐功能成为网民快速增长的拉动因素之一。

中国互联网发展具有自己的特色，这个特色最重要的体现之一就是即时通信在中国的火爆发展。即时通信是一种即时的在线信息沟通方式，可以随时得到对方的回应。目前中国网民的即时通信使用率已经达到81.4%，超越搜索引擎与电子邮件，成为仅次于网络音乐的第二大网络应用，有1.7亿的使用者。

网络新闻的特性是即时快捷，中国网民的网络应用中，网络新闻观看率仅次于网络音乐和即时通信，处在第三位，网络新闻的受众群体已有1.5亿人。同时，博客/个人门户已成为网上新闻来源之一，代表了"草根"（即普通网民）话语权的释放。显然，互联网的新媒体特征和地位正日益突出，中国网络新闻的发展不逊于互联网普及率高的国家。中国网民不但关注来自各大门户网站的新闻，而且越来越多的网民也开始从政府网站上浏览政府动态和新闻，政府网站正成为政务信息公开的一个渠道。而这正是《国家电子政务总体框架》中提出的"十一五"期间电子政务的发展目标。

四、我国互联网发展趋势

中国网民的规模将继续快速增长，并成为世界第一。随着我国宽带的普及、网速的提高、网上精彩内容和服务的增多，越来越多的非网民将被吸引为网民；同时，工业和信息化部积极开展的"村村通电话"、"乡乡能上网"，和中国科学院信息办领导下网络中心主持的"乡乡有网站"等乡镇信息化普及工程的推进，以及IT厂商的低价终端产品营销，都促进了中国农村互联网应用的发展，农村用户的增长也将掀起中国网民数量增长的新一波浪潮。

移动互联网快速发展是2008年中国互联网发展的一大热点，这主要得益于移动运营商的推广、2008年北京奥运会的带动和以3G为代表的新技术的应用。随时、随地是无线互联网相对于传统互联网的核心优点，而这些优点对应的应用将主要集中在商务与生活领域，如移动商务、手机邮箱、移动视频和手机游戏等。但2008年的中国无线互联网将仍然处于普及阶段，最大的发展价值是用户数量的增长，收益规模不会发生大爆发式增长。

在互联网应用方面，互联网将更多地与传统行业结合，为用户、企业、政府提供更好的平台、更多的服务。对于普通网民来说，互联网的娱乐、资讯、沟通功能将得到进一步加强，数字娱乐将成为中国网民网络应用的重心。对企业来说，源自传统企业的网络直销需求，催生B2C新模式热潮，网上电子商务将有所加强。对应于互联网应用的娱乐特性，音乐、软件类产品将成为推动网络直销的重点商品。由此，中国互联网产业的市场规模将

快速膨胀,增长速度将高于以往,特别是一些核心市场,如网络广告、搜索营销、网络游戏和网上交易等。对于政府来说,根据《国家电子政务总体框架》中制定的 "十一五"期间电子政务的发展目标,政府将对电子政务尤其关注并快速推进电子政务的发展,使得政府可以更好地为大众服务,提高政府办公效率。因此,伴随着国家对政府网站评测等工作的推进,2008年电子政务将有明显提升,特别是在政府上网和政府网站的功能改进方面。

五、互联网提供的主要服务

1. Telnet(远程登录系统)

Telnet 协议是 TCP/IP 协议族中的一员,是 Internet 远程登录服务的标准协议和主要方式。它为用户提供了在本地计算机上完成远程主机工作的能力。在终端使用者的电脑上使用 Telnet 程序,用它连接到服务器。终端使用者可以在 Telnet 程序中输入命令,这些命令会在服务器上运行,就像直接在服务器的控制台上输入一样,可以在本地就能控制服务器。要开始一个 Telnet 会话,必须输入用户名和密码来登录服务器。Telnet 是常用的远程控制 Web 服务器的方法。香港公共图书馆亦以万维网及 Telnet 供用户进行续借、预约及读者记录查询服务。

传统 Telnet 连线会话所传输的资料并未加密,这代表所输入及显示的资料,包括账号名称及密码等隐密资料可能会遭其他人窃听,因此有许多服务器会将 Telnet 服务关闭,改用更为安全的 SSH。Microsoft Windows 从 Vista 开始,Telnet 用户端不再是预先安装,而要手动从程式集里启动才可以使用。在之前的版本,只要计算机启动了 TCP/IP 服务,Telnet 用户端都同时可以使用。

Telnet 也是目前多数纯文字式网络论坛所使用的协议,部分网络论坛尚提供 SSH 服务,以保证安全的资讯传输。

2. FTP(文件传输)

FTP(File Transfer Protocol)是文件传输协议的简称,用于 Internet 上的控制文件的双向传输。同时,它也是一个应用程序(Application),用户可以通过它把自己的 PC 机与世界各地所有运行 FTP 协议的服务器相连,访问服务器上的大量程序和信息。

3. Gopher(信息检索)

Gopher 是 Internet 上一个非常有名的信息查找系统,它将 Internet 上的文件组织成某种索引,很方便地将用户从 Internet 的一处带到另一处。允许用户使用层叠结构的菜单与文件,以发现和检索信息,它拥有世界上最大、最神奇的编目。

Gopher 客户程序和 Gopher 服务器相连接,并能使用菜单结构显示其他的菜单、文档或文件,并索引。同时可通过 Telnet 远程访问其他应用程序。Gopher 协议使得 Internet 上的所有 Gopher 客户程序能够与 Internet 上的所有已"注册"的 Gopher 服务器进行对话。

Gopher 是 Internet 工具中最激动人心的发展之一,它使新用户不必成为技术专家就能迅速找到 Internet 爱好者们为之欢呼的许多优秀的资源。

4. Usenet（新闻讨论组）

Usenet 是 Uses Network 的缩写。它是 Internet 上信息传播的一个重要组成部分，也是 Internet 上一种高效率的交流方式，它通过由个人或公司负责维护的新闻服务器提供服务，并可管理成千上万个新闻组。

5. E-mail（电子邮件）

电子邮件是一种用电子手段提供信息交换的通信方式，是 Internet 应用最广的服务。通过网络的电子邮件系统，用户可以用非常低廉的价格（不管发送到哪里都只需负担电话费和网费即可），以非常快速的方式（几秒钟之内可以发送到世界上任何用户指定的目的地），与世界上任何一个角落的网络用户联系，这些电子邮件可以是文字、图像、声音等各种方式。

电子邮件系统由电子邮件服务器、电子邮件协议和电子邮件处理软件组成。电子邮件服务器是处理邮件交换的软硬件设施的总称，包括电子邮件程序、电子邮件箱等。它是为用户提供全由电子邮件服务的电子邮件系统，人们通过访问服务器实现邮件的交换。服务器程序通常不能由用户启动，而是一直在系统中运行，它一方面负责把本机器上发出的电子邮件发送出去，另一方面负责接收其他主机发过来的电子邮件，并把各种电子邮件分发给每个用户。当前常用的电子邮件协议有 SMTP、POP3、IMAP4，它们都隶属于 TCP/IP 协议簇，默认状态下，分别通过 TCP 端口 25、100 和 143 建立连接。目前主要的电子邮件处理软件有微软的 Outlook Express 和腾讯的 Foxmail。

6. WWW（万维网）

万维网（亦作"网络"、"WWW"、"W3"，英文"Web"或"World Wide Web"）是一个资料空间。在这个空间中，一样有用的事物称为一样"资源"，并且由一个全域"统一资源标识符"（URL）标识。这些资源通过超文本传输协议（Hypertext Transfer Protocol）传送给使用者，而后者通过点击链接来获得资源。从另一个观点来看，万维网是一个透过网络存取的互联超文件（Interlinked Hypertext Document）系统。万维网联盟（World Wide Web Consortium，简称 W3C）又称 W3C 理事会。1994 年 10 月在拥有"世界理工大学之最"称号的麻省理工学院计算机科学实验室成立。建立者是万维网的发明者蒂姆·伯纳斯·李。

万维网常被当成互联网的同义词，不过其实万维网是靠着互联网运行的一项服务。

7. BT 下载

BT 是一种互联网上新兴的 P2P 传输协议，全名叫"BitTorrent"，中文全称"比特流"，最初的创造者是布拉姆·科恩，现在则独立发展成一个有广大开发者群体的开放式传输协议。

BT 已经被很多个人和企业用来在互联网上发布各种资源，其好处是不需要资源发布者拥有高性能服务器就能迅速有效地把发布的资源传向其他的 BT 客户软件使用者，而且大多数的 BT 软件都是免费的。

整个 BT 发布体系包含发布资源信息的 torrent 文件，作为 BT 客户软件中介者的 tracker 服务器，遍布各地的 BT 软件使用者（通常称作 peer）。发布者只需使用 BT 软件为自己的发布资源制作 torrent 文件，将 torrent 提供给人下载，并保证自己的 BT 软件正常工作，就能轻松完成发布。下载者只要用 BT 软件打开 torrent 文件，软件就会根据在 torrent 文件中提供的数据分块、校验信息和 tracker 服务器地址等内容和其他运行着 BT 软件的计算机取得联系，并完成传输。

8. BBS（电子公告板系统）

BBS 的英文全称是"Bulletin Board System"，翻译为中文就是"电子公告板"。BBS 最早是用来公布股市价格等类信息的，当时 BBS 连文件传输的功能都没有，而且只能在苹果计算机上运行。早期的 BBS 与一般街头和校园内的公告板性质相同，只不过是通过电脑来传播或获得消息而已。一直到个人计算机开始普及之后，有些人尝试将苹果计算机上的 BBS 转移到个人计算机上，BBS 才开始渐渐普及开来。近些年来，由于爱好者们的努力，BBS 的功能得到了很大的扩充。

9. 网络聊天

网络聊天是指利用互联网提供的一对一或多对多的实时交流。目前聊天服务主要是通过 WWW 上设置的各种聊天室来完成的。聊天的工具除了利用键盘打字以外，还有语音和视频等。

10. IM（即时通信）

IM 的全称是 Instant Messaging，翻译为中文就是"即时通信"、"实时传讯"，这是一种可以让使用者在网络上建立某种私人聊天室（chatroom）的实时通信服务。大部分的即时通信服务提供了状态信息的特性——显示联络人名单、联络人是否在线及能否与联络人交谈。目前，在互联网上受欢迎的即时通信软件包括 QQ、MSN、Skype 等。

六、互联网应用中的概念

1. 域名（Domain Name）

企业、政府、非政府组织等机构或者个人在互联网上注册的名称是互联网上企业或机构间相互联络的网络地址。Internet 地址中的一项，如假设的一个地址 domain.com 与互联网协议（IP）地址相对应的一串容易记忆的字符，由若干个从 a 到 z 的 26 个拉丁字母及 0 到 9 的 10 个阿拉伯数字及"-"、"."符号构成并按一定的层次和逻辑排列。目前也有一些国家在开发其他语言的域名，如中文域名。域名不仅便于记忆，而且即使在 IP 地址发生变化的情况下，通过改变解析对应关系，域名仍可保持不变。

域名可分为不同级别，包括顶级域名、二级域名等。

顶级域名又分为两类：一是国家顶级域名（national top-level domainnames，简称 nTLDs），目前 200 多个国家都按照 ISO3166 国家代码分配了顶级域名，如中国是 cn，美国是 us，日本是 jp 等；二是国际顶级域名（international top-level domain names，简称 iTDs），如表示工商企业的.Com，表示网络提供商的.net，表示非盈利组织的.org 等。目前大多数域名争议都发生在 com 的顶级域名下，因为多数公司上网的目的都是为了盈利。为加强域名管理，解决域名资源的紧张，Internet 协会、Internet 分址机构及世界知识产权组织（WIPO）等国际组织经过广泛协商，在原来三个国际通用顶级域名（com、net、org）的基础上新增加了 7 个国际通用顶级域名：firm（公司企业）、store（销售公司或企业）、Web（突出 WWW 活动的单位）、arts（突出文化、娱乐活动的单位）、rec（突出消遣、娱乐活动的单位）、info（提供信息服务的单位）、nom（个人），并在世界范围内选择新的注册机构来受理域名注册申请。

二级域名是指顶级域名之下的域名，在国际顶级域名下，它是指域名注册人的网上名称，如 ibm、yahoo、microsoft 等；在国家顶级域名下，它是表示注册企业类别的符号，如 com、edu、gov、net 等。

2. IP 地址

所谓 IP 地址，就是给每个连接在 Internet 上的主机分配的一个 32bit 地址。

Internet 上的每台主机（Host）都有一个唯一的 IP 地址。IP 协议就是使用这个地址在主机之间传递信息，这是 Internet 能够运行的基础。IP 地址的长度为 32 位，分为 4 段，每段 8 位，用十进制数字表示，每段数字范围为 0～255，段与段之间用句点隔开。如 159.226.1.1。IP 地址有两部分组成，一部分为网络地址，另一部分为主机地址。IP 地址分为 A、B、C、D、E 五类。常用的是 B 和 C 两类。IP 地址就像是我们的家庭住址一样，如果用户要写信给一个人，就要知道对方的地址，这样邮递员才能把信送到，计算机发送信息是就好比是邮递员，它必须知道唯一的"家庭地址"才能不至于把信送错人家。只不过我们的地址使用文字来表示的，计算机的地址用十进制数字表示。

3. TCP/IP 协议

TCP/IP 是 Transmission Control Protocol/Internet Protocol 的简写，翻译成中文就是"传输控制协议/互联网络协议"。TCP/IP 协议是 Internet 最基本的协议，简单地说，就是由网络层的 IP 协议和传输层的 TCP 协议组成的。

4. URL

URL 的全称是 Uniform Resource Locator，翻译成中文就是"统一资源定位符"，也被称为网页地址，是互联网上标准的资源的地址。它最初是由蒂姆·伯纳斯·李发明用来作为万维网的地址的。现在它已经被万维网联盟编制为互联网标准 RFC1738 了，是用于完整地描述 Internet 上网页和其他资源的地址的一种标识方法。

Internet 上的每一个网页都具有一个唯一的名称标识，通常称之为 URL 地址，这种地址可以是本地磁盘，也可以是局域网上的某一台计算机，更多的是 Internet 上的站点。简单地说，URL 就是 Web 地址，俗称"网址"。

5. HTML

HTML（HyperText Mark-up Language）即超文本标记语言或超文本链接标示语言，是目前网络上应用最为广泛的语言,也是构成网页文档的主要语言。设计 HTML 语言的目的是为了能把存放在一台电脑中的文本或图形与另一台电脑中的文本或图形方便地联系在一起,形成有机的整体,人们不用考虑具体信息是在当前电脑上还是在网络的其他电脑上。用户只需使用鼠标在某一文档中点取一个图标,Internet 就会马上转到与此图标相关的内容上去,而这些信息可能存放在网络的另一台电脑中。HTML 文本是由 HTML 命令组成的描述性文本,HTML 命令可以说明文字、图形、动画、声音、表格和链接等。HTML 的结构包括头部(Head)和主体(Body)两大部分,其中头部描述浏览器所需的信息,而主体则包含所要说明的具体内容。

6. 超链接

超链接在本质上属于一个网页的一部分,它是一种允许用户同其他的网页或站点之间进行连接的元素。各个网页链接在一起后才能真正构成一个网站。所谓的超链接,是指从一个网页指向一个目标的连接关系,这个目标可以是另一个网页,也可以是相同网页上的不同位置,还可以是一个图片、一个电子邮件地址、一个文件,甚至是一个应用程序。而在一个网页中用来超链接的对象可以是一段文本或者是一个图片。当浏览者单击已经链接的文字或图片后,链接目标将显示在浏览器上,并且根据目标的类型来打开或运行。

按照链接路径的不同,网页中超链接一般分为三种类型,即内部链接、锚点链接和外部链接。

如果按照使用对象的不同,网页中的链接又可以分为文本超链接、图像超链接、E-mail 链接、锚点链接、多媒体文件链接和空链接等。

7. DNS

DNS(Domain Name Server)是域名系统的缩写,该系统用于命名组织到域层次结构中的计算机和网络服务。在 Internet 上域名与 IP 地址之间是一对一(或者一对多)的,域名虽然便于人们记忆,但机器之间只能互相认识 IP 地址,它们之间的转换工作称为域名解析,域名解析需要由专门的域名解析服务器来完成,DNS 就是进行域名解析的服务器。DNS 命名用于 Internet 等 TCP/IP 网络中,通过用户友好的名称查找计算机和服务。当用户在应用程序中输入 DNS 名称时,DNS 服务可以将此名称解析为与之相关的其他信息,如 IP 地址。因为,用户在上网时输入的网址是通过域名解析系统解析找到了相对应的 IP 地址,这样才能上网。其实,域名的最终指向是 IP。

七、互联网技术最新发展

1. 网格技术

网格是一种新技术,目前为止还没有具体的定义。但总的说来,我们可以认为网格就是下一代互联网应用,也有人直接称它是"第三代互联网技术",它更全面地实现了计算资源、通信资源、存储资源、数据资源、信息资源、知识资源和软件资源等的共享,为用户提供最好的上网服务。

网格技术主要是把互联网连接成一个巨大的超级计算机,使高性能计算机、服务器、

第6章 计算机与网络基础知识

信息处理系统和模拟系统等各种系统集合在一起，为各种开发技术提供支持，实现各种资源共享和协调分布，为各行业和企业提供最好的服务。

网格的主要思想是利用互联网把分散在不同地理位置的电脑组织成一个"虚拟的超级计算机"，其中每一台参与计算的计算机就是一个"节点"，而整个计算是由成千上万个"节点"组成的"一张网格"。网格计算的优点，一是具有超强的数据处理能力，二是可以充分利用网上的闲置处理能力。

2. P2P 技术（点对点技术）

P2P（peer-to-peer）技术又称对等互联网络技术，是一种网络新技术，依赖网络中参与者的计算能力和带宽，而不是把依赖都聚集在较少的几台服务器上。P2P 网络通常用于通过 Ad Hoc 连接来连接节点。这类网络可以用于多种用途，各种档案分享软件已经得到了广泛的使用。P2P 技术也被使用在类似 VoIP 等实时媒体业务的数据通信中。

纯点对点网络没有客户端或服务器的概念，只有平等的同级节点，同时对网络上的其他节点充当客户端和服务器。这种网络设计模型不同于客户端-服务器模型，在客户端-服务器模型中通信通常来往于一个中央服务器。

P2P 技术的典型应用有 BT 下载、即时通信。常用软件有 BitComet、eMule、QQ、MSN、酷狗、SKYPE 和迅雷等。

3. 语义网技术

语义网是 Semantic Web 的中文名称。语义网就是能够根据语义进行判断的网络。简单地说，语义网是一种能理解人类语言的智能网络，它不但能够理解人类的语言，而且还可以使人与电脑之间的交流变得像人与人之间的交流一样轻松。

语义网是对未来网络的一个设想，在这样的网络中，信息都被赋予了明确的含义，机器能够自动地处理和集成网上可用的信息。语义网使用 XML 来定义定制的标签格式以及用 RDF 的灵活性来表达数据，下一步需要的就是一种 Ontology 的网络语言（如 OWL）来描述网络文档中的术语的明确含义和它们之间的关系。

语义网的实现是基于 XML（可扩展标记语言 eXtensible Markup Langauge）语言和资源描述框架（RDF）来完成的。XML 是一种用于定义标记语言的工具，其内容包括 XML 声明、用以定义语言语法的 DTD（Document Type Declaration，文档类型定义）、描述标记的详细说明以及文档本身。而文档本身又包含有标记和内容。RDF 则用以表达网页的内容。

要使语义网搜索更精确、更彻底，更容易判断信息的真假，从而达到实用的目标，首先需要制定标准，该标准允许用户给网络内容添加元数据（即解释详尽的标记），并能让用户精确地指出他们正在寻找什么；然后，还需要找到一种方法，以确保不同的程序都能分享不同网站的内容；最后，要求用户可以增加其他的功能，如添加应用软件等。

4. IPV6 技术

IPv6 是 Internet Protocol Version 6 的缩写，其中 Internet Protocol 翻译为"互联网协议"。IPv6 是 IETF（互联网工程任务组，Internet Engineering Task Force）设计的用于替代现行

版本IP协议（IPv4）的下一代IP协议。

目前，全球的互联网所采用的协议族是TCP/IP协议族。IP是TCP/IP协议族中网络层的协议，是TCP/IP协议族的核心协议。目前IP协议的版本号是4（简称为IPv4），它的下一个版本就是IPv6。IPv6正处在不断发展和完善的过程中，它在不久的将来将取代目前被广泛使用的IPv4。每个人将拥有更多的IP地址。

目前我们使用的第二代互联网IPv4技术，其核心技术属于美国。它的最大问题是网络地址资源有限，从理论上讲，编址1600万个网络、40亿台主机。但采用A、B、C三类编址方式后，可用的网络地址和主机地址的数目大打折扣，以至目前的IP地址近乎枯竭。其中北美占有3/4，约30亿个，而人口最多的亚洲只有不到4亿个，中国只有3000多万个，只相当于美国麻省理工学院的数量。地址不足严重地制约了我国及其他国家互联网的应用和发展。

与IPV4相比，IPV6具有以下几个优势。

（1）IPv6具有更大的地址空间。IPv4中规定IP地址长度为32，即有$2^{32}-1$（符号^表示升幂，下同）个地址；而IPv6中IP地址的长度为128，即有$2^{128}-1$个地址。

（2）IPv6使用更小的路由表。IPv6的地址分配一开始就遵循聚类（Aggregation）的原则，这使得路由器能在路由表中用一条记录（Entry）表示一片子网，大大减小了路由器中路由表的长度，提高了路由器转发数据包的速度。

（3）IPv6增加了增强的组播（Multicast）支持以及对流的支持（Flow Control），这使得网络上的多媒体应用有了长足发展的机会，为服务质量（QoS，Quality of Service）控制提供了良好的网络平台。

（4）IPv6加入了对自动配置（Auto Configuration）的支持。这是对DHCP协议的改进和扩展，使得网络（尤其是局域网）的管理更加方便、更加快捷。

（5）IPv6具有更高的安全性。在使用IPv6网络中用户可以对网络层的数据进行加密并对IP报文进行校验，极大地增强了网络的安全性。

八、互联网最新应用

1. 博客

博客（Blog）是英文单词Blogger的音译。Blogger即指撰写博客的人。Blogger在很多时候也被翻译成为"博客"一词，而撰写Blog这种行为有时候也被翻译成"博客"。

博客是Weblog的简称，即Web和Log的组合词，Weblog就是网络上的一种流水记录形式，简称"网络日志"。事实上，博客不仅指使用Weblog的人，也可以指提供Weblog的服务或工具。简言之，Blog就是以网络作为载体，简易、迅速、便捷地发布自己的心得，及时、有效、轻松地与他人进行交流，再集丰富多彩的个性化展示于一体的综合性平台。

博客是一个网页，通常由简短且经常更新的帖子构成，这些帖子一般是按照年份和日期倒序排列的。而作为博客的内容，它可以是用户个人的想法和心得，包括用户对时事新闻、国家大事的个人看法，或者用户对一日三餐、服饰打扮的精心料理等，也可以是在基于某一主题的情况下或是在某一共同领域内由一群人集体创作的内容。博客并不等同于

"网络日记"。网络日记是带有很明显的私人性质的,而博客则是私人性和公共性的有效结合,它绝不仅仅是纯粹个人思想的表达和日常琐事的记录,它所提供的内容可以用来进行交流和为他人提供帮助,是可以包容整个互联网的,具有极高的共享精神和价值。

2. 播客

播客(Podcast)又称"有声博客",是 Podcast 的中文直译。用户可以利用"播客"将自己制作的"广播节目"上传到网上与广大网友分享。"播客"(Podcasting)这个词来源自苹果电脑的"iPod"与"广播"(Broadcast)的合成词,指的是一种在互联网上发布文件并允许用户订阅 feed 以自动接收新文件的方法,或用此方法来制作的电台节目。这种新方法在 2004 年下半年开始在互联网上流行以用于发布音频文件。

播客与其他的音频内容传送的区别在于其订阅模式,它使用 RSS 2.0 文件格式传送信息,该技术允许个人进行创建与发布,这种新的传播方式使得人人可以说出他们想说的话。

订阅播客节目可以使用相应的播客软件。这种软件可以定期检查并下载新内容,并与用户的携带型音乐播放器保持同步内容。播客并不强求使用 iPod 或 iTunes;任何数字音频播放器或拥有适当软件的电脑都可以播放播客节目。相同的技术亦可用来传送视频文件,在 2005 年上半年,已经有一些播客软件可以像播放音频一样播放视频了。

就像博客颠覆了被动接受文字信息的方式一样,播客颠覆了被动收听广播的方式,使听众成为主动参与者。有人说播客可能会像博客一样带来大众传媒的又一场革命。

3. 维客

维客(Wiki)是一种新技术,一种超文本系统。这种超文本系统支持面向社群的协作式写作,同时也包括一组支持这种写作的辅助工具。也就是说,这是多人协作的写作工具。而参与创作的人也被称为"维客"(Wikier)。

从写作角度看,Wiki 是一种多人协作的写作工具,支持面向社群的协作式写作,为协作式写作提供必要的帮助。进行维客写作的每一个人既是阅读者,同时又是书写者;每个人都可在 Web 的基础上,对共同主题的维客文本进行创建、扩展、探讨,或浏览、更改别人写的文本等,而且创建、更改、发布的代价远比 HTML 文本小。

从技术角度看,Wiki 是一种超文本系统,是任何人都可以编辑网页的社会性软件。Wiki 包含一套能简易创造、改变 HTML 网页的系统,再加上一套纪录以及编目所有改变的系统,以提供还原改变的功能。利用 Wiki 系统构建的网站称为 Wiki 网站,称之为维基主页;"客"隐含人的意思,所以使用 Wiki 的用户称之为维客。

从使用者角度看,Wiki 是一种多人协作的写作工具系统,属于一种人类知识的网络管理系统。Wiki 站点可以有多人(甚至任何访问者)维护,每个人都可以发表自己的意见,或者对共同的主题进行扩展或者探讨。

4. 掘客

"掘客"(Dig)是网络最新名词。在一个掘客类网站上申请一个用户就可成为掘客,就像在博客网站上申请一个用户成为博客一样。2004 年 10 月,美国人凯文·罗斯创办了 http://www.digg.com/网站,这是第一个掘客网站。从 2005 年的 3 月开始渐渐为人所知,最初定位于科技新闻的挖掘；于 2006 年的 6 月第三次改版，把新闻面扩充的其他的门类，之后，流量迅速彪升。

掘客类网站其实是一个文章投票评论站点，它结合了书签、博客、RSS 以及无等级的评论控制。它的独特在于其没有职业网站编辑，编辑全部取决于用户。用户可以随意提交文章，然后由阅读者来判断该文章是否有用，收藏文章的用户人数越多，说明该文章越有热点。即用户认为这篇文章不错，那么"dig"一下，当"dig"数达到一定程度，那么该文章就会出现在首页或者其他页面上（参见图 6-12）。

图 6-12　掘客中国页面

5. RSS

RSS 可以解释为 Really Simple Syndication（真正简单的聚合），也可以解释为 Rich Site Summary（丰富站点摘要），现在国内通常把 RSS 新闻称为"聚合新闻"。RSS 技术可以自动浏览和监视某些指定网站的内容，将这些网站的内容定时传送给用户。用户利用 RSS 阅读器就可以方便地读到送上门来的新闻，而无需到各家网站逐一浏览。

RSS 至少有以下两个作用。

（1）订阅 Blog。

用户可以订阅自己工作中所需的技术文章，也可以订阅与自己有共同爱好的作者的博客，总之，用户对什么感兴趣就可以订什么。

（2）订阅新闻。

无论是奇闻怪事、明星消息、体坛风云，只要用户想知道的都可以订阅。

订阅 RSS 新闻内容的方式很简单，远比订阅邮件列表省事，不需要网站的确认，只要将提供 RSS 新闻订阅网站的 RSS 订阅地址（xml 文件），根据 RSS 阅读器添加频道的操作方式添加进来就可以了。当然，前提是要先安装一个 RSS 阅读器。

安装 RSS 阅读器之后，将提供 RSS 服务的网站加入到 RSS 阅读器的频道即可。大部分 RSS 阅读器本身也预设了部分 RSS 频道，如新浪新闻、百度新闻等。现在有多款流行的 RSS 新闻阅读器，常用的 RSS 阅读器包括周博通 RSS 阅读器和看天下网络资讯浏览器（参见图 6-13）。

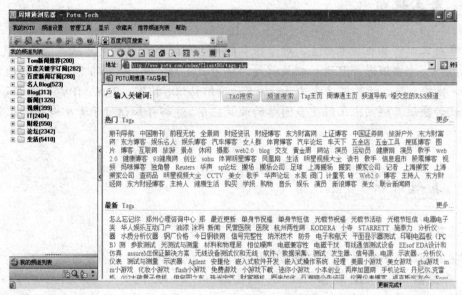

图 6-13　周博通 RSS 阅读器

6. SNS

SNS 的全称 Social Networking Services，即社会性网络服务，专指旨在帮助人们建立社会性网络的互联网应用服务。也应加上目前社会现有已成熟普及的信息载体，如短信 SMS 服务。SNS 的另一种常用解释为 Social Network Site，即"社交网站"或"社交网"。SNS 的理论基础来自六度分隔理论。六度分隔理论简单地说就是"你和任何一个陌生人之间所间隔的人不会超过六个，也就是说，最多通过六个人你就能够认识任何一个陌生人。"按照六度分隔理论，每个个体的社交圈都不断放大，最后成为一个大型网络。

依据六度分隔理论，以认识朋友的朋友为基础，扩展自己的人脉，并且无限扩张自己的人脉，在需要的时候，可以随时获取一点，得到该人脉的帮助。

SNS 是一个采用分布式技术，通俗地说是采用 P2P 技术构建的下一代基于个人的网络基础软件。SNS 通过分布式软件编程，将现在分散在每个人的设备上的 CPU、硬盘、带宽进行统筹安排，并赋予这些相对服务器来说很渺小的设备以更强大的能力。这些能力包括计算速度、通信速度和存储空间。

在互联网领域 SNS 有三层含义，即服务（Social Network Service）、软件（Social Network Software）和网站（Social Network Site）。Social Network Service 中文直译为"社会性网络服务或社会化网络服务"，意译为"社交网络服务"。中文的网络含义包括硬件、软件、服务及网站应用，加上四字构成的词组更符合中国人的构词习惯，因此人们习惯上用"社交网络"来代指 SNS（包括 Social Network Service 的三层含义），用"社交软件"来代指 Social

Network Software，用"社交网站"来代指 Social Network Site。SNS 专指旨在帮助人们建立社会性网络的互联网应用服务。

本章内容以计算机技术为主，对于很多的考生可能会有点难度。从考试的角度出发，只要熟悉一些重要概念并且进行相关试题的练习就不难掌握。本章的重点内容有计算机组成部分、操作系统、计算机病毒种类、域名、网络协议、博客、SNS、IPV6、维客等知识。建议应试者通过互联网来了解更多网络的最新应用，这部分知识对于考生未来的工作更有帮助。

一、单选题

常见的网络互联设备中，实现不同网络协议之间的转换功能的设备称为（　　）。
A. 中继器　　　　B. 网桥　　　C. 路由器　　　　D. 网关

解析：中继器在物理层上实现局域网网段互联，用于连接相同的局域网网段。网桥用来连接相似类型的局域网。路由器用于局域网与局域网以及局域网与广域网之间的互联。网关的基本功能是实现不同网络协议之间的转换。正确答案为选项 D。

二、多选题

目前最主要的流媒体软件有（　　）。
A. Adobe Premier　　　　　　B. RealMedia
C. QuickTime　　　　　　　　D. Windows Media

解析：Adobe Premier 是 Adobe 公司出品的著名视频编辑软件。RealMedia 是由 Real Networks 公司推出的流媒体软件，RealPlayer 是它的在线播放器。QuickTime 是由苹果公司开发的多媒体技术平台，QuickTime Player 是苹果公司的媒体播放器。Windows Media 是由微软公司推出的多媒体平台，Windows Media Player 是微软推出的通用媒体播放器。正确答案为选项 BCD。

一、单选题

1. 现代计算机诞生于（　　）。
A. 1945 年　　　B. 1946 年　　　C. 1947 年　　　D. 1948 年

第6章 计算机与网络基础知识

2. CAD 是指（　　）。
   A. 计算机辅助设计　　　　　　B. 计算机辅助制造
   C. 计算机辅助教学　　　　　　D. 计算机辅助技术
3. 世界上传染最为广泛的一种计算机病毒是（　　）。
   A. 攻击工作站的病毒　　　　　B. 攻击小型机的病毒
   C. 攻击微型机的病毒　　　　　D. 攻击服务器的病毒
4. 应用最广泛、最著名的图像处理软件是（　　）。
   A. Photoshop　　　　　　　　　B. Illustrator
   C. Freehand　　　　　　　　　D. CorelDRAW
5. 下面哪种是视频编辑软件（　　）。
   A. flash　　　B. 3ds max　　　C. premiere　　　D. real media
6. 下列属于音频文件格式的是（　　）。
   A. .gif　　　B. .rmvb　　　C. .avi　　　D. .mp3
7. 下列不属于视频文件格式的是（　　）。
   A. .jpg　　　B. .mpeg　　　C. .wmv　　　D. .rm
8. 广域网也叫（　　）。
   A. 互联网　　B. 城域网　　　C. 局域网　　　D. 远程网
9. TCP/IP 协议中的 IP 是指（　　）。
   A. 文件传输协议　　　　　　　B. 互联网协议
   C. 传输控制协议　　　　　　　D. 服务器协议
10. 社会性网络服务是（　　）。
    A. 博客　　　B. 播客　　　C. SNS　　　D. RSS

二、多选题

1. 计算机病毒按照链接方式分类，可分为（　　）。
   A. 源码型病毒　　　　　　　　B. 嵌入型病毒
   C. 外壳型病毒　　　　　　　　D. 操作系统型病毒
2. 计算机辅助技术包括（　　）。
   A. CAD　　　B. CAM　　　C. CAB　　　D. CAI
3. 计算机网络按从小到大分类，分成（　　）。
   A. 局域网　　B. 城域网　　　C. 广域网　　　D. 互联网
4. 计算机网络三个重要功能是（　　）。
   A. 数据通信　　　　　　　　　B. 文件浏览
   C. 资源共享　　　　　　　　　D. 分布处理
5. 下列属于即时通信软件的有（　　）。
   A. MSN　　　B. BT　　　C. QQ　　　D. SKYPE
6. 当前常用的电子邮件协议有（　　）。

A. SMTP B. POP3 C. IP D. IMAP4

7. 下列域名后缀表达正确的是（   ）。

A. .com 代表商业企业 B. .edu 代表教育机构

C. .gov 代表政府部门 D. .org 代表文化团体

8. 下列属于互联网最新发展技术的有（   ）。

A. 语义网 B. P2P 技术 C. IPV6 D. BBS

9. RSS 可以理解为（   ）。

A. 聚合新闻 B. 丰富站点摘要

C. 网格技术 D. 真正简单的聚合

10. P2P 技术的典型应用软件有（   ）。

A. QQ B. 搜狗 C. Skype D. eMule

第7章

网页制作软件介绍

 本章导读

1. 多媒体和超文本构成了网页技术的基本结构。一个完整目的性的一系列网页的集合就形成了网站，网页是网站内容的表现形式，是一个提供信息的独立单位。网页设计与制作直接关系网站的运行效果。通常网页的制作包括分析、设计、制作、测试和维护五个环节。

2. DreamWeaver 是 Macromedia 公司的产品，它是集网页制作和管理网站于一身的所见即所得的网页编辑器，可以制作出跨越平台和浏览器的动感网页。

3. Flash 是 Macromedia 公司出品的一个适量动画制作软件，用它制作出的动画叫 Flash 动画。从简单的动画到复杂的交互式 Web 用程序，Flash 可以创建任何作品。它可以通过添加图片、声音、视频和特殊效果，构建包含丰富媒体的 Flash 应用程序。

4. HTML（Hyper Text Markup Language，超文本标记语言）是一种用来制作超文本文档的简单标记语言。用 HTML 编写的超文本文档称为 HTML 文档，它能独立于各种操作系统平台（如 UNIX、Windows 等）。

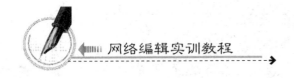

7.1 网页制作软件基础知识

Internet 给我们的生活带来了巨大的变化,但是,它是如何实现这一变化的呢?这其中涉及从电子学到计算机软硬件等诸多方面的基础知识。作为网络新闻工作者,我们没必要了解这么多。从更好地为网络新闻传播服务的角度,我们最需要了解的是流动在 Internet 最顶层的信息,这就是 Web 页,也就是我们所说的网页。这也是网络平台上最基本的资源交互形式。人们通过建立自己的 Web 页和访问他人的 Web 页来交流信息、提供服务。对于网络媒体而言,应考虑到网络新闻受众的独特阅读模式和心理,遵循有效的网页设计原则,在第一时间抓住受众的眼球。

在网页里充满了各式各样的资源,文本、图形、动画、音乐、影视和三维场景等等应有尽有。它基于以下两个基本技术平台,即多媒体技术与超文本技术。所谓多媒体,就是通过计算机技术把文字、图形、图像、动画、音频、视频等信息表示元素集成起来而形成的一种新的数字化信息表示媒体。这些元素之间有严谨的逻辑连接,集成为一个系统并具有交互性。网页是以超文本(HyperText)这种信息检索概念为基础建立起来的,超文本是一种全新的文本组织形式,它通过在每个页面中加入链接标记来和其他地方的文本进行链接,就如同教科书中的参考书索引。超文本的出现使文本可以被分割为尽可能小的独立单元,改变了平面顺序式的阅读方式,改善了网络交互性。

如上所述,多媒体和超文本构成了网页技术的基本结构,它们的重要作用无可替代,但是网页的灵魂在于开发人员的技术和创意。丰富多彩、实现一个完整目的性的一系列网页的集合就形成了网站,网页是网站内容的表现形式,是一个提供信息的独立单位。

一、网页设计的基本流程

制作网页并不困难,但要制作出优秀的网页,尤其是制作大型、复杂的网页时就必须全面考虑各种因素,包括文字、图像、动画和声音等。如同其他的计算机应用系统一样,网页的设计与制作需要认真地规划和系统分析,然后才可以设计出高质量的网页。网页设计与制作直接关系网站的运行效果。通常网页的制作包括分析、设计、制作、测试和维护五个环节。

1. 分析

分析主要指认识网页将要服务的目标群体,包括他们的群体特征、可能的需求,以此确定网页信息内容及其功能设计。

2. 设计

设计是网页设计与制作的关键环节,关系用户对网页的接受和利用程度,主要内容包括收集网页中用到的素材、确定网页的内容结构、链接方式(通常选用层次清晰、易于浏览的树形结构)和网页模型的可视化设计三个内容。

3. 制作

制作就是利用网页制作工具完成网页制作。

4. 测试

测试内容包括速度、兼容性、交互性、链接正确性、排版和内容方面的错误、程序安全性、超流量测试等，发现问题要及时解决。测试过程可以请最终用户参加。

5. 维护

任何网站的建立都是一个不断改进和完善的过程。要及时调整网站的发展方向和设置的内容，收集外部反馈，进行网站内容及网络安全维护等。

二、网页版面布局设计

布局是以最适合用户浏览的方式将图片和文字排放在页面的不同位置。常见的版面布局形式包括以下几种。

1. "同"字形布局

所谓"同"字形结构，就是整个页面布局类似"同"字，页面顶部是主导航栏，下面左右两侧是二级导航条、登录区、搜索区等，中间是主内容区（参见图7-1）。

图 7-1 "同"字形布局示例

2. "国"字形布局

"国"字形布局是在"同"字形布局上的基础上演化而来的，它在保留"同"字形的同时，在页面的下方增加一横条状的菜单或广告（参见图7-2）。

图 7-2 "国"字形布局示例

3. "匡"字形布局

这种布局结构去掉了"国"字形布局的右边的边框部分，给主内容区释放了更多的空间，内容虽看起来比较多，但布局整齐又不过于拥挤，适合一些下载类和贺卡类站点使用（参见图 7-3）。

图 7-3 "匡"字形布局示例

4. "三"字形布局

一般应用在简洁明快的艺术性网页布局，这种布局一般采用简单的图片和线条代替拥挤的文字,给浏览者以强烈的视觉冲击。

5. "川"字形布局

整个页面在垂直方向分为三列,网站的内容按栏目分布在这三列中,最大限度地突出主页的索引功能,一般适用在栏目较多的网站里。

三、网络版面设计原则

1. 突出特色

所谓突出特色,就是显示出本网站于其他网站不同的整体素质和格调。

如人民网的受众特点是:成熟,平均年龄 30 岁,属于理性上网;学历高,具有大专以上学历的用户比例比普通网民高出近 11 个百分点;接触网络时间较早,近 50%的人民网用户在 1998 年前开始接触网络;利用互联网的时间更长,比一般网民每周上网时间多 6 小时;更注重网络提供新闻、信息的作用,92%的人民网用户上网的首要目的是为了获得信息。

因此,人民网的版面设计以大方、简洁、信息量大为主要特点。

而相对人民网这类严肃媒体来说,一些通俗化、大众化媒体及其网站以轻松报道和生活服务内容为基本定位。这些网站的版面冲击力和节奏感往往更强,整体偏向色彩鲜明、时尚气氛浓郁,如新浪网、搜狐网和英国《太阳报》网站等。

2. 重视新闻

网站的新闻质量越高,它的访问量就越大,它的资料的重复检索量也就越大。这样的新闻网站必然会受到读者的欢迎。

3. 合乎逻辑

网络版面的布局要有次序,相互配合,合乎逻辑。就综合性新闻网站而言,新闻的安排必须突出和醒目,动态新闻和深度报道、专题报道要及时、丰富。专业性新闻网站要突出"专"字,不一定非要把一般性的全国或国际新闻放在最具冲击力的版位上。

7.2 网页制作软件——DreamWeaver

一、DreamWeaver 简介

DreamWeaver 是 Macromedia 公司的产品,它是集网页制作和管理网站于一身的所见即所得的网页编辑器,可以制作出跨越平台和浏览器的动感网页,它还集成了功能强大的网站管理系统。DreamWeaver 的主要优点如不生成冗余代码、方便的代码编辑、强大的动态页支持、精确的层定位、操作简单、提供了与很多其他插件兼容的导入机制,节省了开发者很多的劳动、便于扩展等。与 FrontPage 相比,它是一个更适合于专业人员使用的网页编辑工具。由于 Macromedia 在 2005 年被 Adobe 并购,故该软件现以为 Adobe 旗下产品。

自从 1997 年 12 月首次面世以来，DreamWeaver 已经变成了专业 Web 开发的标准。目前 DreamWeaver 已经有了 CS4 版。

DreamWeaver、Flash 以及在 DreamWeaver 之后推出的针对专业网页图像设计的 Fireworks，人们通常将这三种产品合称"网页三剑客"。

二、DreamWeaver 的优点

1. 最佳的制作效率

DreamWeaver 可以用最快速的方式将 Fireworks、FreeHand 或 Photoshop 等档案移至网页上。使用检色吸管工具选择荧幕上的颜色可设定最接近的网页安全色。对于选单、快捷键与格式控制都只要一个简单步骤便可完成。DremWeaver 能与用户喜爱的设计工具，如 PlaybackFLASH, Shockwave 和外挂模组等搭配，不需离开 DremWeaver 便可完成，整体运用流程自然顺畅。除此之外，只要单击便可使 DreamWeaver 自动开启 Fireworks 或 Photoshop 来进行编辑与设定图档的最佳化。

2. 便捷的网站管理

使用网站地图可以快速制作网站雏形，设计、更新和重组网页。改变网页位置或档案名称，DreamWeaver 会自动更新所有连接。使用支援文字、HTML 码、HTML 属性标签和一般语法的搜寻及置换功能使得复杂的网站更新变得迅速又简单。

3. 超强的控制功能

DreamWeaver 是唯一提供 RoundtripHTML、视觉化编辑与原始码编辑同步的设计工具。它包含 HomeSite 和 BBEdit 等主流文字编辑器。帧（Frames）和表格的制作速度快得令人无法想象。进阶表格编辑功能便捷简单，甚至可以排序或格式化表格群组，DreamWeaver 支援精准定位，利用可轻易转换成表格的图层以拖拉置放的方式进行版面配置。

7.3 网页动画制作软件——Flash

一、Flash 简介

Flash 是 Macromedia 公司出品的一个适量动画制作软件，用它制作出的动画叫 Flash 动画。从简单的动画到复杂的交互式 Web 应用程序，Flash 可以创建任何作品。它可以通过添加图片、声音、视频和特殊效果，构建包含丰富媒体的 Flash 应用程序。Flash 中包含了许多种功能，如拖放用户界面组件、将动作脚本添加到文档的内置行为以及可以添加到对象的特殊效果。这些功能使 Flash 不仅功能强大，而且易于使用。

在 Flash 中创作动画时，需要在 Flash 文档文件中工作。Flash 文档的文件扩展名为 .fla（FLA）。Flash 文档主要有以下四个部分。

（1）舞台：在回放过程中显示图形、视频和按钮等内容的位置。

第 7 章 网页制作软件介绍

（2）时间轴：用来控制动画的播放。

（3）库面板：显示 Flash 文档中的媒体元素列表的位置。

（4）ActionScript 代码：可用来向文档中的媒体元素添加交互式内容。如可以添加代码以便用户在单击相应按钮时实现动画的交互效果，还可以使用 ActionScript 向应用程序添加逻辑。逻辑使应用程序能够根据用户的操作和其他的情况采取不同的工作方式。

二、Flash 的功能

Flash 的基本功能包括以下三种。

（1）绘图功能。

Flash 可以完成图形绘制、特殊字形处理等方面的工作。

（2）动画功能。

即使没有绘画基础也可以使用 Flash 提供的动画工具编辑从外部导入的图像，制作出漂亮的动画。

（3）编辑功能。

制作交互式动画必不可少的部分。Flash 提供了几百个关键词，但在实际应用中需要十几个关键词就足以完成大多数的工作了。

这三个部分功能是相对独立的，在实际工作中这些工作往往分别进行。如由美工人员完成绘图及部分多媒体的制作，后期再由编程人员进行加工处理。

三、Flash 的特点

（1）使用矢量图形和流式声音播放技术。与位图图形不同的是，矢量图形可以任意缩放尺寸而不影响图形的质量；流式声音播放技术使得动画可以边播放边下载，大大减少了用户在浏览器端等待的时间，所以非常适合在网络上传输。

（2）把音乐、动画、声效以交互方式融合在一起，越来越多的人已经把 Flash 作为网页动画设计的首选工具，并且创作出了许多令人惊奇的动画效果。Flash 还支持 MP3 的音乐格式，这使得加入音乐的动画文件也能保持小巧的"身材"。

（3）强大的动画编辑功能使得设计者可以随心所欲地设计出高品质的动画，通过 ActionScript 语言可以实现交互性，使 Flash 具有更大的设计自由度。另外，它与常用网页制作软件 DreamWeaver 有较好的兼容性，可以直接嵌入网页的任何位置，非常方便。

如上所述，Flash 功能强大，设计界面友好，操作方便。对有兴趣的设计者而言，即使从未接触过，只要经过一段时间培训，也可以轻松地用 Flash 做出简单的动画效果；而闪客高手们则更可以发挥想象力，随心所欲地制作出复杂的动画，在作品中实现自己的梦想，创造出动感十足、交互性强、精美绝伦的 Flash 动画作品。

四、Flash 的基本界面

启动 Flash 后，将进入它的主界面窗口，图 7-4 所示是 DreamWeaver 的基本界面。

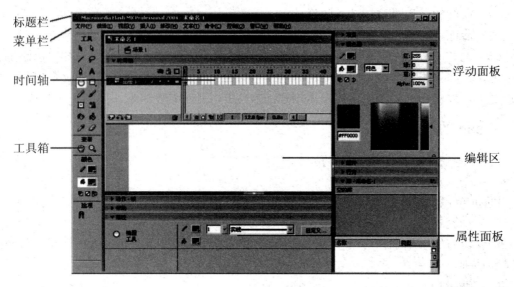

图 7-4　Flash 窗口界面

1．标题栏

标题栏中列出了对应的程序、文件名、控制菜单图标和一些按钮。

2．菜单栏

菜单栏位于 Flash 窗口的上方，包括文件、编辑、视图、插入、修改、文字、控制、视窗、帮助等菜单。在 Flash 中所有的功能都可以在菜单栏中找到。

3．工具栏

使用工具栏中的工具可以绘图、填充颜色、选择和修改插图，并可以更改舞台的视图。工具栏分为以下四个部分。

（1）"工具"区域：包含绘画、填充颜色和选择工具。

（2）"视图"区域：包含在应用程序窗口内进行缩放和移动的工具。

（3）"颜色"区域：包含用于笔触颜色和填充颜色的功能键。

（4）"选项"区域：显示选定工具的属性，这些属性会影响工具的填充色或编辑操作。工具栏是可以浮动的，它可以放在窗口的任何地方。

4．时间轴

时间轴用于组织和控制文档内容在一定时间内播放的层数和帧数。时间轴包括左侧的图层管理器和右侧的时间轴。图 7-5"图层"就像堆叠在一起的多张幻灯胶片一样，每个层中都排放着自己的对象。在图层管理器中可以编辑图层，如插入新层、删除图层、隐藏、锁定图层等操作。

时间轴是用来控制动画的播放，上面的每一个小方格表示一帧，它是 Flash 动画的灵魂。单击时间轴左上角的"时间轴"按钮，可以显示或隐藏时间轴。

第7章 网页制作软件介绍

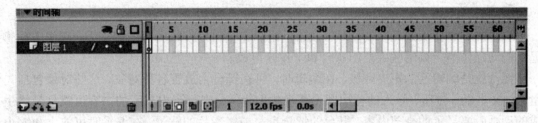

图 7-5 时间轴

5. 浮动面板

在窗口右侧是各种功能的面板，如混色器面板、项目面板和行为面板等，用户可以根据需要选择使用哪一种面板。这些面板是浮动的，可以放在窗口的任何地方，也可以隐藏与关闭。

图 7-6 所示为混色器面板。

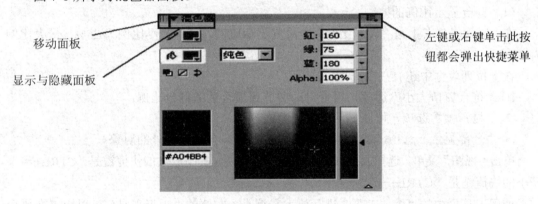

图 7-6 混色器面板

6. 属性面板

属性面板位于窗口的下方，严格地来说它也应该属于面板的一种，但由于属性面板使用的频率较高，就把它单列出来放在下方，便于用户使用。在编辑动画过程中，所有的编辑对象包括舞台背景的各种相关属性都可以通过属性面板进行编辑。图 7-7 所示为文本的属性面板。

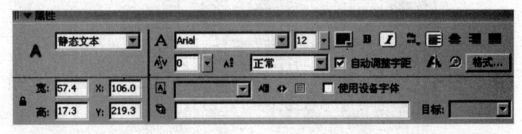

图 7-7 文本的属性面板

7. 编辑区

编辑区是制作原始动画的区域，在这里用户完全可以发挥自己的想象力，制作出动感逼真的动画作品。编辑区主要由舞台和工作区组成。

舞台就是编辑区的矩形区域，在编辑时，可在舞台内放置各种对象，这些对象包括矢量图、文本框、按钮、导入的位图图形或视频剪辑等。在舞台内显示的内容也就是最终生成的动画所要显示的全部内容，舞台的背景也是最终影片的背景。在编辑时可放大和缩小以更改舞台的视图，也可以在"属性"面板中设置和改变舞台的大小、颜色。默认状态下，舞台的宽为 550 像素，高为 400 像素，颜色为白色。

工作区是舞台周围灰色的区域，在编辑时，工作区内可以放置内容，但不论放什么，最终的影片都不会播放出来，因此工作区一般都是角色进场与出场的地方。如果不想显示工作区可以单击"视图"菜单，取消工作区。

对编辑区的一些基本操作如下。

（1）舞台显示比例的控制。

在"时间轴"右上角"显示比例"中设置显示比例，其中最小比例为 25%，最大比例为 800%。

在下拉列表框中还有三个选项：

① "符合窗口大小"选项，用来自动调节到最合适的舞台比例；

② "显示帧"选项，可以显示当前帧的内容；

③ "全部显示"选项，能显示整个工作区中包括在舞台之外的对象。

单击"视图"菜单，选择放大或缩小以及缩放比例，其中放大的快捷键是"CTRL+＝"，缩小的快捷键是"CTRL+－"。

使用工具栏中的"缩放工具"进行放大与缩小，左侧的"手形工具"可以用来在舞台上拖曳鼠标平移舞台。

（2）标尺、网格和辅助线的使用。

在制作动画时，为了能精确地勾画和安排对象，可以在文档中放置辅助线，然后让对象与这些辅助线对齐，也可以打开网格，然后让对象与网格对齐（参见图 7-8）。

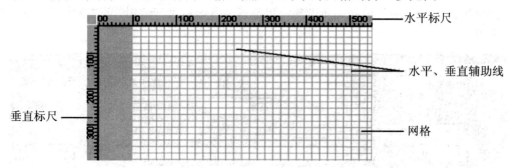

图 7-8　标尺、辅助线、网格

① 使用标尺：选择菜单"视图／标尺"，则会在编辑区显示出水平和垂直标尺。

② 使用辅助线：按住鼠标左键直接从标尺中拖曳出辅助线来，默认的辅助线是绿色的，可以通过"视图"菜单来编辑辅助线，如移动、隐藏、删除等，也可以将对象与辅助线对齐，或是更改辅助线的颜色。

③ 使用网格：菜单"视图／网格"，可以显示与隐藏网格，也可以重新编辑，如网格的颜色、大小等。

五、新建与保存文档

1. 新建文档

创建动画的第一步就是新建一个 Flash 文档，启动 Flash 后，会弹出图 7-9 这样的窗口，用户可以根据自己的需求选择，若要创建一个新文档，则选择"创建新项目／Flash 文档"，或者使用菜单"文件／新建"的命令，其快捷键是"CTRL+N"。

图 7-9 新建文档

2. 保存文档

在创建动画时，要随时保存以免因断电等意外造成不必要的损失。当文档包含未保存的更改时，文档标题栏、应用程序标题栏和文档选项卡中的文档名称后会出现一个星号（仅限 Windows）。保存文档后星号即会消失。在保存时也可以将文档另存为模板，以便用作新 Flash 文档的起点。

保存方法：使用菜单"文件／保存"，快捷键是"CTRL+S"，也可以使用常用工具栏上的"保存"按钮来保存。

六、Flash 动画的导出

Flash 动画可以导出成多种格式，下面介绍几种常用的格式。

1. 导出为 SWF 动画

SWF 动画是浏览网页时最常见的具有交互功能的动画，后缀是.swf，它可以保存源程序中动画、声音等全部内容，但是必须在浏览器中安装 Flash 播放器才能看到。单击"文件"菜单，选择"导出"，下一级菜单中选择"导出影片"，在保存类型下拉框中选择"Flash 影片（SWF）"选项，单击"保存"按钮，弹出"导出 Flash Player"对话框（参见图 7-10）。

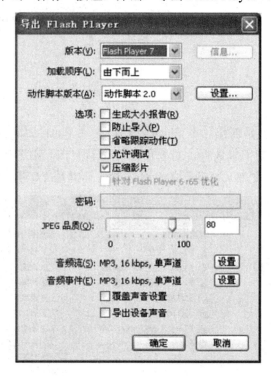

图 7-10　导出 Flash 动画

选项设置如下：

（1）版本：当前播放器的版本，默认的是 Flash Player 7。
（2）加载顺序：动画的显示次序，可以从下拉列表框中选择。
（3）由上而下：动画从上边的层开始显示。
（4）由下而上：动画从下方的层开始显示。

2. 导出为 GIF 动画

GIF 文件为输出图片和在网页上应用简单的动画提供了简便的方法，标准的 GIF 文件就是普通的压缩位图，而动画 GIF 为输出短动画序列提供了简便的途径。Flash 将优化一幅动画 GIF，它仅存储帧之间的变化，它不支持声音及交互，而且它要比不包含声音的 SWF 动画要大。

七、Flash 动画的发布

在网页中浏览 SWF 动画时需要安装插件。如果电脑没有安装插件，则可以将动画整合成可以独立运行的 EXE 文件，这样它就不需要附带任何程序就可以播放。但是 EXE 文

第7章 网页制作软件介绍

件要比 SWF 文件大一些。

如果要将 Flash 动画发布为 HTML 页面，使其能够在浏览器中播放，就必须创建一个可以激活动画的 HTML 文档，并且制定浏览器的设置。这一操作可以在"文件"菜单的"发布设置"中进行设置。

7.4 HTML 语言简介

HTML（Hyper Text Markup Language，超文本标记语言）是一种用来制作超文本文档的简单标记语言。用 HTML 编写的超文本文档称为 HTML 文档，它能独立于各种操作系统平台（如 UNIX、Windows 等）。自 1990 年以来 HTML 就一直被用作 World Wide Web 上的信息表示语言，用于描述 Homepage 的格式设计和它与 WWW 上其他 Homepage 的连接信息。

HTML 文档（即 Homepage 的源文件）是一个放置了标记的 ASCII 文本文件，通常它带有.html 或.htm 的文件扩展名。生成一个 HTML 文档主要有以下三种途径。

（1）手工直接编写（如用用户所喜爱的 ASCII 文本编辑器或其他 HTML 的编辑工具）。

（2）通过某些格式转换工具将现有的其他格式文档（如 Word 文档）转换成 HTML 文档。

（3）由 Web 服务器（或称 HTTP 服务器）一方实时动态地生成。

HTML 语言是通过利用各种标记（Tags）来标识文档的结构以及标识超链（Hyperlink）的信息。虽然 HTML 语言描述了文档的结构格式，但并不能精确地定义文档信息必须如何显示和排列，而只是建议 Web 浏览器（如 Mosiac、Netscape 等）应该如何显示和排列这些信息，最终在用户面前的显示结果取决于 Web 浏览器本身的显示风格及其对标记的解释能力。这就是为什么同一文档在不同的浏览器中展示的效果会不一样。

目前，HTML 语言的版本是 2.0，它是基于 SGML（Standard Generalized Markup Language，即标准广义置标语言，是一套用来描述数字化文档的结构并管理其内容的复杂的规范）中的一个子集演变而来的。虽然下一版本的标准 HTML3.0（也称为 HTML+）正在制定之中，但其中某些部分的实验性标准草案已被广泛采用，大多优秀的 Web 浏览器（如 Netscape 等）都能解释 HTML3.0 中的部分新标记，因此在本章中介绍的一些 HTML3.0 新标记均已被多数浏览器所接受。

一、标记语法和文档结构

HTML 的标记总是封装在由小于号（＜）和大于号（＞）构成的一对尖括号之中。

1. 单标记

某些标记称为"单标记"，因为它只需单独使用就能完整地表达意思，这类标记的语法是：

<标记>

最常用的单标记是<P>,它表示一个段落(Paragraph)的结束,并在段落后面加一空行。

2. 双标记

另一类标记称为"双标记",它由"始标记"和"尾标记"两部分构成,必须成对使用,其中"始标记"告诉 Web 浏览器从此处开始执行该标记所表示的功能,而"尾标记"告诉 Web 浏览器在这里结束该功能。"始标记"前加一个斜杠(/)即成为尾标记。这类标记的语法是:

```
<标记>内容</标记>
```

其中"内容"部分就是要被这对标记施加作用的部分。如用户想突出对某段文字的显示,就将此段文字放在一对<EM> </EM>标记中:

```
<EM>text to emphasize</EM>
```

3. 标记属性

许多单标记和双标记的始标记内可以包含一些属性,其语法是:

```
<标记  属性1  属性2  属性3  … >
```

各属性之间无先后次序,属性也可省略(即取默认值),如单标记<HR>表示在文档当前位置画一条水平线(Horizontal Line),一般是从窗口中当前行的最左端一直画到最右端。在 HTML3.0 中此标记允许带一些属性:

```
<HR SIZE=3 ALIGN=LEFT WIDTH="75%">
```

其中 SIZE 属性定义线的粗细,属性值取整数,缺省为 1;ALIGN 属性表示对齐方式,可取 LEFT(左对齐,缺省值)、CENTER(居中)、RIGHT(右对齐);WIDTH 属性定义线的长度,可取相对值(由一对 " "号括起来的百分数,表示相对于充满整个窗口的百分比),也可取绝对值(用整数表示的屏幕像素点的个数,如 WIDTH=300),缺省值是"100%"。

4. 文档结构

除了一些个别的标记外,HTML 文档的标记都可嵌套使用。通常由三对标记来构成一个 HTML 文档的骨架,它们是:

```
<HTML>
<HEAD>
头部信息
</HEAD>
<BODY>
文档主体,正文部分
</BODY>
</HTML>
```

其中<HTML>在最外层,表示这对标记间的内容是 HTML 文档。<HEAD>之间包括文档的头部信息,如文档总标题等,若不需头部信息则可省略此标记。用户还会看到一些

Hompage 省略<HTML>标记,因为.html 或.htm 文件被 Web 浏览器默认为是 HTML 文档。<BODY>标记一般不省略,表示正文内容的开始。

二、案例剖析

下面我们来观察一个简单的 Homepage 源文件:

```
<HTML>
<HEAD>
<TITLE> Sample HTML Document </TITLE>
<!-- Here is the comments -->
</HEAD>
<BODY>
<H1>A Sample HTML Document</H1>
<EM>To demostrate HTML style</em>
<P>
<HR size=5><P>
This document      is       written
by HTML. At here to brake line.<BR>Here is <B>bold text</B>.
<P>
Here is the next paragraph...
<HR>
</BODY>
</HTML>
```

在图 7-11 中是这一 Hompage 在 Netscape 中显示出来的样子。

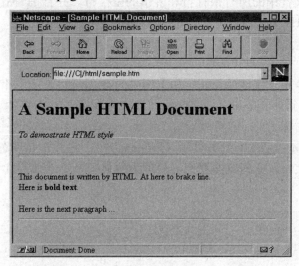

图 7-11 一个简单例子在浏览器中的显示

让我们先来看一下上面出现的新标记。

1. <TITLE>标题文本</TITLE>

一对<TITLE>标记表明了一个 Homepage 文件的总标题,它一般出现在<HEAD>标记中。通常 Web 浏览器把总标题显示在一个特殊的区域内（如 Netscape 把总标题显示在窗口顶端的标题栏内）。当用户把这一文件加到他的"热表"（Hotlist）或称"书签"（Bookmark）的系统中以备后用时,总标题也就成为热表中标识这一文件的名字。虽然总标题可以省略,但我们还是建议能给每个 HTML 文档加一个总标题。

2. <!-- 注释内容 -->

注释标记用于书写文档源文件的注释,是一个单标记,注释内容在浏览器中不显示。

3. <H1>文本</H1>

一对<H1>标记表明正文中的第一层标题（Heading）。一共有六层（H1 至 H6），随着层次数的增加,正文标题的字体依次减小。一个正文标题就像一个独立段落,其自动与标题前后的内容进行段落换行。

4.

是一个单标记,表示在正文段落的当前位置换行（Break Line）。在 HTML 中,段落是它的一个基本元素,由于 Web 浏览器总是根据当前窗口的尺寸将一个段落信息像流水一样从左至右、从上至下逐个排列（一行排列不下,则自动绕转到下一行）。因此,当 Web 浏览器的窗口尺寸改变时,段落中各行文字的换行位置就会相应的改变。若用户要确定在哪个词后换行就必须加上
标记。对照上述源文件和图 7-11 就会发现 Web 浏览器是完全按照源文件中的标记来安排文档的显示,而与源文件本身的书写格式无关,Web 浏览器忽略源文件中的所有换行符和多余的空格符。并且 HTML 标记及其属性的大小写也不区分,如<HR size=3>等同于<hr Size=3>。

三、字体与颜色

HTML 中有不少用于字体的标记,如上例中的<B> </B>表示用粗体（Bold）显示。其他还有<I> </I>表示斜体（Italic），<TT> </TT>表示定义长宽度字体（Teletype）。这类标记属于物理意义上的标记,它们明确指定了用哪一类型的字体。另外还有一类属于逻辑意义上的标记。如<EM> </EM>突出显示（Emphasize），它并不指明怎样的突出法,而让 Web 浏览器自行决定,大多浏览器就把它处理为斜体（等效于<I> </I>）。类似的逻辑型标记还有：

```
<SRTONG> </STRONG>    重点突出显示（Strong emphasize）
<ADDRESS> </ADDRESS>  按地址类型显示
<CODE> </CODE>        按代码类型显示。
```

上述标记只是定义字体的形状（粗体或斜体），而并不能改变字体的大小。若想改变字体的大小可利用正文标题标记<H1>至<H6>，其中<H1>至<H3>比一般正文字体大,而<H4>至<H6>比一般正文字体小。由于标题标记具有段落属性,这使得一个段落内不能使用两种 Heading 标记,请看下例：

```
In one paragraph use <B>bold text</B> and <I>italic text</I> and
```

第 7 章　网页制作软件介绍

```
<TT>fixed_with text</TT> and also <B><I>bold+italic text</I></B>,
or other <STRONG>strong emphasize text </STRONG> etc.<P>
But <H1>Heading level 1</H1> and <H2><I>italic Heading level 2</I></H2>
can't be in one paragraph.
```

图 7-12 是上述源代码在 Netscape 中的显示。

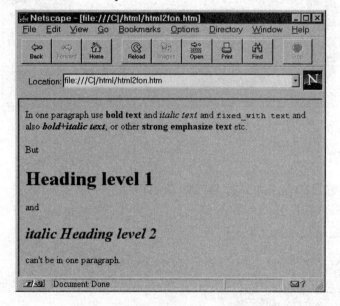

图 7-12　HTML2.0 的字体样式

为了使不同大小的字体能在一段内显示，HTML3.0 新推出<FONT> </FONT>标记。它带有 SIZE 属性，属性值可取相对值，如 SIZE = "+2"表示比当前字体大两号，反之 SIZE = "-1" 则比当前字体小一号。另外，SIZE 也可取绝对值（默认值为 3），如 SIZE=4，则代表 4 号字体。同时 HTML3.0 还提供了上标字体标记等，如：

```
This is HTML+ font:<BR>
<FONT SIZE="+1">Bigger level 1</FONT> and <FONT SIZE="+3">
Bigger level 3</FONT> and <FONT SIZE="—1">Smaller level 1</FONT>
and <FONT SIZE=5>The NO.5 font<SUP><FONT SIZE="-1">（TM）</FONT></SUP>
</FONT>in one paragraph.
```

其效果如图 7-13 所示。

另外，HTML3.0 还可定义整个文档的背景和字体的颜色。它通过在<BODY>标记中增加属性 BGCOLOR 和 TEXT 来定义，属性值为带#号的十六进制 RGB 值。如要使背景为白色，文本为黑色，可这样定义：<BODY BGCOLOR=#ffffff TEXT=#000000>文档正文部分</BODY>。如果要将文档正文部分中的某些词组定义为其他颜色，可以在<FONT>标记中加上 COLOR 属性，属性值同样为带#号的十六进制 RGB 值。

231

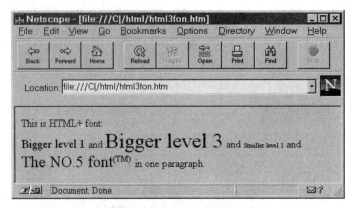

图 7-13　HTML+的新字体样式

四、超链和 URL

创建一个超链（Hyperlink）是 HTML 语言中的一个重要部分。一个超链又称作锚（Anchor），它唯一地指向另一个 Web 信息页，超链如同把 Gopher 中可触发的菜单项融于正文之中，因此超链更具有上下文的含义。

1. URL 格式

一个 Web 信息页是用 URL（Universal Resource Location，统一资源定位器）来唯一标识的，URL 的一般格式为：

　　访问方式：//服务器域名/路径及文件名

其中，访问方式可有 HTTP、FTP、TELNET、GOPHER、WAIS、NEWS、MAILTO、FILE 等。随着访问方式的不同，冒号后面的参数格式也会不同，下面是一些 URL 的例子：

```
http://www.ecnu.edu.cn/coliege/science/computer/computer.htm
ftp://ftp.sjtu.edu.cn/pub/
mailto:webmaster@www.ecnu.edu.cn
file:///c|/html/sample.htm
```

2. 锚标记

HTML 中的一个超链由两部分组成：一部分是可被显示在 Web 浏览器中的超链文本及图像，当用户在它上面点击鼠标时就触发了此超链；另一部分就是用以描述当超链被触发后要链结到何处的 URL 信息。因而超链标记（即锚标记）的格式为：

　　< A HREF="URL 信息" > 超链文本及图像 </A>

其中，超链文本被浏览器用一种特殊颜色并带下划线的字体醒目地显示出来，并且用户鼠标进入其区域时会变成手的形状，表示此处可以被触发。属性 HREF 表明了超链被触发后所指向的 URL，如：

　　<A HREF="http://www.ecnu.edu.cn/about/page-5.htm">next page</A>

在 HTML 中还可使用相对 URL 来代替绝对 URL。如要指向的另一 HTML 文件在同一目录下，只需简单地写为：

`<A HREF="page-5.htm">next page</A>`

如要指向上两级目录下的文件，可以这样写：

`<A HREF="../../topic.htm">Return to topic</A>`

3. 指向文件中的某一处

通常超链只指向一个文件的头部，若要指向一个文件内的某一特定位置，就要用到超链标记的另一个属性 NAME，其格式如下：

`<A NAME="超链名"> 超链文本及图像 </A>`

这里的超链文本并不被浏览器特殊显示，也不能被触发，它仅仅表示一个被指向的目的地，而超链名就是这一目的地的名字。当要引用这一目的地时，只需把"#超链名"添加到 HREF 中就可以了。如在一个文件中有一部分内容是附录，可以先在附录标题上定义一个超链名：

`<H2><A NAME="appendix-A">Appendix A</A></H2>`

这样，用户就可以在同一文件的其他处创建一个超链来指向附录部分：

`Details are in <A HREF="#appendix-A">Appendix A</A>.`

如图 7-14 所示，当用户一旦触发超链，就显示附录部分的内容。当然，如果想在其他文件里引用此附录，只需加上适当的 URL 信息就可以了。如：

`Details are in <A HREF="html/link.htm#appendix-A">Appendix A</A>.`

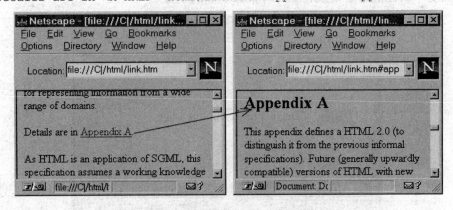

图 7-14 用超链指向文件中的特定位置

五、图像、声音、视像和动画

HTML 文档的另一个重要特性就是能把多种媒体的信息综合在一起，使显示的信息更加多姿多彩。

1. 图像

HTML 支持内嵌式的图像显示，一幅图在 HTML 文档中就如同一个单词，与其他单词一起在一个段落中如流水般的依次排列。HTML 的图标记是一个单标记，它的格式为：

```
<IMG SRC="URL 信息">
```

其中，属性 SRC 表示图的源（Source）文件，因此这里的 URL 信息必须对应一个图像文件。目前有以下几种图像的格式能被 Web 浏览器直接解释：GIF 格式（.GIF 文件，支持 256 色）；X 位图格式（.XBM 文件，黑白图像）；JPEG 格式（.JPG、.JPEG 文件，支持 RGB 色）。对于段落中的图像用户还可以利用 ALIGN 属性定义图与文本行的对齐方式，其属性值可取 TOP（与文本行顶部对齐）、MIDDLE（中间对齐）、BOTTOM（底部对齐，默认值）、LEFT（将此图显示在窗口左方）、RIGHT（将此图显示在窗口右方），如：

```
<H2><IMG ALIGN=MIDDLE SRC="boat.gif">This text line is middle-align.</H2>
```

如果让图像单独占一块区域，不要忘了在图标记的前后加上<P>或
标记：

```
<P><IMG SRC="revbar.gif"><P>This image is stand alone with the text.<P>
```

图像同样也可以作为一个超链，如：

```
Click the image <A HREF="detail.htm"><IMG SRC="model.gif"></A>
to see the full-size picture and detail of this building.
```

Web 浏览器在超链图的四周画一个边框，以示可被触发。若想去掉这个框只需在<IMG>中加上属性 BORDER=0 就可以了。图 7-15 是上述例子的显示效果。

如果用户满意图像的原始尺寸，可以用属性 WIDTH 和 HEIGHT 分别重新定义图像的宽度和高度，属性值为用整数表示的屏幕像素点的个数。

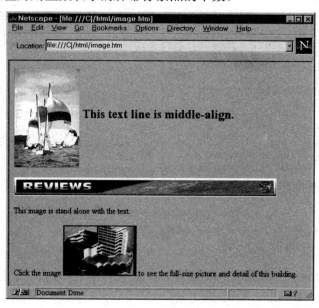

图 7-15　Hompage 的内嵌式图像

2. 声音和视像

Web 浏览器自身不能解释声音和视像文件，但它能通过其他辅助工具的帮助来播放声音文件和视像文件。一般声音文件带有.WAV、.AU、.SND 等文件扩展名，而视像文件带有.AVI、.MPG 等文件扩展名。要播放这些文件，就必须把这些文件作为一个超链中的 URL 信息。当用户触发这一超链时，Web 浏览器发现自己无法解释这类文件，就在辅助工具表中启动相应的程序来播放它们，如：

```
<H2>Here is the <A HREF="demo.wav">audio demo</A>.</H2>
<H2>Here is the <A HREF="demo.avi">video demo</A>.</H2>
```

图 7-16 是用户触发 video demo 的超链后，Web 浏览器立即启动 mplayer 程序来播放 demo.avi 视像文件（若事先未设置好辅助工具表，Web 浏览器第一次会询问用户选用哪种辅助工具来播放此类文件）。

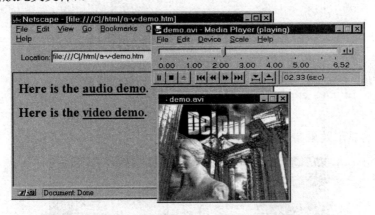

图 7-16 Web 浏览器调用 Media Player 来播放.avi 视像文件

3. 动画

SUN 公司开发了一套称为 Java 的通用程序设计语言，利用它制作的 Homepage 可支持内嵌式的动画和内嵌式的声音。用户可以用 SUN 公司的 Web 浏览器 HotJava 来观看带有 Java 标记的 Homepage（Netscape 2.0 也能解释部分的 Java 标记）。对 Java 感兴趣的用户可将自己的 Web 浏览器指向 http://www.sun.com/。

六、列表结构和预编排结构

列表（List）结构和预编排（Preformatted）结构都是一种具有段落性质的独立块状结构，也就是说，它们像标题（Heading）结构一样能自成一段，仿佛在这些结构的尾部加上了一个<P>标记。

1. 列表结构

列表结构也是 HTML 文档中的一个基本结构。一共有三种类型的列表，它们是：
（1）无次序列表（Unordered list）；

（2）有次序列表（Ordered list）；
（3）定义表（Definition list）。

前二种列表的表项（List Item）用单标记<LI>表示。Web 浏览器会在<UL>型列表的每个表项前加一个小圆点或小方块，在<OL>型列表的每个表项前加一个整数，如：

```
<UL><LI>First UL item
<UL><LI>First sub-UL item
<LI>Second sub-UL item</UL>
<LI>Second UL item</UL>
<OL><LI>First OL item
<LI>Second OL item</OL>
```

定义表的每一项是由两对标记<DT> </DT>和<DD> </DD>构成的，其中一对<DT>标记中是被定义项的名称，而一对<DD>标记中是具体定义的内容。定义表常用于文档中的词汇表、术语表等，如：

```
<DL>
<DT>First word</DT>
<DD>Here is the explain of the first word.
<DT>Second word</DT>
<DD>Here is the explain of the second word.
</DL>
```

上述例子的显示效果参见图 7-17。

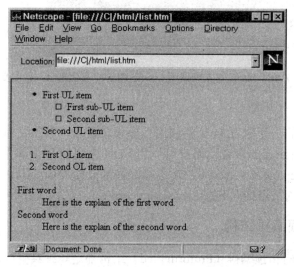

图 7-17　HTML 中的三种列表

2. 预编排（Preformatted）结构

除了列表结构以外，HTML 还提供了一种非常有用的预编排结构，利用它可以使信息完全依照源文件中的编排格式一模一样地在浏览器中显示出来。预编排结构的语法格式为：

```
<PRE>预编排信息</PRE>
```

第 7 章　网页制作软件介绍

因此，只需要将一对<PRE>标记中的"预编排信息"按照用户所喜欢的格式预先编排好就可以了，如：

```
<PRE>
     2.9              <IMG SRC="car.gif">
   + 1.2                   The <B><I>car</I></B>
   ----------
     4.1
</PRE>
```

显示效果参见图 7-18。

如图 7-18 所示，<PRE>结构是完全按照 HTML 源文件中的书写格式来显示信息，所以，它的文本字体缺省采用定长宽度字符的字体（<TT>型），但是在<PRE>标记中还支持其他字体的标记。

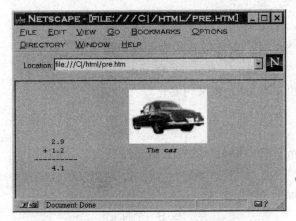

图 7-18　HTML 的预编排结构

重点提示

本章介绍了以 DreamWeaver、Flash 为代表的常用网页制作软件，同时还介绍了常用的 HTML 标记语言。网络编辑必须要熟知网页制作中常见的文件格式和主要工具，并能应用常用的网页制作软件进行网页的设计与制作。

真题解析

1.在网页开发设计的高级工具中，作为一种交互式矢量多媒体技术，可以带来丰富的动画效果的是（　　）。

　　A. JavaScript　　　　B. Flash　　　　　C. CGI　　　　　　D. ASP

解析：Flash 软件的一个重要特点是使用矢量图形和流式声音播放技术。与位图图形

不同的是,矢量图形可以任意缩放尺寸而不影响图形的质量。正确答案为选项 B。

2.下列被称为"元标记"的是（　　）。

　　A. <title>…</title>　　　　　　B. <meta>…</meta>

　　C. <body>…</body>　　　　　　D. <html>…</html>

解析:选项 A 是定义页面的标题,选项 C 是定义页面的主体内容,选项 D 是定义 HTML 文件。只有选项 B 是元标记,是指万维网的超文本置标语言（HTML）的一种软件参数,网主用以描述其网站,包括网主的基本情况、版权声明及关键词等,这些信息访问人是看不见的,单搜索引擎却必须依靠它工作。正确答案为选项 B。

实训习题

一、单选题

1. 下列属于 HTML 文档文本位置控制的标记是（　　）。

　　A. <table>　　　B.
　　　C. <a>　　　D. <p>

2. 一般来说,超文本文档=正文内容+（　　）。

　　A. HTML 文件

　　B. HTML 标记

　　C. 后缀为".htm"或".html"的纯文本文件

　　D. 浏览器显示

3. "<I>This is italic.<I>"是（　　）。

　　A. 包容标记　　　　　　　　B. 空标记

　　C. 起始标记　　　　　　　　D. 结束标记

4. 下列关于 DreamWeaver 的描述错误的是（　　）。

　　A. DreamWeaver 的界面由主菜单、对象面板、制作窗口、属性窗口和浮动工具窗口五部分组成

　　B. 在 DreamWeaver 中创建一个新站点时,与站点有关的文件夹及文件名一定不要采用中文名

　　C. 与 FrontPage 不同,在 DreamWeaver 中,表格只能作为纯粹的表格使用,不能作为排版的手段

　　D. 在 DreamWeaver 里,"层"（Layer）是一个非常重要的概念

5. 文件名为"*.avi"的文件,应该属于（　　）。

　　A. 文字素材　　　　　　　　B. 图像素材

　　C. 声音素材　　　　　　　　D. 视频素材

6. 较常用的网页制作和编辑软件有（　　）和（　　）。

　　A. FrontPage，DreamWeaver　　B. Fireworks，Illustrator

　　C. Photoshop，Paint　　　　　D. Notepad，word

7. 在 DreamWeaver 中，如果要改变文字的大小，可以采用（　　）。
A. 改变文字的样式　　　　　　B. 改变字体
C. 增加缩进　　　　　　　　　D. 减少缩进

8. 打开 DreamWeaver 窗口后，如果没有出现属性面板。可执行（　　）菜单中的"属性"命令将其打开。
A. 插入　　　B. 修改　　　C. 窗口　　　D. 命令

二、多选题

1. 在网页设计制作中，大多采用（　　）。
A. 树形结构　　　　　　　　　B. 线形结构
C. 网状 Web. 结构　　　　　　D. 并列结构

2. 下列属于动画制作软件的是（　　）。
A. Fireworks　　　　　　　　　B. Flash
C. 3DS MAX　　　　　　　　　D. CorelDraw

3. Flash 文档主要有（　　）构成。
A. 舞台　　　　　　　　　　　B. 时间轴
C. 库面板　　　　　　　　　　D. ActionScript 代码

第8章

网络编辑职业道德

 本章导读

1. 职业道德是从事一定职业的人在特定的工作和劳动中所应遵循的特定的行为规范。

2. 职业道德的范畴主要体现在职业理想、职业责任、职业技能、职业纪律、职业良心和职业荣誉感方面。

3. 职业道德评价方式主要有社会舆论、传统习惯和内心信念三种。

第8章 网络编辑职业道德

8.1 职业道德基础知识

一、职业道德的含义与特点

职业道德是随着社会分工的发展并出现相对固定的职业集团时产生的。人们的职业生活实践是职业道德产生的基础。在原始社会末期，由于生产和交换的发展，出现了农业、手工业、畜牧业等职业分工，人们在职业活动中发生各种各样的联系。为了调整不同职业内部、不同行业之间，以及每个从业人员之间的关系，便产生了职业道德。职业道德开始萌芽。

进入阶级社会以后，又出现了商业、政治、军事、教育、医疗等职业。在一定社会的经济关系基础上，这些特定的职业不但要求人们具备特定的知识和技能，而且要求人们具备特定的道德观念、情感和品质。各种职业集团为了维护职业利益和信誉，适应社会的需要，从而在职业实践中，根据一般社会道德的基本要求逐渐形成了职业道德规范。

在古代文献中早有关于职业道德规范的记载。如公元前6世纪的中国古代兵书《孙子兵法·计篇》中，就有"将者，智、信、仁、勇、严也"的记载。"智"、"信"、"仁"、"勇"、"严"这五德被中国古代兵家称为将之德。明代兵部尚书于清端提出的封建官吏道德修养的六条标准被称为"亲民官自省六戒"，其内容有"勤抚恤、慎刑法、绝贿赂、杜私派、严徵收、崇节俭"。中国古代的医生在长期的医疗实践中形成了优良的医德传统。"疾小不可云大，事易不可云难，贫富用心皆一，贵贱使药无别"是医界长期流传的医德格言。公元前5世纪古希腊的《希波克拉底誓言》是西方最早的医界职业道德文献。

一定社会的职业道德是受该社会的分工状况和经济制度所决定和制约的。在封建社会，自给自足的自然经济和封建等级制不仅限制了职业之间的交往，而且阻碍了职业道德的发展。只是在某些工业、商业的行会条规以及从事医疗、教育、政治、军事等行业的著名人物的言行和著作中包含有职业道德的内容。在这一社会的行业中也出现过具有高超技艺和高尚品德的人物，他们的职业道德行为和品质受到广大群众的称颂，并世代相袭，逐渐形成优良的职业道德传统。资本主义商品经济的发展促进了社会分工的扩大，职业和行业也日益增多、复杂。为了增强竞争能力、增殖利润，各种职业集团纷纷提倡职业道德，以提高职业信誉。在许多的国家和地区还成立了职业协会，制定协会章程，规定职业宗旨和职业道德规范，从而促进了职业道德的普及和发展。在资本主义社会，不但先前已有的将德、官德、医德和师德等进一步丰富和完善，而且出现了许多以往社会中所没有的道德，如企业道德、商业道德、律师道德、科学道德、编辑道德、作家道德、画家道德和体育道德等。但是，由于资产阶级的利己主义和金钱至上的观念使职业道德的作用在资本主义社会中受到很大的局限。也由于资本主义社会的性质决定了某些职业道德的虚伪性，需要时提倡它，不需要时就践踏它，并往往做表面文章，自我吹嘘。

社会主义的职业道德是适应社会主义物质文明建设和精神文明建设的需要，在共产主义道德原则的指导下，批判地继承了历史上优秀的职业道德传统的基础上发展起来的。由于社会主义的各行各业没有高低贵贱之分，在职业内部的从业人员之间、不同职业之间以及职业集团与社会之间没有根本的利害冲突，因此，不同职业的人们可以形成共同的要求和道德理想，树立热爱本职工作的责任感和荣誉感。中国各行各业制定的职业公约，如商业和其他服务行业的"服务公约"、人民解放军的"军人誓词"、科技工作者的"科学道德规范"以及工厂企业的"职工条例"中的有些规定都属于社会主义职业道德的内容，它们在职业生活中已经发挥了巨大的作用。

职业道德是从事一定职业的人在特定的工作和劳动中所应遵循的特定的行为规范。恩格斯指出："每一个阶级，甚至每一个行为，都各有各的道德。"职业道德是一般社会道德的特殊形式。

与一般的社会道德相比，职业道德具有以下特点：（1）职业道德是在历史上形成的、特定的职业环境中产生和发展起来的，它常常形成世代相袭的职业传统和比较稳定的职业心理和习惯，因此具有较强的稳定性和连续性；（2）职业道德反映着特定的职业关系，具有特定鲜明的行业性，因而它的作用范围仅仅局限于特定的职业活动中，只对从事特定职业的人们具有约束力；（3）职业道德通常以规章制度、工作守则、服务公约、劳动规程和行为须知等形式表现出来，因此在内容上和形式上具有多样性。

二、职业道德的范畴

职业道德的范畴主要体现在职业理想、职业责任、职业技能、职业纪律、职业良心和职业荣誉感方面。

职业理想是指从业者对职业目标的向往与追求。在确定职业理想时，要处理好两种关系：首先在工作选择上，处理好个人兴趣特长与社会需要的关系，摒弃自我中心的做法；其次是在实际工作中，处理好个人发展与社会奉献的关系，力求在二者之间找到平衡点。

职业责任是指个人对社会、对他人在本职业范围内应当承担的责任。道德义务是人们在自觉地认识客观的要求和自己的使命、职责或任务的基础上形成的内心信念和意志。

职业技能是指从事本职业必须具备的素质，包括实际操作能力、业务处理能力和研究能力等。如郑州第一预备军人学校要求学员掌握八技四能。其中"八技"是精通所学专业、会开汽车、会使用计算机、会实用英语、会写应用文、会使用正规武器、会写一手规范的钢笔字和会说普通话；"四能"是工作应变能力、竞争取胜能力、再学习再提高能力和社会交际能力。

职业纪律是一种行为规范。它要求从业者在职业生活中遵守秩序、执行命令和履行责任，它是调节从业者与职业、社会以及职业生活中局部关系与全局关系的重要方式。

一方面，违反纪律当然要受到制裁。另一方面，维护社会主义纪律主要靠广大从业者对职业纪律的自觉认识。社会主义职业纪律的本质特征就在于它具有高度的自觉性和深刻的道德意义，从而成为职业道德的重要范畴。

职业良心是蕴涵在从业者内心深处的一种意识活动。如果说职业道德义务是从业者自觉意识到的道德责任，那么，职业良心就是从业者对职业责任的自觉意识。

第 8 章 网络编辑职业道德

职业荣誉感与职业良心紧密相关,是对职业人员的道德行为所做出的肯定性的客观评价和正确的主观认识,是职业良心的价值尺度。

三、职业道德的评价形式

职业道德评价方式主要有社会舆论、传统习惯和内心信念三种。

社会舆论是来自外部的评级形式,强调"他律"。内心信念是从业者自身的内在评价,体现从业者的"自律"。而传统习惯包含了内部和外部两方面的因素,既指从业者职业观念、习惯养成后,具有相对稳定性,也指外在环境改变引起从业者观念、习惯的改变。

8.2 网络编辑职业道德

网络本身独具的交互性、开放性、及时性和便捷性等特点使得网络新闻传播在迅速发展、壮大的同时又成了所有媒体中公信力最差、可信度最低的媒体。作为网络新闻传播的"把关者",网络编辑应该迅速建立起适合新式传播的职业道德观念和原则。

网络编辑的职业道德内涵包括:确保传播信息的真实性;坚决抵制有害信息的传播;公平、公正,维护自由平等交流的网络环境;自觉维护著作权法,保障著作权人权益。

遵照"积极发展,加强管理,趋利避害,为我所用"的基本方针,为建立我国互联网行业自律机制,规范从业者行为,依法促进和保障互联网行业健康发展,我国制定了《中国互联网行业自律公约》(以下简称公约),目前签约企业已超过 1500 家。中国互联网协会作为公约的执行机构,负责公约的组织实施。

公约所称的互联网行业是指从事互联网运行服务、应用服务、信息服务、网络产品服务和网络信息资源的开发、生产及其他与互联网有关的科研、教育、服务等活动的行业的总称。公约规定,互联网行业自律的基本原则是爱国、守法、公平、诚信。

公约提出了 13 条自律条款。其中包括,自觉遵守国家有关互联网发展和管理的法律、法规和政策,大力弘扬中华民族优秀文化传统和社会主义精神文明的道德准则,积极推动互联网行业的职业道德建设;鼓励、支持开展合法、公平、有序的行业竞争,反对采用不正当手段进行行业内竞争;自觉维护消费者的合法权益,保守用户信息秘密,不利用用户提供的信息从事任何与向用户做出的承诺无关的活动,不利用技术或其他优势侵犯消费者或用户的合法权益;互联网接入服务提供者应对接入的境内外网站信息进行检查监督,拒绝接入发布有害信息的网站,消除有害信息对我国网络用户的不良影响;互联网上网场所要采取有效措施,营造健康文明的上网环境,引导上网人员特别是青少年健康上网;互联网信息网络产品制作者要尊重他人的知识产权,反对制作含有有害信息和侵犯他人知识产权的产品;全行业从业者共同防范计算机恶意代码或破坏性程序在互联网上的传播,反对制作和传播对计算机网络及他人计算机信息系统具有恶意攻击能力的计算机程序,反对非法侵入或破坏他人计算机信息系统。

8.3 网络编辑职业守则

国家职业标准规定的网络编辑职业守则主要包括两个方面：遵纪守法，尊重知识产权，爱岗敬业，严守新闻出版规定和纪律；实事求是，工作认真，尽职尽责，一丝不苟，精益求精，团队精神。

由于网络编辑也是新闻工作的一部分，因此网络编辑在实践工作中也应该参考新闻工作者的职业道德准则。

我国《公民道德建设纲要》中对职业道德的表述为"爱岗敬业，诚实守信，办事公道，服务群众，奉献社会"。这20个字适应于各行各业道德的普遍要求。在此基本原则指导下，继承了马克思主义的新闻伦理思想和历史上新闻道德的优良传统，汲取国外新闻职业道德准则中符合新闻规律的精华，充分体现无产阶级的新闻道德观和社会主义思想道德，形成了我国新闻工作者的职业行为准则。

1. 全心全意为人民服务

"全心全意为人民服务"是我们党的根本宗旨，是新闻道德规范的核心。马克思指出：人民的报刊和无产阶级新闻工作者应当"生活在人民当中，它真诚地和人民共患难，同甘苦，齐爱憎"。为人民服务，做人民的公仆，对人民负责是社会主义新闻职业道德最高标准。

2. 坚持正确的舆论导向

新闻工作者应具有坚定的政治立场。首先要增强党性观念，具有坚定的政治立场，坚持社会主义方向，以正确的舆论引导人；其次要积极担当桥梁与纽带，正确发挥舆论监督作用。马克思说："报纸最大的好处，就是它每日都能干预运动，能够成为运动的喉舌，能够反映出当前的整个局势，能够使人民和人民的报刊发生不断的、生动活泼的联系。"及时、准确地向人民群众传达党和政府的方针政策，提供人民群众所需要的新闻与信息，以利于人民群众履行社会主人翁职责，以利于党和人民通过新闻工具对社会监督。另外，要注重以正面宣传为主，注重社会效益，塑造积极向上、充满真善美的良好社会形象。

3. 遵守宪法、法律和纪律

我国《宪法》中规定的新闻职业及新闻工作者所承担的责任和义务为：言论自由和出版自由；坚持四项基本原则；维护政府对新闻事业的领导。新闻工作者除遵守宪法外，还须遵守各类普通法律中涉及新闻媒体从业人员的法律规定，在遵守宪法、法律的前提下，新闻工作者还应遵守新闻宣传纪律，吃透新闻政策，把握好新闻媒介的地位和作用，认真贯彻落实党的路线方针政策，为社会主义物质文明建设和精神文明建设做出应有的贡献。

4. 维护新闻的真实性

新闻的真实性原则是我党新闻工作的一个重要原则，是新闻职业道德的一个基本要求。

第8章 网络编辑职业道德

5. 保持清正廉洁的作风

新闻工作者是用新闻作品干预社会、影响教育公众的人,应具有高尚的情操和健康的思想品德,在一定程度上也具有"为人师表"的意义。《人民日报》、新华社、《求是》、《光明日报》、《经济日报》、中央人民广播电视、中央电视台联合制定的《自律公约》第三条中指出:"弘扬职业精神,恪守职业道德,维护新闻工作崇高声誉和新闻工作者良好形象。敬业奉献,守土有责,维护新闻事业的崇高声誉,反对一切亵渎新闻职业的行为;实事求是,出以公心,树立强烈的社会责任感,反对弄虚作假、不负责任;清正廉洁,艰苦奋斗,树立正确的世界观、人生观、价值观,反对见利忘义、有偿新闻"。清正廉洁对社会主义市场条件下的我国新闻工作者具有独特的职业内涵。

6. 发扬团队协作精神

新闻工作者要有"团结协作"的行业精神,一方面要"广交朋友",有自己的"关系网",如范长江所说:"一个记者应该在群众中生根,应该到处都有朋友",使自己在采写中能够左右逢源、如鱼得水;另一方面要处理好各方面的关系,主要包括:新闻单位与新闻单位之间的关系;新闻单位内部同事间的关系;新闻记者与新闻事实的关系;新闻记者与群众间的关系;新闻记者与同行的关系等。团结友爱、无私奉献、谦逊礼让、乐于助人是团队协作精神的基础。

重点提示

本章介绍网络编辑的职业道德,从介绍职业道德的含义、职业道德的范畴和职业道德评价方式等基础知识出发,强调了网络编辑作为媒体工作者恪守职业道德和职业守则的重要性。网络媒体的从业人员或者即将要从事该行业的人员都需要了解网络编辑的职业道德。在网络编辑员国家职业资格鉴定考试中,本章主要在理论考试中考察,涉及的知识点不多,通常在5题以内。

真题解析

职业道德评价的形式包括(   )。
- A. 社会舆论
- B. 传统习惯
- C. 内心信念
- D. 职业理想

解析:职业道德是从事一定职业的人在特定的工作和劳动中所应遵循的特定的行为规范。职业道德的评价方式主要有社会舆论、传统习惯和内心信念三种。社会舆论是来自外部的评级形式,强调"他律"。内心信念是从业者自身的内在评价,体现从业者的"自律"。而传统习惯包含了内部和外部两方面的因素,既指从业者职业观念、习惯养成后,具有相对稳定性，也指外在环境改变引起从业者观念、习惯的改变。正确答案为选项 ABC。

职业理想是指从业者对职业目标的向往与追求，属于职业道德的范畴，不能作为职业道德评价的形式。

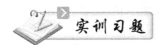

一、单选题

1. 以下关于职业责任的描述中，正确的是（　　）。

A. 职业责任指的是从事本职工作所必须具备的素质。

B. 职业责任指的是个人对社会、对他人在本职业范围内应当承担的任务。

C. 职业责任指的是从业者对美好目标的向往与追求。

D. 职业道德是随时间的发展而发展的，因而职业道德是不可继承的。

2. 新闻报道要坚持正面宣传为主的方针，不得宣扬色情、凶杀、暴力、愚昧、迷信及其他格调低劣、有害人们身心健康的内容。这属于中国新闻工作者职业道德准则（　　）的内容。

A. 全心全意为人民服务　　　　　　B. 坚持正确的舆论导向

C. 遵守宪法、法律和纪律　　　　　D. 维护新闻的真实性

二、多选题

1. 根据《互联网信息服务管理办法》的规定，互联网信息服务提供者不能制作、复制、发布、传播（　　）等内容。

A. 损害国家的荣誉和利益

B. 破坏国家统一

C. 侮辱或者诽谤他人、侵害他人合法权益

D. 教唆犯罪

2. 职业道德主要体现在（　　）。

A. 职业发展　　　　B. 职业责任　　　　C. 职业技能

D. 职业纪律　　　　E. 职业良心

3. 确定职业理想时需处理的关系包括（　　）。

A. 人际关系

B. 个人兴趣、特长与社会需要的关系

C. 个人发展与社会奉献之间的关系

D. 自己与领导的关系

4. 网络编辑的职业守则是（　　）。

A. 实事求是　　　　B. 精益求精　　　　C. 团队精神　　　　D. 尽职尽责

第9章

网络编辑技能实训

 本章导读

    1. 网络编辑员国家职业资格鉴定考试中,技能考试共包含六道大题,题型为设计和综合操作题,介绍六道大题的基本操作步骤。

    2. 介绍网站后台管理系统的基本界面,帮助考生了解这类系统的基本功能,并结合技能考试的考试要求进行详细解说。

9.1 网络编辑员国家职业资格鉴定（三级）考试（技能部分）考试说明

网络编辑员国家职业资格鉴定考试方式为上机操作，统一在网络编辑员国家职业资格鉴定系统平台上进行。评分方式为计算机自动评分与专家判卷相结合。技能部分的考试题量为六道大题，题型为设计和综合操作题，考试时间为两小时，满分100分，60分为合格。

9.2 网站后台管理系统基本界面

网络编辑员国家职业资格鉴定考试系统平台实际上是网站后台管理的一套模拟系统，与实践中各个网站采用的后台管理系统有许多类似之处。考生非常有必要了解常见的网站后台管理系统的基本界面，以便尽快熟悉和了解网络编辑员国家职业资格鉴定系统平台的常用操作。

图 9-1 所示是一个典型的网站后台管理系统界面。

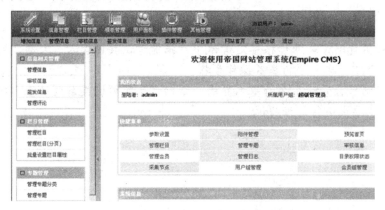

图 9-1 网站后台管理系统界面

从图 9-1 界面可以看到，网站管理主要包括栏目管理、信息管理（即稿件管理）、会员管理和附件管理等内容。这些也正是网络编辑技能考试考察的主要内容。

9.3 网络编辑员国家职业资格鉴定（三级）考试（技能部分）基本操作流程说明

1. 进入"网络编辑员国家职业资格鉴定系统"后，首先点击系统上方的"查看试卷"按钮，查看本次技能鉴定考试试卷。

2. 点击"考试入口"，准备答题。考试系统在左侧导航栏中，按照技能考核点列出考试的六大考点。

考生应按照试卷的题目要求,按照考试题目对应位置进行答题。如第一大题"信息筛选与发布"应在左侧导航栏中首个栏目"信息筛选与发布"中进行答题,第二大题"内容加工"则在第二行的栏目"内容加工"中进行。

3. 考生在答题完毕后,应点击系统页面上方的"生成首页"选项,以使首页能够生成。

考生在点击"生成首页"后,可再点击"查看首页",查看自己制作的网页效果。

9.4 网络编辑员国家职业资格鉴定(三级)考试上机技能操作详解

一、第一大题:信息筛选与发布

首先直接点击左侧导航栏的第一个栏目"信息筛选与发布",进行第一大题的答题操作。

二级栏目说明:

栏目1 栏目信息与稿件管理

可以在此进行栏目建立、稿件发布与归类等操作。

栏目2 稿件退回处理

可在此进行稿件的退回以及删除等操作。

点击打开左侧导航栏的"信息筛选与发布"栏目,点击其下方的二级栏目"栏目信息与稿件管理",进行第一大题1小题的操作。

在此栏目下可进行栏目和稿件的管理操作,包括添加、修改和删除稿件和各级栏目。

基本技能1:栏目添加

技能要求说明:添加一级栏目和一级栏目下属的二级栏目

栏目管理是网站后台管理系统的一项基本功能。图9-1为某网站后台管理系统界面,图9-2为网络编辑进行栏目管理的界面。

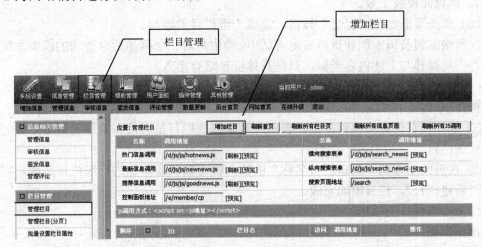

图9-2 栏目管理的界面

单击"增加栏目"按钮,添加栏目,操作界面如图9-3所示。

图9-3 增加栏目的操作界面

操作步骤:

(1)在增加栏目界面中输入栏目名称。

(2)选择所属根栏目。

(3)输入本栏目目录。

(4)选择绑定的系统模型。

(5)选择一级栏目所使用的是封面模板还是列表式,如选择封面模板,则列表式(包括所属列表模板)无效;如选择列表式,需同时选择所属列表模板(选择下拉框中白色条选项),则封面模板无效。

(6)单击页面底部"提交"按钮,完成一级栏目的添加。

在网络编辑员国家职业资格鉴定考试中,考生是对一个网站后台管理的模拟系统进行操作,因此操作与上述内容类似,只是具体位置略有出入。

(1)一级栏目的添加。

操作步骤:

① 稿件栏目位置为稿件首页,表示此时新建的栏目是直接在稿件首页下一级的,因此为一级栏目。

② 在页面下方的"新建栏目名称"的输入框中输入新添加的一级栏目名称,完毕后点击"新建栏目",栏目添加完成。

(2)二级栏目的添加。

操作步骤:

① 单击该一级栏目名称,可查看到栏目路径变为:稿件首页＞一级栏目,此时再新

建的栏目均为此一级栏目下的二级栏目。

② 与添加一级栏目的操作类似,在"新建栏目名称"的输入框中输入新添加的二级栏目名称,完毕后点击"新建栏目",栏目添加完成。

注意事项:

(1)每一个名称前带"+"的栏目都包含子栏目,点击栏目名称可看到下一级栏目;相反,带"-"的栏目没有子栏目。

(2)点击栏目名称,表示打开该级栏目结构,可查看其下一级栏目(但无法查看栏目内的相关稿件,必须在操作中点击"查看稿件"方可查看该栏目内的所有稿件)。

基本技能 2:信息发布

技能要求说明:

在规定栏目内添加已提供的稿件。

即要求网络编辑在稿件编辑器中进行稿件的添加操作。稿件编辑器界面参见图 9-4。

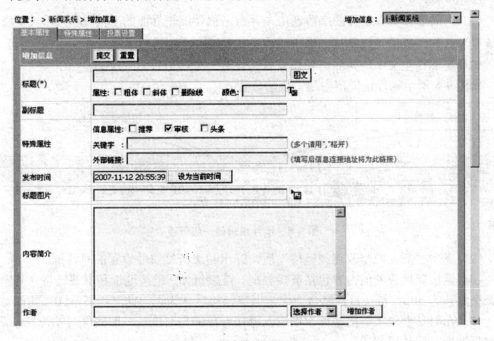

图 9-4 稿件编辑器界面

操作步骤:

(1)单击规定栏目中的操作项"添加稿件",进入稿件编辑器界面。

如需要在已添加的二级栏目"最新消息"中发布一篇稿件,则直接单击该栏目名称后的对应操作项"添加稿件"。

(2)上述操作完成后,立即进入稿件编辑器界面。

(3)分别在"稿件标题"、"关键字"输入框中输入该稿件的标题和稿件的关键字。

(4)在页面下方的稿件编辑界面输入稿件正文,完成后,单击页面下方的"添加"按钮,则稿件添加完成。

注意事项：

（1）"稿件标题"和"关键字"为必填项，否则无法完成稿件添加的操作。

（2）输入多个关键词时，关键字之间要用","分开（即英文输入状态下的逗号）。

相关扩展技能1：超链接的插入

技能要求说明：

将系统提供的多篇稿件以超链接的方式嵌入规定稿件的合适位置，即在规定稿件中选择合适的字段，将这些字段与系统提供的稿件之间设置超链接。

操作前准备工作：

在规定稿件的正文中选出与系统提供的稿件内容对应的字段，通常为词或词组。

如要将《帕瓦罗蒂简历》一文以超链接方式嵌入稿件《帕瓦罗蒂遗产确定归属》中，则可将正文中出现的首个"帕瓦罗蒂"作为设置超链接的位置。

操作步骤：

（1）将需要设置超链接的字段选中，并点击稿件编辑界面的工具 ![] （"插入或修改超级链接"）；如需取消该超链接，选中后点击工具 ![] （"取消超级链接或标签"）即可。

如要将稿件正文中的人名"帕瓦罗蒂"设置一个超链接。

如图9-5所示稿件编辑器中超链接的位置。

图9-5　稿件编辑器—超链接

（2）点击"插入或修改超级链接"后，弹出超级链接属性设置的对话框。

超级链接属性设置的内容包括链接类型、链接目标、链接地址和书签链接。其中，链接类型默认为http，链接目标默认为无，书签链接默认为无，此三项通常无须修改。

（3）在对话框中"链接地址"中输入链接对象的绝对地址，即稿件《帕瓦罗蒂简历》的网页地址，确认后完成。

（4）超链接设置完成后，被选字段下方自动出现下划线（参见图9-6）。

图9-6　超链接设置完成

注意事项：

如何检查超链接设置是否正确：将稿件生成网页后，点击该超链接，查看是否能链接到稿件《帕瓦罗蒂简历》的页面。

相关扩展技能2：图注的添加

技能要求说明：

在稿件中添加系统提供的图片，并给图片添加图注。

显示效果为：文章发布后，将鼠标移动放图片上，则图注的文字内容会自动浮现。

操作步骤：

（1）将光标移动到需要添加稿件的位置后，单击稿件编辑器的工具栏（"插入或修改图片"），则弹出图片属性设置的对话框。

（2）"图片来源"的设置有两种方法。

方法一：本地上传——先将图片下载到本地电脑，选中"上传"，再浏览本地电脑上传图片。

方法二：网络链接——找到图片的网络地址，选中"网络"，并输入该图片的网络地址。此操作完成后，单击"确定"即可成功插入图片。

（3）添加图注：在对话框中"说明文字"后输入系统已提供文字即可；单击"确定"完成。

相关扩展技能3：图片的首页显示

技能要求说明：

在稿件中添加系统提供的图片，并使该图片在页面首页显示。

显示效果为：在答题完成后生成的首页中，该图片会在首页的规定位置出现，而不是在稿件正文中出现。

操作步骤：

（1）将稿件编辑器页面下方"是否在首页以图片形式显示"的"是否设置"选中，打钩表示已设置。

（2）链接图片：先将图片下载到本地电脑，再浏览本地电脑上传图片。

（3）单击"保存"完成。

相关扩展技能4：设置相关链接

技能要求说明：

根据关键词的设置，系统会自动给出相关链接的稿件，并在网页中显示在该稿件的下方。此操作是要求在自动链接的基础上人工筛选出最合适的相关链接，去掉一些实际并不相关的稿件。

操作步骤：

（1）单击"关键字"输入框后面的"相关链接"，则弹出相关稿件设置的对话框。

如有以下稿件可以选择：

帕瓦罗蒂葬礼录像高价现身拍卖网

帕瓦罗蒂棺木运抵教堂　万人悼念

帕瓦罗蒂遗产确定归属

（2）在选择框中选中相关稿件，单击"设置为相关稿件"，并"确定"完成。

基本技能3：稿件退回

技能要求说明：

即把不符合要求的稿件进行退回处理。

点击左侧导航栏第一个栏目"信息筛选与发布"的二级栏目"稿件退回处理"，进入该界面操作。

操作步骤：

（1）查看需要退回稿件的栏目中所有稿件：单击"查看稿件"，进入稿件查看界面。

（2）选中需要退回的稿件，单击"退回稿件"，确定后完成，此时稿件状态变为"签发退回"。

注意事项：

（1）在此界面还可进行的操作有：稿件的删除；稿件的移动，即将稿件从原栏目移动到其他的栏目中。

（2）该操作为不可逆操作。如果选错了稿件进行退回处理，就无法再重新找回该稿件。

二、第二大题：内容加工

点击左侧导航栏的第二个栏目"内容加工"，进行第二大题的答题操作。

二级栏目说明：

第二大题分为两个小题：（1）信息修改；（2）标题修改。故分别在"内容加工"下的子栏目"信息修改"和"标题修改"中进行。

栏目1　信息修改

可以在此进行稿件的内容修改等操作。

栏目2　标题修改

可以在此进行稿件的标题修改等操作。

基本技能1：信息修改

技能要求说明：

找出稿件中的错别字和语病，并进行修改。

操作步骤：

① 打开题目要求的稿件，找出其中的错别字和语病。

② 删除错误的地方，改为正确的表达，并将修改后的内容标为红色。

注意事项：

网络编辑员国家职业资格鉴定考试中，技能考试要求的稿件修改主要为错别字和语病修改，常见错误包括形近字和同音字等。

基本技能2：标题修改

技能要求说明：

修改稿件的标题并保存。

操作步骤：

打开题目要求的稿件，在稿件编辑器中修改标题后保存。

三、第三大题：内容原创

点击左侧导航栏的第三个栏目"内容原创"，进行第三大题的答题操作。
二级栏目说明：
栏目　稿件写作
可以在此进行稿件编写与发布等操作。
基本技能：稿件写作
技能要求说明：
能够根据题目要求写一篇 200 字左右的文章，并发布到指定栏目中，同时在正文中插入提供的图片。
操作步骤：
参见第一大题基本技能 2 和相关扩展技能 2。
注意事项：
通常要求根据第一大题"信息筛选与发布"中已发布的稿件来完成指定稿件，以稿件的组合为主，对操作技能的考察为主，兼顾一定的新闻写作要求。

四、第四大题：受众调查

点击左侧导航栏的第四个栏目"受众调查"，进行第四大题的答题操作。
二级栏目说明：
栏目 1　完成调查问卷
可以在此进行稿件编写与发布等操作。
基本技能 1：完成调查问卷
技能要求说明：
能够根据已提供的投票问题和投票选项，设置符合要求的投票。
即在网页中设置一个投票箱。投票式调查是一种常见的网络问卷调查方式，这种问卷调查一般只设置一个问题，下面列出若干备选答案。
图 9-7 为新浪读书频道对国学大师季羡林逝世开展的一个典型的投票式调查。

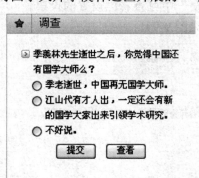

图 9-7　新浪网读书频道-季羡林先生逝世投票调查

操作步骤：

（1）进入"完成调查问卷"界面后，可进行"增加投票"、"管理投票"、"调用代码"的操作。其中"管理投票"操作可查看已增加的投票。

（2）单击"增加投票"，开始设置新的投票。

（3）确认选项个数（系统默认为4），看是否需要修改（参见图9-8）。

图9-8　投票设置界面

如题目中要求设置8个选项，则将选择项个数修改为8。

（1）首先输入主题标题，即本次投票的内容。如"季羡林先生逝世之后，你觉得中国还有国学大师么"。

（2）分别在"选择1"、"选择2"等各选项中输入题目提供的内容。

（3）选择投票类型和过期日期，完成后单击"提交"。

（4）完成后在"管理投票"中可查看已设置的投票。

（5）查看投票结果（参见图9-9）。

选项	比例	票数
1. 江山代有才人出，一定还会有新的国学大家出来引领学术研究。	54.3%	10,607
2. 季老逝世，中国再无国学大师。	36.1%	7,070
3. 不好说。	9.6%	1,885

季羡林先生逝世之后，你觉得中国还有国学大师么？
共有19,563人参加

图9-9　新浪网读书频道对季羡林逝世的投票结果

五、第五大题：论坛管理

点击左侧导航栏的第五个栏目"论坛管理"，进行第五大题的答题操作。
二级栏目说明：
栏目 论坛帖子管理
可以在此处进行论坛的加帖、删帖、帖子移除等操作。
基本技能：论坛帖子管理
技能要求说明：
按照规定的用户名登录，并进行论坛帖子的发布、移动和删除操作。
操作 1：将帖子发布到规定栏目内。登录后，点击规定栏目的名称，进入该栏目，输入帖子标题和内容，确认发表后即可完成帖子的发布。
操作 2：移动帖子，即将帖子从原有栏目移动到其他的栏目。
（1）首先进入"后台管理"界面，即可进行栏目、用户和帖子的管理。单击"帖子管理"可进行帖子的删除和移动。
（2）选中与栏目内容不符的帖子，在操作中选择"移动到"，然后选择目标栏目。如将选中的帖子从"环保"栏目移动至"娱乐"栏目，单击"执行"完成操作。
操作 3：删除帖子。与移动帖子的操作类似，选定帖子后在操作项中选择删除，单击"执行"完成操作。
注意事项：
（1）必须首先登录才能进行帖子的发布、移动等操作。
（2）考试中帖子如果被误删则无法重新找回

六、第六大题：网页制作

点击左侧导航栏的第六个栏目"网页"，进行第六大题的答题操作。
二级栏目说明：
栏目 网页制作
用 DreamWeaver 或 FrontPage 将做好的网页代码拷贝到相应栏目中。
基本技能：网页制作
技能要求说明：
能够使用 FrontPage 或 DreamWeaver 进行基本网页的制作，如页面的新建、表格的插入、颜色设置、图片的插入等基本操作，根据试题要求完成一个基本网页的制作。由于试题主要按照 DreamWeaver 设计，故以下均依据 DreamWeaver8 来说明操作。
解题总体步骤说明：
（1）在系统中新建一个一级栏目，命名为"网页制作"，稿件捆绑模板选择"鉴定用网页制作模板"。
（2）按照题目要求，用 DreamWeaver 制作一个网页，完成后切换到"代码"模式，并复制该网页的代码；
（3）在一级栏目"网页制作"中新建一篇名为"网页代码"的稿件，并在稿件编辑器的"代码"界面粘贴该网页的代码,添加完成。

下面介绍网页制作的具体操作。

操作1:建立站点文件夹

例题:新建一个Web页面,将其命名为Index.html,页面标题定义为"确保奥运天天天蓝"。

步骤:

(1)启动DreamWeaver后,会自动显示"创建新项目"的向导,并列出了可以创建的新文件类型(参见图9-10)。

图9-10 DreamWeaver创建向导

或者:单击"文件"菜单下的"新建"按钮,弹出"新建文档"的对话框(参见图9-11)。

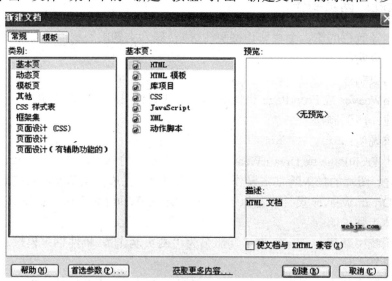

图9-11 DreamWeaver新建文档的对话框

(2)选择创建一个HTML页面,DreamWeaver立即展开工作区界面(参见图9-12)。

第 9 章 网络编辑技能实训

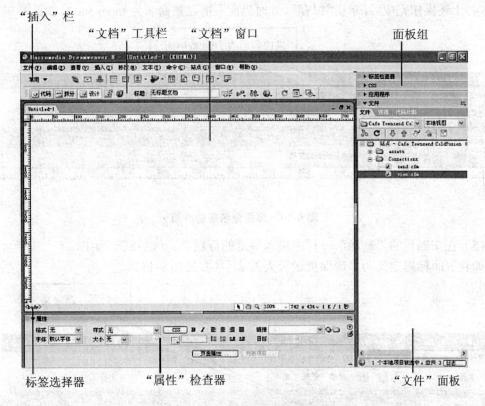

图 9-12 DreamWeaver 工作区界面

（3）单击"文件"菜单下的"另存为"，将页面保存到本地电脑上，并将文件名定义为 Index（参见图 9-13）。

图 9-13 保存文件的对话框

（4）上述操作完成后，单击"保存"，此时当前页面已被命名为 Index.html（参见图 9-14）。

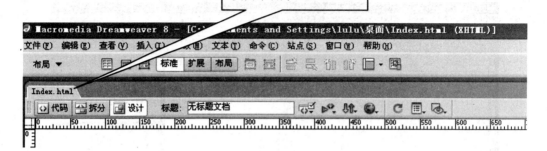

图 9-14　页面命名后的界面

（5）在文档栏的"标题"一栏中输入规定的标题，完成后回车确定。
如将页面标题定义为"确保奥运天天天蓝"（参见图 9-15）。

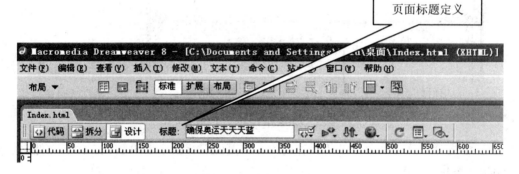

图 9-15　页面标题栏

操作 2：页面属性的设置
例题：
（1）将 Index.htm 页面的"上边距"、"左边距"、"右边距"、"下边距"均设为 1。
（2）将 Index.htm 页面的背景色设置为蓝色（颜色代码为：#99CCFF）。
步骤：
（1）单击"属性栏"中的"页面属性"按钮，打开"页面属性"对话框（参见图 9-16）。

图 9-16　属性栏

（2）打开"页面属性"对话框后，设置"外观"属性，可以定义页面中的默认文本字体、文本字号、文本颜色、背景颜色和背景图像等（参见图 9-17）。

第 9 章　网络编辑技能实训

（3）按照题目要求，分别在"上边距"、"左边距"、"右边距"、"下边距"中输入规定的数值，并在"背景颜色"中输入题目提供的颜色代码。输入完毕后，单击"应用"后确定。

操作 3：新建 CSS 样式

层叠样式表（CSS）是一系列格式设置规则，它们控制 Web 页面内容的外观。使用 CSS 设置页面格式时，内容与表现形式是相互分开的。CSS 样式表的创建可以统一定制网页文字的大小、字体、颜色、边框和链接状态等效果。

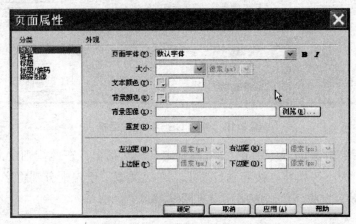

图 9-17　页面属性对话框-外观属性

例题：新建一个仅对 Index.htm 页面使用的 CSS 样式，定义页面表格中的文字为楷体，大小为 12px。

步骤：

（1）选中菜单"窗口"下的"CSS 样式"，打开 CSS 样式面板（参见图 9-18）。

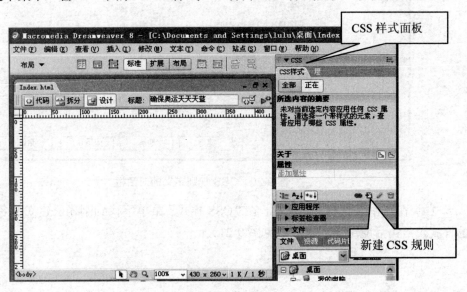

图 9-18　CSS 样式面板

261

（2）单击"CSS 样式"面板右下角的"新建 CSS 规则"按钮，打开"新建 CSS 规则"对话框，默认选择器类型为"类"，无须修改。根据题目要求，将该 CSS 规则定义在仅对该文档。题目中没有限定该规则的名称，可命名为 CSS1（参见图 9-19）。

注意：CSS 名称需要以英文字母或句点开头命名。

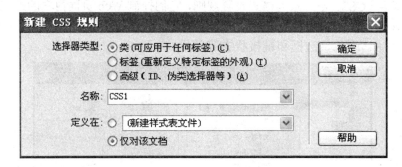

图 9-19　新建 CSS 样式对话框

（3）完成后单击确定，会弹出 CSS 规则定义的对话框。在此规则定义中，可以定义页面中的字体、大小等属性。按照题目要求，在"类型"设置中分别将字体设置为楷体，字体大小为 12px。完成后单击应用（参见图 9-20）。

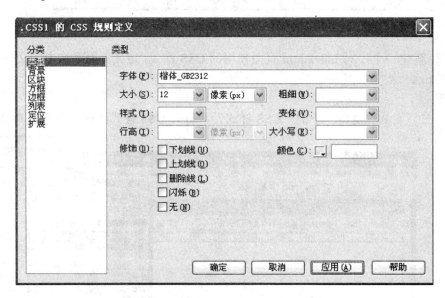

图 9-20　CSS 规则定义的对话框

（4）在工作区界面单击右键，在"CSS 样式"菜单下找到刚才已建立的名为"CSS1"的样式，点击后应用该样式（参见图 9-21）。

第 9 章 网络编辑技能实训

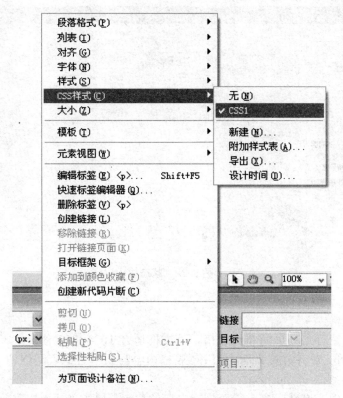

图 9-21 应用 CSS 样式

操作 4：页面布局

例题：

要求 Index.htm 在 1024×768 分辨率下全屏浏览时不出现水平滚动条，且页面充满全屏状态的浏览器窗口。

（1）新建一个三行二列页面布局表格，使表格适合 1024×768 分辨率下的浏览器全屏窗口，设置表格大小，对齐方式为居中对齐，表格内容与表格边框之间保留 3 个像素的间距。

（2）分别合并第一行和最后一行中的两个单元格。

（3）将表格第二行的两个单元格的背景色设置为淡蓝色（颜色代码为：#E9EFFA）。

题意分析：本题实际是要求对"新建一个三行二列页面布局表格"进行设置。如果在要求做的网页 1024×768 分辨率下的浏览器全屏显示无水平滚动条，则建立的表格宽度不要超过 955。其他分辨率的表格宽度参考数据可通过"编辑"菜单＞"首选参数"中的"状态栏"查看（参见图 9-22）。

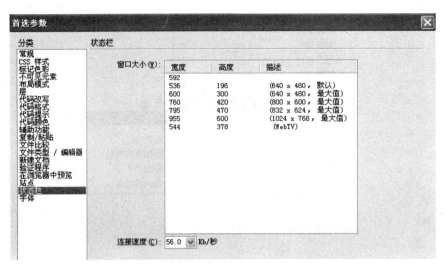

图 9-22　状态栏

步骤：

（1）插入表格。

如新建一个三行二列页面布局表格，使表格适合 1024×768 分辨率下的浏览器全屏窗口。设置表格大小，对齐方式为居中对齐，表格内容与表格边框之间保留 3 个像素的间距。

操作：

在文档窗口中，将光标放在需要创建表格的位置，单击"插入"菜单中的表格按钮弹出的"表格"对话框，可设定表格的行数、列数、宽度等属性，操作完成后确定即可在文档窗口中插入设置的表格。

依据题意，将表格行数设为 3，列数设为 2。同时根据前文对题意的分析，可知该表格宽度应不超过 955，单元格边距设为 3（参见图 9-23）。

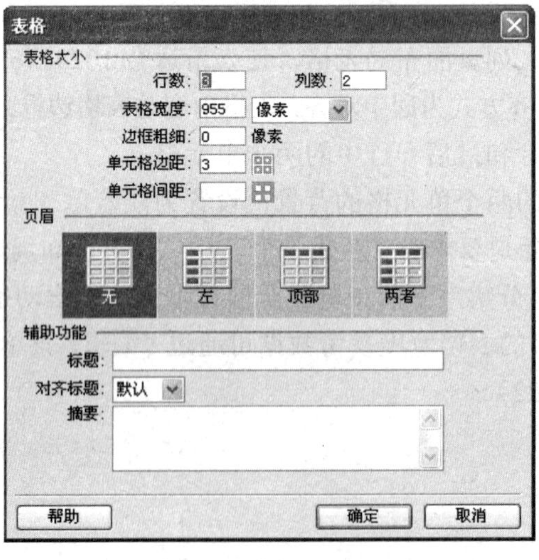

图 9-23　表格属性设置

第9章 网络编辑技能实训

"行数":设置表格的行数。

"列数":设置表格的列数。

"表格宽度":设置表格的宽度,可以填入数值,紧随其后的下拉列表框用来设置宽度的单位,有百分比和像素两个选项。当宽度的单位选择百分比时,表格的宽度会随浏览器窗口的大小而改变。

"单元格边距":设置单元格的内部空白的大小,即表格内容与表格边框之间的距离。

"单元格间距":设置单元格与单元格之间的距离。

"边框粗细":设置表格的边框的宽度,通常默认为0。

如图9-24所示为插入后的表格。

(2)合并单元格。

如分别合并第一行和最后一行中的两个单元格。

步骤:

选中表格的第一行,单击右键,在"表格"菜单下单击"合并单元格",则第一行中的两个单元格合并为一个。最后一行的合并操作相同(参见图9-25)。

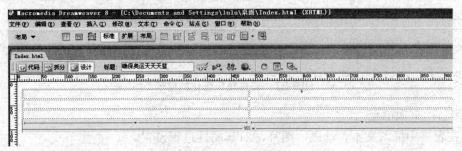

图9-24 插入后的表格

图9-25 合并单元格

(3) 设置单元格的背景色。

如将表格第二行的两个单元格的背景色设置为淡蓝色（颜色代码为：#E9EFFA）。

步骤：

先选中表格第二行的两个单元格，在"属性"菜单中"背景颜色"一栏输入颜色代码 #E9EFFA（参见图9-26）。

图9-26　属性菜单-背景颜色

回车后确认，此时表格中第二行的两个单元格变为淡蓝色（参见图9-27）。

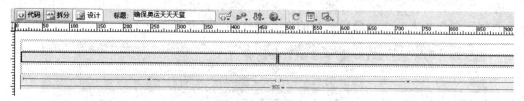

图9-27　表格颜色变化的显示

操作5：页面填充

即在表格中插入文本、动画、图片，对其属性进行设置。

（1）文本的插入。

例题：在表格中间一行单元格中设置一次文本缩进，并将文章插入该单元格中。

步骤：

① 光标定位在表格中间一行，并使它左对齐，然后点击"文本"菜单下的"缩进"即可设置一次缩进。

② 然后将稿件文本粘贴入该单元格即可，效果参见图9-28。

图9-28　插入文本后的效果显示

（2）图片的插入。

例题：在表格第二行右侧单元格中插入图片 photo.jpg，并将图片设置为垂直居中排列。

说明：考试中提供的图片和 Flash 在试卷的"相关图片"中查看。本题中有两种方法，既可以把图片下载到本地电脑操作，也可以使用图片在网页上的绝对地址来操作。

① 下载到本地电脑：单击右键保存。

② 查看绝对地址：单击右键，查看"属性"中的"地址"，即为该图片在网络上的绝对地址。

步骤：

① 单击"插入"菜单下的"图像"，弹出选择图像源文件的对话框（参见图9-29）。

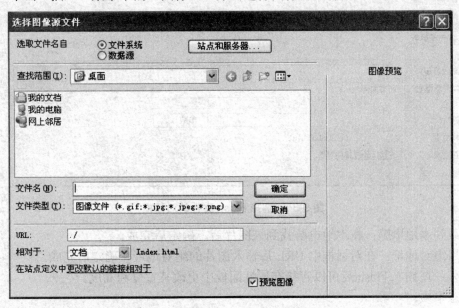

图9-29 选择图像源文件的对话框

② 选择图像源文件，既可以把图片下载到本地电脑操作，也可以使用图片在网页上的绝对地址来操作。

下载到本地电脑：在本地电脑找到该图片后，确定后完成。

使用绝对地址：在对话框中 URL 后输入图片的绝对地址，确定后完成。

此外，在插入图片后可以直接在属性面板中更改图片的宽度和高度。

（3）Flash 的插入。

说明：与图片的差别略有差别，点击"插入"菜单，在"媒体"中选择"Flash"。

步骤：

① 单击"插入"菜单下的"媒体"，选择其中的"Flash"，弹出选择文件的对话框（参见图9-30）。

② 与图片的插入类似，选择 Flash 文件，既可以把 Flash 下载到本地电脑操作，也可以使用 Flash 在网页上的绝对地址来操作。Flash 的绝对地址即点击该 Flash 后网页打开的地址。

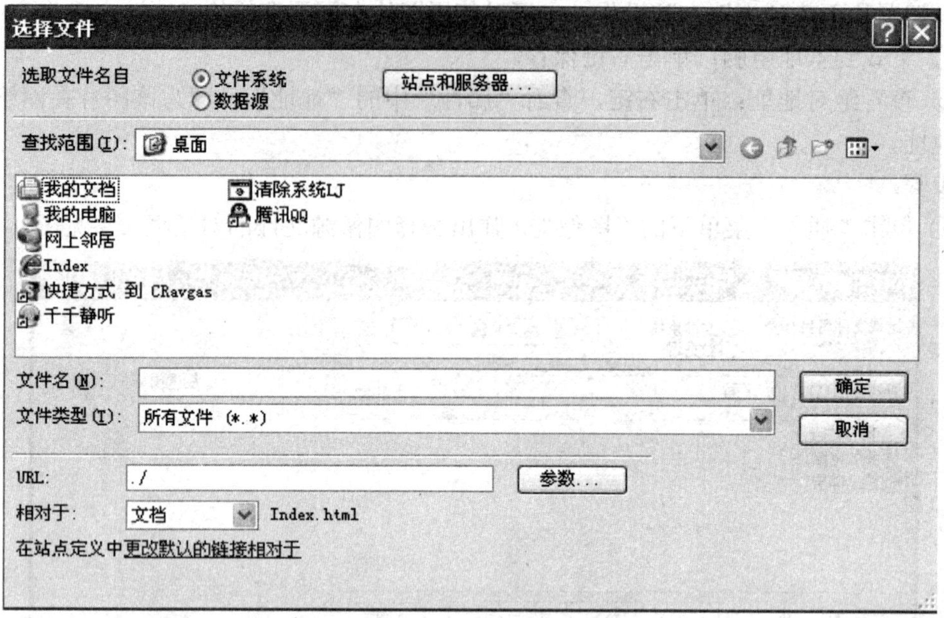

图 9-30 选择 Flash 文件的对话框

下载到本地电脑：在本地电脑找到该图片后，确定后完成。

使用绝对地址：在对话框中 URL 后输入图片的绝对地址，确定后完成。

此外，在插入 Flash 后可以直接在属性面板中更改其宽度和高度。

注意事项：

① 稿件编辑器的默认界面为"设计"。在"代码"界面粘贴网页代码后，可切换回"设计"界面，查看是否能显示网页。

② 在网页制作中，应常使用快捷键"CTRL+S"进行快速保存，以免数据丢失。

③ 由于技能考试中网页制作部分，一些操作技能存在重复，故没有赘述每道小题。

重点提示

本章主要针对网络编辑员国家职业资格鉴定考试中技能操作部分进行讲解，重点内容包括几个方面。

（1）稿件的发布，将稿件发布到合适的栏目中，并完成图片插入、图片首页显示的操作。

（2）超链接的设置，即在稿件正文中合适的位置设置超链接。

（3）稿件内容的加工，包括对稿件标题的修改和内容摘要的写作。

（4）稿件内容的原创，包括根据提供的素材写作稿件，并拟定稿件标题。

（5）网页设计与制作，即使用 DreamWeaver 来完成简单的网页制作，包括页面的创建、属性设置、CSS 样式创建与应用、新建页面布局表格并填充内容。

这些内容既是考试的得分重点，同时也是考试中的难点部分。考生除了要加强技能操

第9章 网络编辑技能实训

作上的练习，还要注意与理论知识的结合学习。尤其是稿件内容加工和内容原创这两道大题的考察，实际上体现了对网络编辑理论和实践双方面的要求。这就需要考生平时注意进行相关的写作练习，打好写作基本功能，并能结合网络编辑的特点进行稿件的编辑。

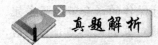

将下面的稿件素材发布至"奥运进程"，并将一级栏目"国内新闻"下的"体育"栏目中《北京奥运会》、《奥运特许商品》、《北京奥运会志愿者》3篇文章以超链接的方式嵌入稿件的合适位置。

标题：奥运倒计时300天在即　呼吸奥运气息享受奥运乐趣

正文：今天距北京奥运会开幕还有303天

奥运会倒计时1000天、800天、两周年、一周年……一个个令人难忘的纪念日，记录着我们对奥运会的期盼。

而如今，在中共十七大即将召开的喜庆日子里，北京奥运会的筹办也进入了最关键的冲刺阶段。

奥运会一天天向我们走来，生活在北京，就生活在奥运里。

公园里、广场上，节日的花坛和彩灯少不了奥运的主题；书店里，奥运图书热卖，学习奥运知识成为北京人的新时尚。

买一两件奥运特许商品，挂在书包上，或摆在家里，既是装饰，也是纪念。

您申请成为北京奥运会志愿者了吗？在国庆七天假期，万名城市志愿者走上街头为市民和各地游人服务。

您加入健身的队伍了吗？奥运使这个城市的体育健身热潮长盛不衰。

您感受到北京的奥运脚步了吗？北京出租车成为无烟车；地铁五号线让出行更方便快捷，2元的低票价更是让公共交通吸引力大增。

社区里睦邻友爱；出行时文明有序；观展演守时有礼……

我们生活在浓浓的奥运氛围里，奥运也悄然改变着我们的生活。我们呼吸着奥运的气息，欣赏着奥运的美景，享受着奥运的乐趣。

解析：本题考查网络编辑多方面的能力，如信息发布的能力、设置超链接的能力。其中，对设置超链接能力的考查还体现在对超链接位置的选择上，这也是网络编辑员国家职业资格鉴定考试的技能部分的考查点之一。

通过对第三章中超链接的介绍，可以了解一篇文章中的超链接通常是对人物、组织、事件、地理、历史背景、科学名词或专有名词进行解释的部分，通常链接到的对象包括知识介绍、相关报道和相关网站。

本题要求应试者在完成稿件发布的同时，还需要在稿件中选择三个合适的位置分别超链接到试题中提供的三篇文章。考虑到稿件与超链接对象之间的相关性，试题中的三篇文章《北京奥运会》、《奥运特许商品》、《北京奥运会志愿者》可分别超链接到文章正文中的第二段"北京奥运会"、第四段"奥运特许商品"、第六段"北京奥运会志愿者"。在确定设置超链接的位置后,应试者进入"体育"栏目找到这三篇文章的绝对地址,再回到原文章利用稿件编辑器进行超链接的设置。

在本题的实际操作中,应试者如果完全根据题目的要求来进行操作的话会带来很多冗余的操作。因此,在本题的实际操作中,建议应试者首先找出链接对象的网络地址,然后再进行稿件的发布,同时完成超链接的设置,从而节省答题时间。

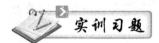

一、稿件归类练习

1. 下列哪篇稿件可归入"热点评论"栏目中?

素材1:

标题:今夜无人入睡——永远的帕瓦罗蒂

正文:

帕瓦罗蒂被世界公认为是演唱这首"今夜无人入睡"最好的歌唱家,他以那无人可及的高音和精彩的演唱使得这首咏叹调成为家喻户晓的一首名曲。不仅如此,在唱片发行量上,帕瓦罗蒂演唱的"今夜无人入睡"也成为了古典歌剧热卖的一个市场奇迹,同时雄踞古典与流行唱片排行榜数年的榜首。帕瓦罗蒂演唱的这首"今夜无人入睡"的唱片世界销量不仅取代了麦当娜、埃尔顿·约翰演唱歌曲在排行榜上的位置,甚至还将邦·乔维挤出了排行榜,真可谓是一大奇迹。如今,"今夜无人入睡"已经成为帕瓦罗蒂的招牌曲目,帕瓦罗蒂在任何场合演唱这首咏叹调,都会掀起观众心中激情的狂潮,令全场兴奋不已。

如今传出帕瓦罗蒂因胰脏癌病逝,享年71岁,而国际巨星殒落,不但让全球艺文界及民众不胜唏嘘,世界三大男高音的其中一位,也将永远的缺席了。

素材2:

标题:侯耀文3000万遗产两女儿平分

正文:

由于侯耀文属突然发病,去世时他一个人在家,没有留下任何遗言。记者意外了解到,侯耀文身后遗产至少3000万。

据了解,作为当今的大腕相声大师,侯耀文生前的出场费已经飙升到二三十万人民币,一年数百万元的收入是绝对有保证的。而侯耀文去世时所在的玫瑰园别墅是北京顶级别墅区之一,同等房型的别墅目前市场价都在2000万元左右。侯耀文在北京和其他地方还有数处房产。此外,侯耀文还有价值几百万元的名车。

有业内人士估计,侯耀文的遗产少说也有3000万。据律师分析,按照我国《继承法》规定,在没有遗嘱的情况下,遗产将首先由第一继承人继承,这包括父母、配偶和子女。

因为侯耀文的两段婚姻关系都已结束，有律师认为，目前只有两个女儿可以平分遗产。

素材3：

标题：美声、民族唱法异同

正文：

美声唱法，意大利语意为美好的歌唱，主要是指17世纪产生于意大利的一种演唱风格及歌唱方法。其最早出现于16世纪末意大利的佛罗伦萨。美声唱法要求歌唱的发声自然，声音洪亮，音色美妙清纯，有适当的共鸣和圆润的连贯音，特重的起音法，巧妙的滑音，稳定的持续音，有规律的渐强、渐弱以及装饰音等，其目的是要使旋律演唱得更华丽、更灵活、更圆润、更富有光彩，音高更为准确，声音更具有穿透力。意大利著名歌剧作曲家罗西尼认为，美声唱法应该具有三项要求：一、具有自然优美的嗓音，在整个歌唱音域范围内能将声音保持均匀与统一；二、通过严格训练后，达到对极为华丽的、具有高度技巧性的音乐作品能够唱得毫不费力；三、通过聆听赏析意大利优秀歌唱家的歌唱并能融会贯通，充分掌握美声唱法的风格。这三项要求给美声唱法作了一个较为科学、完整的总结。

所谓的民族唱法，是我国人民根据自身的审美习惯，根据汉语言的发音吐字，在戏曲唱腔、民歌自然唱法的基础上，吸收西洋美声唱法的优点，把演唱民歌和民族风格特色较强的歌曲作品时所采用的声乐技巧统称为民族唱法。

2. 阅读下面这篇稿件，判断可归入下列（　　）栏目中。

A. 娱乐新闻

B. 最新知识

C. 消息速递

标题：两名美国科学家获得2006年诺贝尔物理奖

正文：

10月3日当地时间上午11时45分（北京时间17时45分），瑞典皇家科学院诺贝尔奖委员会宣布将2006年度诺贝尔物理学奖授予两名美国科学家约翰·马瑟和乔治·斯莫特，以表彰他们的诺贝尔物理学奖的研究成果。他们将分享1000万瑞典克朗的奖金（约合137万美元、107万欧元）。

二、关键词选择练习

1. 阅读以下稿件，从下列四个关键词中选出两个词作为该稿件的关键词。

标题：土耳其作家奥罕·帕慕克荣获2006年诺贝尔文学奖

正文：

据诺贝尔奖官方网站消息，10月12日当地时间下午13时（北京时间19时），瑞典皇家科学院诺贝尔奖委员会宣布将2006年度诺贝尔文学奖授予土耳其作家奥罕·帕慕克。瑞典文学院在颁奖公告中说，授予诺贝尔文学奖的理由是"在追求他故乡忧郁的灵魂时发现了文明之间的冲突和交错的新象征。"据报道，2006年诺贝尔文学奖的得主将获得1000万瑞典克朗（约合137万美元）的奖金。

待选关键词：

"2006年"、"诺贝尔奖"、"诺贝尔和平奖"、"诺贝尔奖评选"

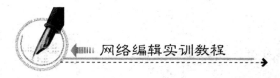

2. 阅读以下稿件，从下列五个关键词中选出两个词作为该稿件的关键词。

标题：帕瓦罗蒂葬礼录像高价现身拍卖网

正文：

大型在线拍卖网站 eBay11 日出现两份世界著名男高音歌唱家卢恰诺·帕瓦罗蒂葬礼仪式官方录像的拍卖交易，并分别开价 5 万欧元（约合 7 万美元）和 2.5 万欧元（约合 3.5 万美元）。

帕瓦罗蒂的葬礼 8 日在其故乡意大利北部的摩德纳举行。葬礼主办机构当天向来宾散发了 1500 份葬礼录像，而 11 日 eBay 上拍卖的两份录像据称在此之中。葬礼主办机构说，参礼来宾大都来自摩德纳，而且来宾名单经帕瓦罗蒂家人筛选确定。

帕瓦罗蒂因患胰腺癌 6 日凌晨在摩德纳的家中去世，享年 71 岁。帕瓦罗蒂 1935 年 10 月 12 日出生于摩德纳，有"高音 C 之王"的称号。在 40 多年的演唱生涯中，帕瓦罗蒂的足迹遍及美国、欧洲、中国等地的知名音乐殿堂。他与多明戈、卡雷拉斯并称为世界三大男高音歌唱家，3 人同台献唱一度传为佳话。

待选关键词：

"帕瓦罗蒂"、"男高音"、"遗产"、"去世"、"葬礼"

三、稿件修改练习

请阅读 8 个句子中的错别字或语病，并修改其中的错误。

1. 中国新文学运动，已经有将近二十多年的历史了……

2. 这则笑话，因为对旧中国办事推诿、漠不关心人民疾苦的"当事诸公"讽刺得很有力量，在民间流传颇广，几乎家喻户晓。

3. 光那小说的题目已令秃小子们所狂喜不已……

4. 他的发言稿错露百出。

5. 现在正是汪尚竹最困难的时候，我们应该想法帮忙他，不能袖手不管。

6. 此安排自本学期期末考试结束止。

7. 内容正确与否是横量文章好坏的重要标准。

8. 一个领导干部应该具有渊搏的知识和经验。

第10章

相关法律法规知识

 本章导读

1. 《劳动合同法》
2. 《著作权法》
3. 《著作权法实施条例》
4. 《互联网信息服务管理办法》
5. 《互联网新闻信息服务管理规定》
6. 《互联网电子公告服务管理规定》
7. 《互联网出版管理暂行规定》
8. 《信息网络传播权保护条例》

截止到 2010 年 4 月，我国已初步建立了互联网法律制度，制定了《互联网信息服务管理办法》、《互联网新闻信息服务管理规定》等 30 多部针对互联网的法律、行政法规、司法解释和部门规章。我国目前基本形成了专门立法和其他立法相结合、涵盖不同法律层级、覆盖互联网管理主要领域和主要环节的互联网法律制度。这些法律法规为依法管理互联网提供了基本依据，为维护网络信息安全发挥了重要作用。

1. 著作权法中的规定哪些作品受著作权法的保护，著作权人都有哪些权利。
2. 《互联网信息服务管理办法》中第 4 条、第 5 条、第 8 条、第 14 条等。
3. 《互联网新闻信息服务管理规定》中第 2 条、第 4 条、第 7 条、第 11 条等。
4. 《互联网电子公告服务管理规定》中第 2 条、第 6 条、第 10 条、第 14 条等。
5. 《互联网出版管理暂行规定》中的第 4 条、第 5 条、第 16 条、第 21 条、第 22 条等。
6. 《信息网络传播权保护条例》中的第 5 条、第 6 条、第 10 条、第 17 条等。

一、单选题

综合性非新闻单位网站从事登载中央新闻单位发布的新闻的业务，该网站应该（　　）。

A. 与中央新闻单位的主管部门签协议
B. 与中央新闻单位的主管部门签合同
C. 与中央新闻单位签订协议
D. 与中央新闻单位签订合同

解析：《互联网新闻信息服务管理规定》第 11 条规定：综合性非新闻单位网站从事登载中央新闻单位、中央国家机关各部门新闻单位以及省、自治区、直辖市直属新闻单位发布的新闻的业务，应当同上述有关新闻单位签订协议，并将协议副本报主办单位所在地省、自治区、直辖市人民政府新闻办公室备案。正确答案为选项 D。

二、多选题

下列符合我国《互联网信息服务管理办法》条款精神的是（　　）。

A. 国家对经营性互联网信息服务实行许可制度
B. 国家对非经营性互联网信息服务实行备案制度
C. 互联网信息服务提供者和互联网接入服务提供者的记录备份应当保存 60 日
D. 非经营性互联网信息服务提供者经批准可以从事有偿服务

解析：《互联网信息服务管理办法》第 4 条规定：国家对经营性互联网信息服务实行

第 10 章 相关法律法规知识

许可制度;对非经营性互联网信息服务实行备案制度。非经营性互联网信息服务是指通过互联网向上网用户无偿提供具有公开性、共享性信息的服务活动。《互联网信息服务管理办法》第 14 条规定:互联网信息服务提供者和互联网接入服务提供者的记录备份应当保存 60 日,并在国家有关机关依法查询时,予以提供。正确答案为选项 ABC。

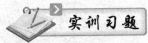 实训习题

一、单选题

1. 著作权人向报社、期刊社投稿的,自稿件发出之日起( )内未收到报社通知决定刊登的,或者自稿件发出之日起 30 日内未收到期刊社通知决定刊登的,可以将同一作品向其他报社、期刊社投稿。

   A. 10 日　　　　　　　　　　B. 15 日
   C. 20 日　　　　　　　　　　D. 25 日

2. 《中华人民共和国著作权法实施条例》规定,使用他人作品的,应当自使用该作品之日起( )个月内向著作权人支付报酬。

   A. 1　　　B. 2　　　C. 3　　　D. 6

3. 著作权人发现互联网传播的内容侵犯其著作权,向互联网信息服务提供者或者其委托的其他机构发出通知后,互联网信息服务提供者应当立即采取措施移除相关内容,并保留著作权人的通知( )个月。

   A. 1　　　B. 2　　　C. 3　　　D. 6

4. ( )负责全国互联网站从事登载新闻业务的管理工作。

   A. 新华社　　　　　　　　　B. 中宣部
   C. 国务院新闻办公室　　　　D. 人民日报社

5. 电子公告服务提供者应当记录在电子公告服务系统中发布的信息内容及其发布时间、互联网地址或者域名。记录备份应当保存( ),并在国家有关机关依法查询时,予以提供。

   A. 60 日　　　B. 80 日　　　C. 90 日　　　D. 100 日

二、多选题

1. 下面哪些属于著作权法保护的作品( )。

   A. 文字作品　　　　　　　　B. 摄影作品
   C. 计算机软件　　　　　　　D. 时事新闻

2. 著作权人拥有的权利包括( )。

   A. 发表权　　　　　　　　　B. 署名权
   C. 改编权　　　　　　　　　D. 翻译权

3. 综合性非新闻单位网站从事登载新闻业务,应当具备下列条件( )。

   A. 有符合法律、法规规定的从事登载新闻业务的宗旨及规章制度

275

B. 有必要的新闻编辑机构、资金、设备及场所

C. 有具有相关新闻工作经验和中级以上新闻专业技术职务资格的专职新闻编辑负责人，并有相应数量的具有中级以上新闻专业技术职务资格的专职新闻编辑人员

D. 有符合规定的新闻信息来源

4. 开展电子公告服务除应当符合《互联网信息服务管理办法》规定的条件外，还应当具备下列条件（   ）。

A. 有确定的电子公告服务类别和栏目

B. 有完善的电子公告服务规则

C. 有电子公告服务安全保障措施，包括上网用户登记程序、上网用户信息安全管理制度、技术保障设施

D. 有相应的专业管理人员和技术人员，能够对电子公告服务实施有效管理

5. 作者的（   ）的保护期不受限制。

A. 发表权　　　　　　　　　B. 署名权

C. 修改权　　　　　　　　　D. 保护作品完整权

附录　实训习题答案

第1章　网络编辑职业概况

一、单选题

　　1. C　2. B

二、多选题

　　1. ABCD　2. ABCD

第2章　网络编辑必备基础知识

一、单选题

　　1. C　2. D　3. B　4. A　5. A　6. B　7. C　8. B　9. B　10. C

二、多选题

　　1. AC　2. ABD　3. ABC　4. BCD　5. ABC　6. AD　7. ABC　8. AD

三、稿件改错题

　　1. 近年来，我们社区大力加强未成年人思想道德建设，建立了学校、家庭、社区三位一体的教育模式（在学校、家庭、社区后面分别加个"教育"，因为学校、家庭、社区不是教育模式），多次邀请法官（删除，法律工作者包括法官）律师、公安干警和法律工作者来社区举办青少年法律知识讲座，以案说法的方法进行思想教育，经常组织未成年人参加慰问孤寡老人和环卫工人等社区公益性活动。由于道德教育的务实开展，社区没有一名未成年人走上犯罪道路。2007年我们社区获得了芜湖市太（改为"未"，错别字）成年人思想道德教育先进社区的光荣称号。

　　2. 第一处错误："眼花缭乱"、"目不暇接"这两个词的意思差不多是一样的 有点多余的感觉，删除其中一个。

　　第二处错误：色彩夺目和锦绣有重复感，删除"锦绣"。

　　第三处错误：几乎和肯定有冲突，用了"几乎"就不需要用"肯定"，删除"肯定"。

　　3. 第一处错误：红领巾园地不加书名号。

　　第二处错误：应该是先生根、后发芽。

　　第三处错误："经常"和"天天"重复。

　　第四处错误："精心"改为"精心照顾下"。

　　第五处错误：不是结出种子，而是果实。

第3章　网络信息的选择与加工

一、单选题

　　1. B　2. B　3. B　4. C　5. A　6. C　7. A　8. D　9. C　10. A

二、多选题

1. ACD 2. ABD 3. ABC 4. AD 5. AE 6. ABCD 7. AD 8. ABCD 9. ABCD 10. BD 11. ABC

第4章 网络内容原创

一、单选题

1. C 2. D 3. D 4. A 5. C 6. B 7. D 8. B 9. D 10. A

二、多选题

1. ABCDE 2. ABCD 3. ABCD 4. ABCD 5. BD 6. ABCD 7. ABCDE 8. ABC

第5章 网络互动管理

一、单选题

1. B 2. A 3. C 4. C 5. B 6. A 7. D 8. B 9. C 10. C

二、多选题

1. AB 2. ABCD 3. ABC 4. ABC 5. BC 6. ABC 7. BD 8. BC 9. ABCD

第6章 计算机与网络基础知识

一、单选题

1. B 2. A 3. C 4. A 5. C 6. D 7. A 8. D 9. B 10. C

二、多选题

1. ABCD 2. ABD 3. ABCD 4. ACD 5. ACD 6. ABD 7. ABC 8. ABC 9. ABD 10. ACD

第7章 网页制作软件介绍

一、单选题

1. B 2. B 3. A 4. C 5. D 6. A 7. A 8. C

二、多选题

1. ABC 2. BC 3. ABCD

第8章 网络编辑职业道德

一、单选题

1. B 2. B

二、多选题

1. ABCD 2. BCDE 3. BC 4. ABCD

第9章 网络编辑技能实训

一、稿件归类练习

1. 本题主要考察根据体裁进行稿件归类。素材2为消息，素材3为说明文，素材1为评论文，因此素材1可归入"热点评论"栏目中。

2. 本题中的稿件体裁可归入消息，因此选择答案C消息速递。

二、关键词选择练习

1. 2006年、诺贝尔奖评选
2. 帕瓦罗蒂、葬礼

三、稿件修改练习

1. 去掉"将近"或者"多"
2. 去掉"漠"
3. 去掉"所"
4. "露"改为"漏"
5. "帮忙"改为"帮助"
6. 去掉"结束"或者"止"
7. "内容"改为"观点"
8. 在经验前补充"丰富的"一词

第10章 相关法律法规知识

一、单选题

1. B 2. B 3. D 4. C 5. A

二、多选题

1. ABC 2. ABCD 3. ABCD 4. ABCD 5. BCD

参 考 文 献

1. 彭兰. 网络新闻编辑教程 [M]. 武汉：武汉大学出版社，2007.
2. 谭云明. 助理网络编辑师考试指南 [M]. 北京：中央广播电视大学出版社，2008.
3. 邝云妙. 当代新闻编辑学 [M]. 广州：暨南大学出版社，2003.
4. 新夫，范晓静，任利军. 网络编辑实用教程（助理网络编辑师）[M]. 北京：海洋出版社，2008.
5. 韩隽. 网络编辑——高职高专教育电子商务专业教材新系 [M]. 大连：东北财经大学出版社，2007.
6. 匡文波. 网络传播理论与技术 [M]. 北京：中国人民大学出版社，2007.
7. 匡文波. 网络传播学概论（第2版） [M]. .北京：高等教育出版社，2004.
8. 彭兰. 网络传播学（21世纪传播学系列教材） [M]. 北京：中国人民大学，2009.
9. 彭兰. 中国网络媒体的第一个十年 [M]. 北京：清华大学出版社，2005.
10. 刘铁英. 网页制作三合一 [M]. 北京：中国铁道工业出版社，2007.
11. 彭兰，何晓新，谌志群.网络主页制作课程设计 [M]. 北京：中央广播电视大学出版社，2004.
12. 〔法〕贝特朗，宋建新译. 媒体职业道德规范与责任体系 [M]. 北京：商务印书馆，2006.
13. 陈绚. 新闻道德与法规教程 [M]. 北京：中国大百科全书出版社，2005.
14. 孙晓风. 网络改变生活——突飞猛进的计算机网络与通信技术 [M]. 上海：上海交通大学出版社，2004.
15. 彭兰. 网络多媒体新闻 [M]. 长沙：中南大学出版社，2006.
16. 张虎生. 互联网新闻编辑实务 [M]. 北京：新华出版社，2002.
17. 盛希贵. 新闻摄影教程（第2版）[M]. 北京：中国人民大学出版社，2005.